制度型开放背景下
自贸试验区环境保护机制
与实施路径研究

| 冯圆⊙著

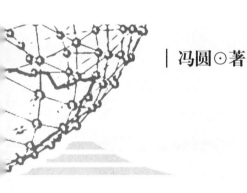

清华大学出版社
北京

内 容 简 介

制度型开放是我国经济发展的重大战略,自贸试验区产业联动创新以及边界拓展难免会对生态环境产生一定影响,必须从战略维度与规则维度共同探寻自贸试验区生态环境保护的路径与机制。本书从自贸试验区的改革目标出发,着眼于生态环境保护的内在要求,提出由自贸试验区牵头组建产业绿色联动特派员队伍、结合需求侧管理设计"生态环境成本票"制度等多条创新路径。同时,通过主动对标国际高标准,本书还提出自贸试验区生态环境保护必须积极优化"程序与合作机制"、完善"磋商及争端解决机制",进而在国际环境保护的规则建设等方面体现更多中国声音、注入更多中国元素。

本书封面贴有清华大学出版社防伪标签,无标签者不得销售。
版权所有,侵权必究。举报: 010-62782989,beiqinquan@tup.tsinghua.edu.cn。

图书在版编目(CIP)数据

制度型开放背景下自贸试验区环境保护机制与实施路径研究/冯圆著. —北京: 清华大学出版社,2022.9
(清华汇智文库)
ISBN 978-7-302-61453-1

Ⅰ.①制… Ⅱ.①冯… Ⅲ.①自由贸易区-经济发展-研究-中国 Ⅳ.①F752

中国版本图书馆 CIP 数据核字(2022)第 136156 号

责任编辑: 梁云慈
封面设计: 汉风唐韵
责任校对: 王荣静
责任印制: 宋 林

出版发行: 清华大学出版社
    网　　址: http://www.tup.com.cn, http://www.wqbook.com
    地　　址: 北京清华大学学研大厦 A 座　邮　编: 100084
    社 总 机: 010-83470000　邮　购: 010-62786544
    投稿与读者服务: 010-62776969, c-service@tup.tsinghua.edu.cn
    质量反馈: 010-62772015, zhiliang@tup.tsinghua.edu.cn
印 装 者: 小森印刷霸州有限公司
经　　销: 全国新华书店
开　　本: 170mm×240mm　印张: 13.75　插页: 1　字　数: 250 千字
版　　次: 2022 年 9 月第 1 版　　　　　　　印　次: 2022 年 9 月第 1 次印刷
定　　价: 98.00 元

产品编号: 089679-01

前言

2021年12月，习近平总书记在中央经济工作会议上发表的重要讲话中再次强调："我国经济持续快速发展的一个重要动力就是对外开放。对外开放是基本国策，我们要全面提高对外开放水平，建设更高水平开放型经济新体制，形成国际合作和竞争新优势。"当前，世界正经历百年未有之大变局，在疫情冲击下，百年变局加速演进，保护主义、单边主义上升，世界经济低迷，全球产业链、供应链因非经济因素而面临冲击，外部环境更趋复杂严峻和不确定。亦即，"我国经济发展面临需求收缩、供给冲击、预期转弱三重压力"。必须实施新一轮的更高水平的制度型开放，通过经济与贸易的"高质量"提振我国的发展能力或水平。要坚持"新发展理念"，深入推进政府职能转变，大力实施制度创新和科技创新。自贸试验区应根据自身产业特点和比较优势，提升企业在国际产业链和全球价值链中的地位，增强国际竞争优势。通过制度型开放与自贸试验区建设的共同发力，以更高水平的全方位开放，吸引各行业或产业在自贸试验区开展投资贸易合作，进一步创造有利条件，提供高效服务。

国内国际"双循环"的新发展格局要求我们稳步推进自贸试验区的高质量发展，通过打造改革开放新高地，为中国经济增长注入持久动力。对自贸试验区环境保护问题的研究，可以从两个维度加以展开：一个是战略维度，从中国各区域分布的战略层面加以分析与把握；二是从规则维度，结合国内环境保护的情境特征，通过对标国际高标准的环境规则条款来加以理解。自2013年自贸试验区工作启动以来，中国自贸试验区建设布局逐步完善，已经陆续建立了上海、广东、辽宁、海南、山东、北京等21个自贸试验区（港）。从战略维度上看，已经实现了沿海省份自贸试验区全覆盖，并拓展到沿边地区，形成覆盖东西南北中的改革开放创新格局。从规则维度看，无论是投资贸易自由化、便利化，还是金融服务实体经济，以及政府职能转变等领域均展开了大胆探索，取得了显著成效，成为推动中国深化改革、引领更高水平对外开放、助力经济高质量发展的制度创新"试验田"。目前的普遍共识是：我国自贸试验区建设与发展需要主动对标国际高标准，在国际环境保护等规则方面积极体现中国的声音、注入更多中国的元素。同时,加快构建一流的营商环境,及时总结经验,通过复制推广,推动形成全面的开放新格局。

习近平总书记在庆祝中国共产党成立100周年大会上的讲话中指出:"我们坚持和发展中国特色社会主义,推动物质文明、政治文明、精神文明、社会文明、生态文明协调发展,创造了中国式现代化新道路,创造了人类文明新形态。"自贸试验区要在系统总结中国共产党领导百年中国社会建设伟大成功经验的基础上,系统总结与提炼产业联动等自贸试验区创新驱动的实践逻辑和理论逻辑,为自贸试验区的生态环境保护提供新思路,为自贸试验区的发展贡献环境管理的新智慧。

2021年5月,生态环境部联合商务部、国家发展和改革委员会等7部委发布了《关于加强自由贸易试验区生态环境保护推动高质量发展的指导意见》(以下简称《指导意见》),引导自贸试验区加强生态环境保护,推动经济社会发展全面绿色转型。为确保《指导意见》落到实处并深入贯彻,未来将通过自贸试验区立法等方式进一步细化《指导意见》的相关要求,构建具有中国特色的生态环境管理新模式。实践表明自党的十八大以来,自贸试验区在生态环境领域主动强化高水平改革开放,生态环境保护力度不断加大。或者说,加强自贸试验区的生态环境管理已成为一种认知常态,尤其在日益精细化的现代化产业分工体系下,自贸试验区产业联动,服务业深度融入其他产业的生产过程,通过产业结构调整以及引领产业向价值链高端延伸已经成为一种必然趋势。同时,借助于数字技术,不断催生出智能制造、柔性生产等多种经营业态及全新组织方式,大大提升了自贸试验区社会资源配置的效率与效益。本课题结合战略维度与规则维度,从自贸试验区的环境保护路径与机制入手,诠释制度型开放的生态环境管理意义及其产生的实践价值。

本书是根据浙江省哲学社会科学重点研究基地课题(浙江省生态文明研究院"省规划重点课题,编号:20JDZD075)的结项内容,以课题同名的方式采用规范研究方法形成的研究成果,属于课题的主报告,其中的一些内容曾经以《成果要报》的形式向省规划办指定的刊物等进行过投稿。感谢浙江理工大学人文社科学术著作出版资金项目的资助,感谢在本课题的研究过程中得到的各种帮助,尤其要感谢生态文明研究院胡剑峰等领导的关心、指导。并且,感谢清华大学出版社梁云慈编辑的热情相助。本书只是我们对课题的框架性研究,一些成果将以论文的形式在期刊上予以发表。此外,书中肯定会有各种不足和欠完善之处,我们将在今后的学术研究中加以弥补。最后,衷心希望得到专家们的批评与指正。

冯　圆
2022年2月16日

目 录

第一章 绪论 ··· 1
- 第一节 研究背景 ··· 1
- 第二节 研究问题 ··· 5
- 第三节 研究目的与意义 ··· 19
- 第四节 研究方法、技术路线与结构安排 ··· 21
- 第五节 研究创新与不足 ··· 23

第二章 文献综述与理论基础 ··· 27
- 第一节 文献综述与概念界定 ··· 27
- 第二节 理论基础 ··· 39
- 第三节 本章小节 ··· 43

第三章 制度型开放与自贸试验区发展 ··· 45
- 第一节 制度型开放及其政策内涵 ··· 45
- 第二节 高水平开放与自贸试验区发展 ··· 53
- 第三节 本章小结 ··· 63

第四章 自贸试验区与国际贸易协定间的环境规则比较 ··· 65
- 第一节 自贸试验区与国际贸易协定中的环境规则 ··· 65
- 第二节 国际贸易协定中的环境条款的适用性 ··· 82
- 第三节 本章小结 ··· 90

第五章　制度型开放与自贸试验区环境保护制度创新 ········· 92
  第一节　制度型开放的新情境：自贸试验区制度创新 ········· 92
  第二节　制度型开放与自贸试验区的环境管理模式应用 ········· 102
  第三节　本章小结 ········· 110

第六章　自贸试验区环境保护的路径选择 ········· 112
  第一节　自贸试验区环境保护路径的设计 ········· 112
  第二节　自贸试验区环境保护路径的推进 ········· 124
  第三节　自贸试验区环境保护的对策选择 ········· 136
  第四节　本章小结 ········· 144

第七章　自贸试验区环境保护的实施机制 ········· 146
  第一节　自贸试验区协同视角的环境保护机制 ········· 146
  第二节　基于产业结构完善的环境保护机制构建 ········· 153
  第三节　自贸试验区扩容中的环境保护机制 ········· 161
  第四节　本章小结 ········· 168

第八章　自贸试验区环境规则与中国特色 ········· 170
  第一节　制度型开放与环境保护主动性 ········· 170
  第二节　中国特色的自贸试验区环境规则 ········· 182
  第三节　本章小结 ········· 193

第九章　结论与展望 ········· 195
  第一节　研究结论 ········· 195
  第二节　未来研究展望 ········· 201

参考文献 ········· 205

第一章 绪论

制度型开放是我国经济发展的重大战略,也是面对全球化挑战,以及分配不公、环境污染等提出的明智决策。自贸试验区是在国境内关境外设立的,以优惠税收和海关特殊监管为主要手段,以贸易自由化、便利化为主要目的的多功能经济性特区。当前,国内国际相互协作的"双循环"新发展格局正在供给侧结构性改革的基础上,优化与完善需求侧管理。近年来,贸易保护主义不断升级,区域或全球化的贸易规则遭受冲击,经贸活动持续结构性低迷,贸易投资协定日益碎片化等问题持续涌现,国际贸易亟须以贸易自由化为基础的自由贸易协定(FTA)来加以提振(Susan Tiefenbrun,2000)。构建自贸试验区表明中国坚守贸易多边化、经济全球化的决心,研究制度型开放背景下自贸试验区的环境保护路径与机制,体现出的是中国负责任的大国形象,以及主动采取高标准、严要求的国际贸易规则来营造具有国际竞争力的商业环境的坚定信心与决心。

第一节 研究背景

2013年,我国创造性地设立了上海自贸试验区,为我国外贸发展提供了"引进来、走出去"的新路径与新机制(谭娜等,2015)。2018年年底,中央经济工作会议提出,要推动由商品和要素流动性开放向规则性开放转变。目前,全球范围内的自由贸易区数量正在持续增加,涵盖的议题与范围非常广泛,自由化水平也明显提高。加快实施自由贸易区战略是我国适应经济全球化新趋势的客观需要,也是全面深化改革、构建开放型经济新体制的必然选择,体现了制度型开放背景下新一轮对外开放的发展特征。有人将制度型开放概括为"四个更加"(钱克明,2019),即制度型开放是更加深入的开放、更加全面的开放、更加系统的开放和更加公平的开放。对自贸区建设而言,就是将关境向后延伸,更加注重国内的规则、制度、法律等层面的完善;推动自贸区与其他创新区域的协同;更加注重竞争中性和规则的公平,对国有、民营和外资企业等各类市场主体一视同仁、平等对待。

近些年来,各种新的多边贸易规则,如CPTPP等已逐渐将规则内容扩展至包括知识产权、竞争、投资、环保、劳工、消费者保护、资本流动、财政支持、税收、农业支持、采矿权、视听、能源、经济政策对话等领域(何立胜,2019)。以自贸试验区为平台,积极推动与国际规则的对接和开放,营造亲商、安商、留商、富商的外商投资环境,是制度型开放的客观需要。比如,《外商投资法》出台,不仅确立了外资"准入前国民待遇＋负面清单"的制度,而且有力提升政策的透明度与执行的一致性,营造内外资企业一视同仁、公平竞争的市场环境。

中国已经突破利用政策优惠吸引外资,以及利用政策保持市场份额的"政策型开放"阶段,未来中国将更加注重规则等"制度型开放"。规则的开放不仅包括在项目建设中的规则、标准与国际高标准对接,还包括在自由贸易协定(TFA)谈判中对接更广泛的国际贸易和投资规则,融入更多的新议题(张建平,2019)。自由贸易区是自由贸易协定的范围概念,英文简称也是FTA。从广义上讲,它是指两个以上的国家或地区通过签订自由贸易协定,相互取消绝大部分货物的关税和非关税壁垒,取消绝大多数服务部门的市场准入限制,开放投资,从而促进商品,服务和资本、技术、人员等生产要素的自由流动,实现优势互补,促进共同发展。狭义地讲,自由贸易区也可以内部化,形成自由贸易试验区(以下简称"自贸试验区")。

我国设立自贸试验区是政府全力打造经济升级版最重要的举措,其核心是营造一个符合国际惯例、对境内外投资都具有国际竞争力的商业环境。目前,我国已经分六批设立了21个自贸试验区和海南自由贸易港,实现了东中西和东北地区全覆盖,特别是在中欧班列的带动下,沿线通道经济、口岸经济、枢纽经济快速发展,为内陆城市对外开放拓展了新空间。自贸试验区因中欧班列物流汇聚功能,带来更多人流、商流、资金流、信息流的汇集,进而带动加工贸易、先进制造、保险物流、金融服务等产业兴起和集聚,形成一定规模的产业集群。

从全球范围看,自2018年以来,先后有CPTPP、EPA、USMCA和RCEP四大自贸协定签署并实施[①],国际贸易规则碎片化倾向明显。国际贸易规则重塑本质上是发达经济体与新兴经济体之间的博弈,是双方对贸易规则制定话语权的争夺。目前,WTO(世界贸易组织)事实上已处于停摆状态,以CPTPP为代表的多边贸易规则将是未来很长一个时期的博弈主角。客观地说,中国加入WTO,全面履行了加入时的承诺,大幅开放市场,接受、适应、融入以WTO为核心的国际经贸规则体系。从2001年加入WTO到现在已经20余年,中国累计实际利用外资接近2万亿美元,中国经济总量从世界第6位上升到第2位,货物贸易从世界第6位上升到第1位,服务贸易从世界第11位上升到第2位,对外直接投资从世界第26位上升到第1位(张二震,2021)。得益于更宽领域、更大范围的市场准入和开放,中国深度嵌入全球价值链,更多中国企业突破旧的藩篱,独立参与国际贸易与投资,更多境外企业得以进入中国经济领域,在中国市场大展宏图。

2020年,在全球投资大幅下降的背景下,我国引进外资规模达到1493亿美元,逆势增长5.7%。在对外贸易结构中,我国已经从关贸总协定和WTO框架下的货物贸易为主,转变为货物贸易和服务贸易共同发展。根据WTO统计,从2012年到2019年,全球跨境服务贸易出口占全球贸易出口的比重已经从19.5%提升到24.5%,预计2040年服务贸易在全球贸易中的占比有望提高到30%以上,特别是随着国际分工的深化,中间品贸易的比重现在已经达到70%以上,而中间品贸易背后需要大量国际物流、保险、金融结算、工业设计等。尽管我国已经是货物贸易第一大国、服务贸易第二大国,但是我国的服务贸易结构中存在着逆差大,附加值低,劳动密集型比重高,资本密集型、人才密集型比重较低的问题。在外贸结构中我国的服务贸易占比从2012年的11.1%提高到2020年的12.44%,8年才提高了一个多点(智库,2021)。为此,应加强自贸试验区(港)建设,总结经验,加快提升我国服务贸易的比重,进而使服务贸易和货物贸易共同成为中国贸易高质量发展的基石。换言之,以国内自贸试验区为抓手,构建面向全球的高标准自由贸易区网络,推动建设开放型世界经济,这是主动应对规则、积极参与国际经济治理的重大举措,也是更深层次开放的重要体现。今后,要在进一步深化要素流动型开放的基础上,围绕制度型开放全面对接国际贸易新规则,打造市场化、法治化、国际化的营商环境,实现国内国际营商环境趋同化(佟家栋,2021)。目前,RCEP已经签署并生效,中欧投资协定(CAI)已经达成,2021年9月中国正式提出申请加入CPTPP……这一切表明,中国正以积极的姿态参与国际高水平经贸规则的谈判和制定,推动国

---

① CPTPP是《全面进步的跨太平洋伙伴关系协定》的英文简称,EPA是《日欧经济合作协定》的英文简称,USMCA是《北美自由贸易协定》的英文简称,RCEP是《区域全面经济伙伴关系协定》的英文简称。

际贸易持续朝着更加包容有序、互利共赢的方向演进。

党的十九届五中全会明确提出要加快构建以国内大循环为主体、国内国际双循环相互促进的新发展格局,实际上为我国经济社会发展确立了新的评价标准和战略方向。自贸试验区不仅是中国对外开放的一个窗口,也是制度创新的重要载体。过去40余年,我们推行的市场化取向的"双嵌入"模式已完成历史使命,强化制度型开放,以国内大市场为主体推进全球价值链的有序运行,正在成为中国经济发展的重要命题(刘志彪,2020)。传统外循环为主体的"双嵌入"发展模式,借助于劳动力成本的比较优势,努力扩大出口占比主导的国际市场,往往使收益向外资出口的方向倾斜,压低了劳动者的收入比重(Anna,2016)。现在强调统筹发展与安全,推动形成以国内大循环为主体、国内国际双循环相互促进的新发展格局。这是与时俱进提升我国经济发展水平、塑造我国国际经济合作和竞争新优势的战略抉择,也是更大范围、更宽领域、更深层次的对外开放。传统的外循环拉动,经济增长较为粗放,靠的是劳动力和资本的大量投入,但由于重生产、轻消费,以订单为王,实行重商主义,经济长期增长的内生动力不足(张军等,2019)。转向现在的内循环为主,不仅意味着要进一步打通生产、交换、分配、消费各环节的梗阻,形成更加畅通的经济循环,还要通过推进劳动力、资金、土地、技术和数据等要素市场化配置,着力提升全要素生产力。

概括地讲,新发展格局中以内循环为主,未来经济运行将会有五个新特征(黄奇帆,2021):一是我国将形成更具韧性、更有质量效益和更加安全的工业体系;二是我国经济将从高度依赖外循环国际市场转向更多依赖内循环国内市场及国内经济循环体系;三是由追求产品市场高效流通为主,转向追求要素市场更高效率的配置;四是科技自立自强,从基础研究到技术开发,再到产业化的创新链条将更加顺畅;五是人均可支配收入在GDP中的占比将有较大幅度的提升。

自贸试验区的成功经验是形成"可复制、可推广"成果的基础。当前,自贸试验区中的环境管理问题尚未被人们广泛关注,尽管各地制定的"自由贸易试验区总体方案"或多或少提及生态维护或环境保护的内容,但在实际运行的产业联动等创新发展方式中往往难以处理环境保护与经贸活动之间的正确关系。我国作为一个负责任大国,未雨绸缪,积极探索与构建高质量、高标准的环境规则,对于增强自贸试验区的环境管理责任、提高中国经济在全球中的影响力以及我国对国际贸易规则的制定权等,均具有重要的理论价值和积极的现实意义。

近年来,环境问题给全社会带来了巨大的困扰,对人们的生产生活造成了严重的影响。2020年9月,习近平总书记在第75届联合国大会一般性辩论上,宣布中国在生态环境保护方面将提高国家自主贡献的力度,采取更加有力的政策和措施,二氧化碳排放力争于2030年前达到峰值,努力争取2060年前实现碳中和,也就是今天耳熟能详的"双碳"目标。自贸试验区必须对低碳发展做出积极的回应,比如借鉴国际贸易规则中的环境规则条款,加强对污染成本和减排效果提升带来的收益的确认、计量和披露等问题的处理(祝树金、尹似雪,2014),主动作为,为"双碳"目标的完成提供制度创新的支持。亦即,自贸试验区应构建自身的环境保护机制,合理安排具体的实施路径或规则,为碳减排等环境管理体系的形成与发展提供坚实和有效的制度保障。2021年4月,生态环境部发布《企业环境信息依法披露管理办法(公开征求意见稿)》和《企业环境信息依法披露格式准则(公开征求意见稿)》,明确"生态环境高水平保护是自由贸易试验区建设的重要内涵和必要条件"。2021年5月,生态环境部等7部委发布《关于加强自由贸易试验区生态环境保护推动高质量发展的指导意见》,明确规定:"用高水平的生态环境保护助力建设高水平的自由贸易区,通过实施更高标准、更严要求的环境治理行动,打造协同推动经济高质量发展和生态环境高水平保护的示范样板,在改革开放'试验田'中先行先试,孕育出生态环境保护制度创新的'良种'"。

总之,制度型开放的本质,就是要构建与高标准全球经贸规则相衔接的国内规则和制度体系,它不仅是一种开放方式的"度"的简单量变,而且是开放性质的"质"的重大跨越,是党中央在当前对外开放重要战略机遇期,提升我国对外开放质量和水平的一大创举。制度型开放为我国自贸试验区在新一轮改革开放中发挥"先锋队"和制度"领头人"作用奠定了坚实基础。

第二节 研究问题

自贸试验区是适应全球价值链变化而进行的一项制度设计。随着制度型开放的进一步深入,如何在发挥自贸试验区功能作用的基础上,优化营商环境,并从经济生态和谐角度思考自贸试验区的环境保护路径及其运作机制,成为一项重要的研究课题。

一、制度型开放与经济生态和谐

制度型开放是我国发展的根本出路,"开放带来进步,封闭必然落后"。自贸试验区作为"扩大高水平对外开放"的前沿阵地,以先行先试的经济生态和谐为重任,努力为推进制度型开放经济新体制和实现经济高质量发展做出更大的贡献。

1. 制度型开放加速市场化改革

制度型开放以扩大开放促进深层次改革、推动高质量发展、构建生态和谐的经济体系为目标。在新的发展阶段,按照加快形成以国内大循环为主体、国内国际双循环相互促进的新发展格局的要求,必须加速市场化改革,实现对外开放与国内发展更加紧密的相互结合。通过畅通国内经济循环,加快构建完整的内需体系,进一步释放内需潜能。亦即,从依靠扩大外需实现供求平衡转向双循环双平衡,形成需求牵引供给与供给创造需求的动态平衡增长模式。构建"双循环"的新发展格局,必须构建生态和谐的经济体系,进一步深化改革开放。当前,我国经济面临需求收缩、供给冲击、预期转弱三重压力,通过结构性的政策调整,畅通国民经济循环就变得更为重要。《中共中央关于党的百年奋斗重大成就和历史经验的决议》指出:"改革开放是决定当代中国前途命运的关键一招。"目前,我国经济循环不畅的主要表现在于科技创新和产业创新能力有待提升,产业的高级化、数字化、绿色化的转型升级亟须提升,产业供给质量不高、不能满足消费者对消费品转型升级的要求。随着国际形势出现新特征,要科学判断经济全球化的新趋势,进一步扩大高水平对外开放。借助制度型开放,加快运用互联网、大数据、人工智能等数字技术手段实现经济生态的和谐与发展,加快先进制造业和现代服务业的深度融合是市场化改革的内在要求(Acemoglu& Restrepo,2018)。

新一轮科技革命和产业变革正在重构全球创新版图、重塑全球经济结构,其中,数字经济已经成为当前和未来经济发展的重要趋势。"全球数字经济是开放和紧密相连的整体,合作共赢是唯一正道,封闭排他、对立分裂只会走进死胡同。"我们要努力营造良好的投资环境,积极引进外资,使中国成为外商投资的热土。亦即外资企业在中国获得巨大发展机会的同时,也为我国的经济发展做出贡献。我们要通过共建"一带一路"等,稳步推进对外投资,使大批中国企业参与到全球经济合作与竞争中去。需要说明的是,不能片面理解制度型开放,若将对外开放完全转化为对内开放,外需全部转向内需,则变成了一种新的"逆全球化",这是不可取的。

当然,过于依赖外需,也不利于生产力的发展。

开放不仅促进了发展,更重要的是促进了市场化改革,形成了中国特色的社会主义市场经济体制。中国"入世"以来,全面履行了承诺,我国中央政府清理的法规和部门规章有2000多件,地方政府清理的地方性政策法规有19万多件。这使中国的市场经济法律法规和全球通行的法律法规实现接轨,从而为市场经济发展打下了坚实的基础。如今,在贸易保护主义抬头之际,中国以世界和平的建设者、全球发展的贡献者、国际秩序的维护者身份,高扬多边主义旗帜,向国际社会持续贡献中国红利、中国机遇、中国方案,成为世界贸易的增长引擎和活力之源,为构建开放型世界经济释放正能量。世界经济离不开中国,中国发展也离不开世界。制度型开放内涵自强、包容的精神,启迪着经济生态系统以更开阔的心胸和眼界促进发展。我们要充分利用劳动力、土地等优质的低成本优势,发展对外贸易,为世界市场提供价廉物美的产品,创造出更多的就业,促进剩余劳动力的转移,拉动基础设施建设,以及推进城市化进程。

我们要积极开放市场,进口大量技术装备、原材料和优质消费品,为世界提供超大规模的市场,形成拉动世界经济发展的重要力量。自贸试验区发展要赢得优势、赢得主动、赢得未来,必须顺应经济全球化,继续实行更加积极主动的开放战略,在全球范围内合理配置生产环节,获取战略性资产,节约生产成本,维护全球生产网络,实现中国与世界的互利共赢。积极推动共建"一带一路"高质量发展,提升中国企业"走出去"的能力(王义桅、崔白露,2018),在参与国际经贸活动中增强国际竞争力,形成更大范围、更宽领域、更深层次对外开放新格局,不断增强参与国际经济合作和竞争新优势。

2. 制度型开放推动经济步入新发展阶段

以前的开放,具有明显的"要素驱动"特征。随着我国低成本优势不断减弱,对外开放亟须从要素驱动向创新驱动转变。制度型开放要求自贸试验区主动对接高标准和严要求的国际经贸规则,统筹好发展和安全,实现高质量发展和高水平安全的良性互动。新发展阶段是开启全面建设社会主义现代化国家新征程的阶段。2021年12月,中共中央政治局会议提出:要加快构建新发展格局,全面深化改革开放,坚持创新驱动发展,推动高质量发展,坚持以供给侧结构性改革为主线,统筹疫情防控和经济社会发展,统筹发展和安全,继续做好"六稳""六保"工作。国内国际相互协作的"双循环"新发展格局,意味着要实现将外循环的支撑由外转内,以内循环作为外循环的坚实基本盘,促进外循环的升级迭代。具体到产业链、价值链上，便是由生产制造向设计研发与服务消费两端不断调整。亦即，在服务业占据相对主导地位的现代产业组织体系下，推动生产方式向柔性、智能、精细化转变，助力制造业由生产型向服务型转变，引导制造业企业延伸服务链条、促进服务增值。这不仅是促进制造业向高端、智能、绿色、服务方向发展，培育制造业竞争新优势的重要实现路径，也是有效防范经济过度表层服务化而存在潜在危害的有效手段。

当前，数字技术的飞速发展使数据生产要素的价值被彻底激活，要抓住数字化这一"牛鼻子"，把数字化转型作为制造业和服务业融合发展的主要抓手，利用数字技术对传统产业链和供应链进行智能化改造，从而促进实体经济高质量发展（陈剑等，2020）。新发展阶段需要以结构优化和内生成长为核心，从"畅通国民经济循环"转向"构建强大国内市场"，从单纯的供给侧结构性改革转向供给侧与需求管理"双侧"的齐头并进，积极"培育新形势下中国参与国际合作和竞争新优势"，形成更高水平、更具韧性的开放。这不仅意味着做大内需，形成内部市场的战略纵深，更重要的是打通以创新促发展的"任督二脉"，实现产业转型升级。

制度型开放，允许外资全面进入中国市场，并且通过自贸试验区加以引导。一方面，有利于引进外资；另一方面，便于解决一些应急性的经济问题。比如，美国资本大量进入中国，以上海临港自贸试验区的特斯拉为例，如果美国对中国产品征收高额关税，则变成美国征收美国（自己的公司），这样美国政府就会采取特殊政策来对待这些公司，规模大了之后，中美"贸易战"的实质就会发生改变。现在的"中国制造"除了一些先进的半导体，绝大多数已经可以做到自主投入、自主生产，成为真正的"中国制造"。深化供给侧结构性改革，充分发挥中国超大规模市场优势和内需潜力，必须以更高水平的改革开放激发国内大循环的市场潜力。自贸试验区作为制度创新高地，在商事、投资、贸易、事中事后监管、行业管理制度等重点领域破解改革的重点难点，优化公平竞争环境，提高资源配置和要素市场化运行效率，充分释放内需潜力。同时，以高水平对外开放更好联通国内国际双循环，发挥自贸试验区作为开放前沿阵地的作用，更大程度地发挥国内市场对国际商品和要素资源的吸引力，加快提升对全球各类资源的配置能力，更好地利用两个市场、两种资源。特别是，要在国内统一大市场基础上形成大循环。以国内大循环为主，可理解为"国内优先"。"国内优先"强调稳住中国经济基本盘，更多地利用国内资源，依托国内市场，增强供应链韧性和市场弹性，致力于实现经济的高质量发展（刘志彪，2021）。客观而言，中国将成为吸引国际商品和要素资源的巨大引力场，世界各国也将在分享中国经济增长红利的过程中获得新的发展动能，助力全球经济繁荣。换言之，内循环也具有开放的特征，新发展格局绝不是封闭的国内循环，而是开放的国内国际双循环。

二、自贸试验区的环境制度安排

面对国际贸易规则的大国博弈,中国在推动 RCEP 生效,以及早日加入 CPTPP 等大型多边国际贸易规则的同时,专心致力于搞好自贸试验区建设。即,高举经济全球化大旗,拥护或捍卫贸易自由化和多边主义。

1. 自贸试验区地区布局对环境管理的要求

中国在上海、广东、辽宁、海南、山东、北京等地陆续建立了 21 个自贸试验区(港),实现了沿海省份自贸试验区全覆盖,并拓展到沿边地区,形成覆盖东西南北中的改革开放创新格局。自贸试验区功能定位与现有的开发区、高新技术园区、综合试验区等存在着交叉与重叠(何骏、张祥建,2016)。自贸试验区实施的产业联动等创新形式必须以经济生态协同作为发展的基础。对此,未来的自贸试验区如何与其他的各种创新区域进行环境保护的共管共治,值得探讨。诚然,自贸试验区注重的是贸易和金融,未来将在新经济格局下全面接轨国际市场,更加侧重高质量经济体系下的贸易机制改革,更进一步强化制度的创新驱动。然而,我国的自贸试验区乃至最新的海南自由贸易港建设,在对外开放政策和体制机制创新等法治权限上仍然供给不足,或与其自身产业基础并不匹配。自贸试验区的不断扩容,如增设原有自试验区的新片区,必然会在贸易和金融之外加快产业融合,增加一些对实体经济有关的支持内容,并在税收、投融资方面给予更多优惠政策的支持等。这种自贸试验区地域分布的扩大与变化势必给环境管理带来新挑战,生态环境高水平保护是自贸试验区高质量发展的重要内涵和必要条件。只有实现高水平的生态环境保护,才能真正实现高质量的发展。

当前国际贸易呈现两大趋势:第一是货物贸易服务化(Djankov et al.,2006)。在进出口商品中嵌入的服务要素,对提升产品的竞争力越来越重要,成为产品增值的主要环节。第二是服务贸易的数字化。对此,一些区域的自贸试验区借助于制度优势及产业基础,实施灵活的产业联动经贸战略,产业调整方向收敛在港口经济、互联网经济、资本金融、精致制造、体验经济等方面。在促进消费升级及产业链重构的同时,也面临环境保护的新问题。比如,有些地方在开展自贸试验区生态环境保护工作中存在认识不够、思路不清、缺乏"抓手"等问题,推动高质量发展的绿色动力不足。2021 年 5 月,生态环境部等 7 部委发布《关于加强自由贸易试验区生态环境保护推动高质量发展的指导意见》,作为首个国家层面自贸试验区生态环境保护的指导性政策文件,该《指导意见》科学谋划了自贸试验区生态环境保护顶层设计,打出了推进产业转型升级、重点领域绿色转型、强化环境污染治理、建立健全生态环境保护监管体系和构建现代环境治理体系的"组合拳",有助于解决困扰自贸试验区高质量发展的生态环境问题,促进经济社会发展全面绿色转型,助力构建新发展格局,推动高质量发展。

当前,随着新一轮科技革命和产业变革在全球范围内的加速演进,基于数字技术的服务业全球化正在向自贸试验区发出号召。在数字贸易服务的生产网络中,行业的升级与不同业务环节的交叉能够创造出数量庞大的服务节点,这些节点相互配合,交织形成新的合作网络。自贸试验区要借助于数字贸易平台,推动行业升级和业务环节的细化,为数字贸易服务的发展创造深广的战略发展空间。通过自贸试验区的生态环境保护政策的落地与生根,数字贸易平台将向生态保护型产业平台转型。生态保护型产业平台将通过增强平台的连接能力、感知能力以及响应能力,打破产业主体之间以及产业主体与环境经营组织或机构之间的信息壁垒,构建新型经济生态和环境管理的协同关系(Hess et al.,2016)。生态保护型产业平台将进一步加快农产品生产与加工、钢铁以及机械加工等传统产业的数字化转型,提升对供应链的赋能价值,进而助力我国经济的供给侧经营模式以及需求侧管理方式的双重变革。

2. 自贸试验区的环境管理举措

为促进开放型经济发展,自贸试验区环境管理主动对标 CPTPP、RCEP 等环境规则及其具体条款,加快推进自贸试验区环境保护制度创新,使自贸试验区的国际性、专业性、服务性特点和开放型、枢纽型、平台型特色更加突出(黄大慧、沈传新,2022)。国际贸易规则中有关贸易与环境的问题,强调通过合作机制来加以解决(徐慧,2009)。比如,在 CPTPP 的"20.5 条款"中指出,"各成员方应作出关于制定和实施有关臭氧层的保护措施的计划和活动,包括合作方案,并公开相关信息,各成员方可交换有关领域的信息和经验。""20.6 条款"提出,"各缔约方应合作解决与防止船舶对海洋环境造成污染相关的共同利益事项,合作领域可包括来自船舶的意外污染、船舶排放等。"需要说明的是,国际贸易中提及的"环境规则",与国内政府环境管理部门习惯所称的环境质量标准或污染物排放标准不同,它是一个更为宽泛的概念,涉及环境议题的范围维度、义务维度和约束维度的综合程度。更进一步讲,就是将环境管理和行为措施、国际环境义务与贸易争端解决机制相互挂钩,以此种方式来强化协定缔约方对环境措施、国际环境公约的执行力度(赵文军、于津平,2012;东艳,2016)。从国家宏观层面看,提高环境部门的权威性,加强环保执法,积极履行多边环境协定的贸易条款等,是提升自贸试验区环境治理水平、处理好产业联动区域企业发展形成的贸易与环境问题的关键。自贸试验区的环境管理要注重公众对环境保护参与的热情,并形成相关的制度规范。换言之,自贸试验区推广公众参与环境保护,是有效的环境管理与监督的手段。

当前,环境保护公众监督主要包括三个方面的内容:一是政府的环境保护是否到位,即政府在环境管理和生态保护的过程中有没有做到尽职尽责。目前的重点是要重新梳理各区域的地方生态环境部门对自贸试验区环境保护政策的放权,在推广投资"负面清单"的同时,要适度采用环境管理的"正面清单"制度。二是产业联动过程中企业的排污是否超标,即联动区域企业在生产经营过程中有没有违法排污。三是民众的环保意识与行动是否到位,即低碳出行、绿色消费、垃圾分类等环保意识是否转变为实际的行动。

环境保护公众监督的有效实施,需要完备的法律制度加以保障(王进明、胡欣,2005)。第一,创新自贸试验区环境信息公开制度。环境信息的有效公开,是实施公众监督的前提和基础。第二,要进一步细化环境保护领域公众监督的方式和具体途径。我国2018年1月生效的新《环境保护法》虽然设立了"信息公开和公众参与",但其宽泛的规定缺乏可操作性。自贸试验区可在此基础上,对公众监督环境保护的具体权利做出更为明确的规定,比如,公众监督的受理时限、公众监督的范围、公众监督的途径等等。第三,要健全环境保护公众监督的反馈机制,针对公众提出的环境保护意见和建议,相关部门应当就采纳情况、执法情况等做出及时的反馈,要明确负责信息反馈的责任部门、反馈的方式和反馈的期限,避免环境保护公众监督流于形式。第四,要完善环境保护公众监督权利保障机制。当公众的环境监督权利不能得到有效实施时,需要建立健全相应的环境监督权利保障制度。

自贸试验区充分发挥战略叠加优势,通过制度创新、制度完善,破解环境保护与经济发展的难题,主要举措包括以业务模式创新推动数字贸易与数字服务等新业态的发展、以环境监管模式创新推动产业联动的扩容与发展等。生态环境部等7部委发布的《关于加强自由贸易试验区生态环境保护推动高质量发展的指导意见》,明确了"十四五"期间我国自贸试验区生态环境保护的指导思想、基本原则、主要任务和保障措施,对推进将自贸试验区打造成为协同推动经济高质量发展和生态环境高水平保护的示范样板,具有十分重要的意义。对于自贸试验区的产业联动等创新形式而言,应通过制度松绑和不断完善,促进产业转型升级。亦即,自贸试验区应牢牢把握产业发展的关键因素,在生态环境保护的前提下,推动产业之间集聚、互补、合作,积极推动产业在各区域间协同发展,促进不同产业领域、不同产业环节之间实现融合发展,形成"1+1>2"的产业发展新模式,提升产业发展水平。

自贸试验区内要进一步放宽服务业准入,放宽会计审计、建筑设计、评级服务等领域外资准入,逐步放宽银行类金融机构、证券公司、证券投资基金管理公司等外资准入限制,要增强对自贸试验区内特殊目的公司(SPV)的设立、监管和服务创新。当前,有必要将会计师事务所引入自贸试验区。会计界必须对低碳发展做出积极的回应,要把碳达峰、碳中和贯穿于会计核算与监督的全过程,全面推动绿色低碳发展,打造环境保护的自贸试验区现实样板,率先建设经济与生态和谐共生的现代化产业体系。比如,对污染带来的成本或者由减排带来的收益的确认、计量和披露问题,会计界应该提出积极的应对策略。必须尽快推动自贸试验区"双碳"目标实现"三化",即宏观总量清晰化、微观数据定量化、计量标准准确化,碳排放交易体系的构建可以为这项工作的开展提供必要的前提条件。当然,会计的回应不应只表现为对相关收益和成本的确认、计量和披露,还必须表现为用好管理会计工具,控制和减少碳排放,积极推动低碳的发展。考虑到低碳乃至于零碳发展的极端重要性,如果缺少了碳相关内容,未来的预算管理、成本管理、绩效管理、平衡计分卡工具的运用等都将是不完整和不成功的。在推进节能减排、低碳发展,加快推进"双碳"目标实现的进程中,管理会计必将发挥非常重要的作用。

三、自贸试验区的环境保护路径选择

环境问题一直是FTA中的重要内容,无论是WTO,还是RCEP或CPTPP等多边贸易规则,其中都有详尽的环境条款。当然基于各种原因,有的FTA可能暂时搁置一些要求严格的环境规则,但加强环境保护的决心是人类共同的期盼。

1. 制度型开放对自贸试验区环境规则的要求

制度型开放是中国融入全球经济、参与全球经济治理及其改革的制度路径。通过自贸试验区的高水平开放,有助于提高制度创新的权变性,以及利用国内市场资源优势,深化与世界经济的联系。亦即,制度型开放要求自贸试验区的环境规则,第一是自觉主动地对接高水平的国际贸易环境规则,第二是根据国内区域不同的生态环境情况进行权变性的制度设计与创新。以CPTPP为例,"环境"是该协定文本中的重要一章,有关环境与贸易国际化议题是成员国深度一体化的产物。"环境"规则条款对环境保护问题建立可执行的承诺机制,强调了其适用于争端解决机制。对禁止某些渔业补贴、增加渔业补贴透明度、野生动植物非法交易等方面做出更高标准的规范要求。环境条款在许多国际区域贸易协定中都有明确的规范,其目的不外乎是协调贸易与环境的关系,强调保护环境,防止因为经贸活动而对人类造成损害。当然,也强调避免机会主义行为的发生。比如,利用贸易协定中的环境保护等法规与措施等限制贸易或投资活动,或者借助于鼓励贸易或投资而减少或弱化环境保护。这对于我国自贸试验区的建设而言是具有积极的借鉴意义的。

目前,上海自贸试验区已经主动借鉴国际贸易规则中的条款约束自身的行为,并在制度创新方面尽可能与国际高标准的环境规则保持一致(沈玉良、冯湘,2014)。可以借鉴CPTPP中的环境保护专项条款构建自贸试验区的环境规则,具体的制度设计路径选择包括:臭氧层保护、保护海洋环境免受船舶污染,以及贸易与生物多样性、入侵的外来物种中的环境保护问题,主动向低排放及适应性经济转型,海洋捕捞渔业中的环境保护,贸易活动中利益相关方应承担的环境保护责任,以及提倡环境产品与服务,主动履行社会责任、应对未来与贸易相关的全球性环境挑战等。从国际区域贸易规则中的环境条款看,为了提高保护环境及维护相关方权益的有效性,一般会在"环境"这一章中增加争端的解决机制,以便给这些环境条款装上"牙齿"。同时,要求各缔约国加强创新驱动,通过新经济的发展来确保规则的高标准、有效实施。

通过高水平的制度型开放,自贸试验区既要注重制度的创新与改革,也要考虑所在区域或地区的经济、社会与环境的兼容性,不能搞"一刀切"。要加强国内各区域自贸试验区的竞争与合作,在环境保护的原则层面坚持底线,并保持制度互鉴的开放性,带动区域经济的制度创新及产业发展的可持续性。同时,通过实践经验的总结与提炼,形成可复制或可推广的环境保护规则条款,为我国在不久将展开的CPTPP等国际贸易规则的谈判中提供基础性材料,并展示我国的贸易规则制度性话语权。当前,自贸试验区可以根据生态环境部等7部委发布的《关于加强自由贸易区生态环境保护推动高质量发展的指导意见》,结合各自生态环境保护的基本要求,通过坚持生态优先的原则,积极推动绿色低碳发展,围绕创新引领,以及深入推进制度改革与开放,强化不同区域自贸试验区的合作,通过主动对接国际贸易规则中的高标准环境条款等,提高各地环境保护的能力,实现经济生态和谐的目标。

概括而言,自贸试验区应当在《关于加强自由贸易区生态环境保护推动高质量发展的指导意见》的基础上,紧密结合"十四五"生态环境保护工作的要求,重点探索以下路径的选择可能性:①进行制度型开放与高标准自贸试验区环境规则、区域经济效益的相关性研究。②进行制度型开放与透明度的提升对自贸试验区的环境保护规则及区域发展的促进效应研究,以及制度型开放对自贸试验区投资活跃度的影响,包括高质量环境规则导入与投资活动变化的相关性研究,制度型开放与自贸试验区环境保护机制和实施路径的有效性研究等。③关注FTA协定中新的环境规则的变化,并结合自贸试验区特征进行制度创新研究。④强调环境保护的"管制中性"原则。自由贸易试验区本身的特点表明,它就是一个过渡阶段的制度设计。况且,中国签订的FTA协定中的环境与贸易条款尚不适用于争端解决机制。⑤扩大环保信息公开的内容和种类。一方面,在形式上进行创新。比如,建立健全新媒体平台,完善微博、微信等政务信息新载体,发挥新媒体平台的互动功能。另一方面,自贸试验区可以对公众监督环境保护的具体权利作出更加明确的规范。

在具体的研究过程中,可以采取以下方法:一是运用门槛效应模型分析制度型开放情境下自贸试验区环境制度创新的经济效应,为我国经贸高质量发展提供科学依据。二是利用进出口的环境政策,引导我国企业向高端价值链攀升,推进我国环境保护政策的有效落地。三是基于制度型开放的新形势,主动采用国际高标准的环境规则,为我国供给侧结构性改革提供政策建议。

2.自贸试验区生态环境保护的高质量发展

改革开放40多年来,我国在"发展是硬道理"的真理标准下,取得了巨大的经济业绩,但也因高能耗、高污染的粗放发展集聚与爆发了西方国家百年来经历的所有环境问题,极端天气、雾霾等频繁光顾,工业化、城市化让经济陷入"越发展、越污染"的恶性循环(Housman,1992)。环境保护已经成为经济全球化的"红线",贸易与环境关系再次摆在了各级政府与组织的面前。从高质量发展视角考察,自贸试验区应利用自身的制度创新优势,提供环境保护路径的最佳选择。

当前,自贸试验区应结合数字贸易等的发展需求,积极构建以自贸试验区为平台的数字贸易中心,通过数据、算力、算法有效组合要素资源,促进经贸活动精准对接,在供给侧结构性改革的同时,强化自贸试验区产业联动过程中的需求侧管理。亦即,借助于自贸试验区的供给侧制度创新推动形成产业联动企业的需求,使供给创造需求达到更高水平的动态平衡。自贸试验区要在环境保护的路径选择上与相关的产业互联网或工业互联网进行对接,借助于以自贸试验区为主导的数字贸易互联网,构建一种新型的制度型开放的平台组织,将数字技术嵌入到产业联动的产业链、供应链,以及创新链之中,形成数字化导向的网络生态,服务于国内大循环下的贸易高质量发展,以及发挥国内大市场带动国际外循环的重要作用(陈冬梅等,

2020)。自贸试验区要成为构建创新生态的重要引领者,以及创造普惠贸易的重要纽带。从环境保护角度讲,一方面,通过跨境电商等数字贸易方式促进国际贸易的发展,推动国际贸易由大企业主导、大宗货物贸易模式向中小企业广泛参与、海量品种以及碎片化交易的新模式转变,成为拉动外贸增长的重要引擎。另一方面,要强化贸易与环境的关系,关注经贸双方对生态环境的责任要求,协调货物贸易与服务贸易全链条畅通,做到既保护环境与生态安全,又促进中小外贸企业快速发展,实现内外贸的一体化。

自贸试验区必须坚持大生态的理念,将"双碳"目标纳入生态文明建设的整体布局中来。自贸试验区要主动落实责任,通过融合生态环境保护的各项措施,合力作为、广泛动员,统筹推进"双碳"工作目标,促进区域内经贸活动实现绿色低碳发展。2021年3月,习近平总书记在中央财经委会议上指出:碳达峰、碳中和是一场广泛而深刻的经济社会系统性变革,碳达峰、碳中和工作与生态文明建设是相辅相成的。"十四五"时期,我国生态文明建设进入了以降碳为重点的战略方向,推动减污降碳协同增效,促进经济社会发展全面绿色转型,是实现生态环境质量改善由量变到质变的关键时期。我国经济发展绝不能再以牺牲生态环境为代价换取一时的增长,客观地说,"双碳"目标是"两山"理念的直接体现。[①] "两山"理念体现出的是一种辩证统一的生态环境保护思想,"绿水青山"既是生态文明建设的客观要求,也是"金山银山"的内在动力。

新时代的中国经济正在从高速增长转向高质量发展,生态文明建设对环境治理提出了新挑战和新要求。当前,光伏、风电、氢能等清洁能源领域发展,钢铁、水泥、化工、有色、造纸等绿色低碳供应链发展,轨道交通、海绵城市等绿色基础设施建设,智慧交通、智能路网、新能源汽车等绿色交通发展,区域化、专业化显著的绿色现代农业发展、绿色储能技术、碳捕集、碳存储等技术突破,碳金融与碳交易等资源调配等,都因"双碳"目标迎来重大发展机遇。自贸试验区要在制度型开放的背景下,准确把握面临的挑战与机遇。"双碳"目标下的自贸试验区环境保护路径选择,受区域经济发展空间的影响,依靠自然碳汇(如森林蓄积量增加等)方式实现碳中和是困难的,通过制度创新,走出一条以人工碳汇为主的技术道路是完全有可能的。自贸试验区通过优化产业联动等方式加快区域内的产业转型升级,可以在较

---

① 2005年8月,时任浙江省委书记习近平同志在湖州市安吉县余村考察时首次提出这一理念至今,已经过17年的实践。该理念包含着"既要绿水青山,也要金山银山""绿水青山和金山银山绝不是对立的"和"绿水青山就是金山银山"三个层次的内涵与外延。"两山"理念是中国特色社会主义生态文明建设的理论依据。

短的时间内率先获得降碳红利。比如,在风电、光伏等新能源领域,整合与优化现有的产业链,促进新能源领域实现快速发展,并获得减碳的环境效益。

四、自贸试验区的环境保护机制构建

在各种不同的环境保护方案中,我国已经构建的自贸试验区或未来可能进一步扩容的自贸试验区或片区,均需要结合自身的情境特征,研究制定相应的环境保护应对措施或防范机制。

1. 制度型开放背景下自贸试验区引进FTA环境规则的协同机制

随着中国逐渐登上世界舞台中央,适时切换的制度型开放带来的经济发展理念,要求我国将战略规划从"双嵌入"转向"双循环"新发展格局,从追求高速转向高质量的发展路径等,这些作为未来的客观趋势(黄群慧、陈创练,2021),必然会对自贸试验区的环境管理及其机制效用产生直接或间接的影响。自贸试验区必须围绕制度型开放主动发挥制度创新的示范作用,走在改革开放的最前沿,切实实现区域产业的"环保+"和"对传统行政区划经济发展方式的超越"。要配合地方环境监管部门的生态环境保护要求,通过建立自贸试验区的文化价值观,在淘汰落后产能等"破"与新能源、新科技发展等"立"之间,寻找发展与环境的新均衡点(Detert et al.,2000)。制度型开放背景下自贸试验区引进FTA环境规则的协同性研究,包括影响因素、衡量标准,以及因果关系视角下环境责任履约不足等的困境问题。

从制度规范层面看,高标准FTA中的环境保护机制主要有:一是合作机制。通过多边环境协定,明确各方对环境保护的承诺,通过合作来促进形成相互支持的贸易与政策环境,推动高水平环境管理,落实环境法规的贯彻执行。同时,增加各缔约方处理贸易相关的环境问题能力,加强环境与贸易条款的沟通与对话。以CPTPP为例,通过"程序与合作机制"贯彻协定中的环境保护责任与义务。包括通过现有机制或新建机制,保证成员间环境法律与法规之间的公正、公平与透明,并对违反环境保护的一方或受害方实施制裁或救济,促进公众参与环境保护的机会,明确公众意见在环境保护决策中的重要性,鼓励所辖区域或相关范围的企业积极履行社会责任,增强有关环境保护绩效披露的自愿性与主动性,同时成立相关的保障机构或组织,以确保合作机制的有效运行。二是磋商及争端解决机制。借助于合作机制中的组织机构,发挥环境治理的积极作用。比如,确定具体的磋商流程,包括按谈判对象等级递进的磋商制度安排,以及最终的争端解决机制。中国目前签订的 FTA 尚没有关于环境与贸易的争端解决机制的规定，自贸试验区应当在这方面探索性地开展制度创新，提供相关经验，以为我国近期开展 CPTPP 谈判提供示范文本。

将环境条款纳入 FTA 协定的谈判之中已经成为趋势，自贸试验区借鉴国际高标准、严要求的环境规则，以便形成适合中国情境的制度创新成果，是近期必须重视的一项基本工作内容。一方面，要关注国际贸易规则中新的环境规则条款的变化情况，对合作机制中程序性规定及成员国国内环境法规的独立性进行分析判断；另一方面，对严格的磋商与争端解决机制纳入 FTA 的趋势进行客观把握与正确认识。自贸试验区协同机制的核心是产业联动与区域经济共同发展，各地区要在自贸试验区的制度创新带动下做大做强现有的产业，以科技创新为重点，发展特色环保产业，以"专精特新"为自贸试验区产业联动的一种发展路径。要明确的是，"专精特新"是一个理念，并不是一个标准，重点关注硬科技产业。

自贸试验区要通过精细化贸易与引入外投，紧跟国家新发展格局的客观形势。根据相关的数据统计，中国30%的关键材料是空白，52%的高科技材料需要进口，高端设备95%都需要进口，半导体自给率只有15%，半导体核心材料的自给率更低(Galvo et al.,2016)。所以，我国每年进口花钱花得最多的就是芯片。自贸试验区要在这方面发挥协同机制的作用，在积极培育"专精特新"产业或企业的同时，引入有助于弥补科技发展短板的项目或资本。2022年1月，国务院发布了《"十四五"数字经济发展规划》。到2025年，中国数字经济要在现在的规模上翻一番，与数字经济相关的人工智能、半导体、机器人、区块链等细分领域有着巨大的发展空间，是区域经济发展的重要"抓手"。同时，"双碳"目标下产业转型升级也是国内大市场下的发展机会。自贸试验区要加大改革开放力度，通过科技和创新带动区域产业发展。概括而言，自贸试验区的协同机制需要重点抓好以下几项工作：一是发挥政府的监督作用。当前，自贸试验区的环境保护制度创新应当围绕我国生态文明体制改革的总体方案，着力在环境管理机制、环境执法、问责机制等方面加快制度创新步伐。二是寻求高水平开放带来的延展机制。要结合自贸试验区的环境制度创新，主动对接 CPTPP 等的环境规则，为全国范围的自贸试验区环境保护制度提供可复制、可借鉴的经验范本(施志源等,2010)。三是发挥环境保护的贸易"结构效应"，促进要素禀赋的转变。

2. 自贸试验区环境保护的自主创新机制

自贸试验区虽不同于 FTA，但它承载着"开放升级"和"体制改革"的功能。制度型开放背景下的自贸试验区环境规制能够推动环保产业的发展,为经济发展提供新的增长点(魏彦杰,2018)。从经济全球化的现实情况看,全球化的自由贸易虽然带来商品、资本、劳动力乃至思想的全球流动,推动了全球化经济高速增长,但也使货物贸易和供应链趋于饱和,出现产能和物质商品总量严重过剩的局面(斯蒂格利茨,2011)。制度型开放下的自贸试验区建设有助于改变以往单纯依赖低成本环境要素的贸易禀赋结构,使环境要素在贸易和投资的自由化过程中恢复其原本的价格和价值应用(李志青,2014)。自贸试验区自主创新机制体现在发展绿色制造业、绿色服务业、绿色贸易和绿色供应链管理等具体任务方面,必须因地制宜构建区域合理的经济结构,主动服务国家区域发展重大战略。

自贸试验区要为"双碳"目标的实现发挥良好示范引领作用。不同区域的自贸试验区因其发展定位、结构布局、管理方式等不同,在建设过程中暴露出一些亟须解决的生态环境问题。要推动各自贸试验区履行生态环境保护责任,加强组织领导,细化工作举措,狠抓任务落实。必须以生态环境质量持续改善为目标,坚持问题导向,补齐短板弱项。通过自贸试验区环境保护的自主创新机制,以更高标准、更严要求的环境治理为基础。自贸试验区要"大胆试、大胆闯、自主改",但也要求"重大改革于法有据"。国家要建立容错机制,使容错免责具体化、程式化、可操作,为自贸试验区生态环保领域改革创新保驾护航。此外,由于所有自贸试验区都以制度创新为核心任务并且都要对接和服务"一带一路"倡议,所以自贸试验区在沿线国家的制度创新实践对我国深化改革开放和促进沿线国家经济发展将产生重要的推动作用。同时,以进口带动出口也促使国内企业改善管理、提升产品质量、提高生产效率,促进了资源优化配置。自贸试验区自主创新的核心是绿色产业的形成与发展,即在与国际经贸规则对接,推进贸易自由化、投资便利化、加速金融开放创新等领域形成适应时代需要、风险可控的产业制度体系,通过贸易、金融、投资、人才、科创等领域的要素集聚,实现以国内大循环持续促进对外开放的国际外循环的带动效应。

建设自贸试验区的根本目的就是要通过试验区的"先行先试、改革创新",为全面深化改革和扩大开放探索新路径、积累新经验。目前,有关部门和地方虽然在自贸试验区生态环境管理体制机制方面做出了一些探索,如生态环境领域"证照分离"改革、差别化清单分类管理的环评审批模式、生态环保多元化管理等,但距离充分发挥先行先试作用还有很长的路要走。自由贸易试验区应当在构建全面开放型经济新体制的过程中实现新的融合与扩展,在新的改革举措推动下,依据要素型开放向制度型开放转变的演进规律,探寻自贸试验区环境规则对宏观与微观环境保护政策或制度的作用机理。同时,要兼顾全国自贸试验区不同的资源禀赋、发展定位、结构布局特征,探索适合各自贸试验区构建情境、符合区域特色的生态环境保护政策与措施,积极开展生态环境领域制度创新和试点示范,形成各具特色的高质量发展模式,以生态环境高水平保护推动经济高质量发展。经贸活动中的环境规则与传统环境管制有较大区别,它从三个维度进行综合规范,用公式表达为:环境保护程度的标准高低=范围维度×义务维度×约束维度。

自贸试验区要进行更大开放力度的"压力测试",先行先试、不断创新,为全面深化改革和扩大开放探索新路径、积累新经验。要及时总结评估生态环保领域先行先试形成的好经验、好做法,多层次、多路径做好复制推广工作,实现为国家试制度、为地方谋发展的有机结合。从分布各地的自贸试验区产业发展看,重点是发展现代服务业、高端制造业、高新技术产业、商贸物流业、保税加工服务业等。诚然,部分自贸试验区现有产业基础是钢铁、化工、纺织等传统产业,产业联动中环境保护压力巨大,率先实现区域绿色转型是自由贸易试验区环境保护自主创新的重要任务。自贸试验区必须结合"双碳"目标,全面落实减污降碳总要求,加快发展方式的绿色转型,推动能源清洁低碳利用,发展绿色低碳交通运输,开展基础设施低碳改造等,从而为全面实现碳达峰、碳中和目标奠定坚实基础。

第三节 研究目的与意义

自贸试验区是贸易多边主义与自由主义思想的产物,是有效对抗全球经贸活动中"逆全球化"的重要手段,也是振兴本国经济的有效方式。自贸试验区的环境保护路径与规则研究,有助于推动国内国际相互协作的"双循环"发展,是中国经济在新发展阶段贯彻创新、协调、绿色、开放、共享的新发展理念,以及形成新发展格局的客观需要。

一、研究目的

本课题以经济学研究范式为主,主要研究目的如下:

首先,就制度型开放与自贸试验区环境规则的内涵与方法进行梳理与评价,通过分析国际FTA中的环境规则,以及国内自贸试验区生态环境管理的制度规范,强化区域经济发展中的环境管理,破解自贸试验区生态环境保护难题,推动经济社会发展向全面绿色转型,为制度型开放背景下构建环境保护机制及其实现路径奠定理论基础。

其次,应用计量手段分析自贸试验区环境政策变化后的指标体系,并分析其与CPTPP等环境规则的相关性。

最后,在总结前人研究成果与经验的基础上,提出对策建议。亦即,给出制度型开放背景下自贸试验区环境保护规则的形成机理及运作规律,以规则维度为主寻求自贸试验区环境保护的路径选择,以战略维度视角为主观察自贸试验区环境保护的有效机制。

二、研究意义

自贸试验区是制度型开放的新高地,生态环境高水平保护是自贸试验区高质量发展的前提条件。以立法方式确认自贸试验区生态环境保护要求,是国际贸易规则中环境规则的内在要求。

1. 理论意义

包括以下内容:

(1) 基于多维度视角,系统深入研究制度型开放的有效性及其对自贸试验区环境规则的影响机理,从因果关系的视角分析环境规则高标准实施的制约因素,构建适合我国自贸试验区情境的环境"管制中立"与"生态和谐"的理论模型。

(2) 从自贸试验区制度创新的机遇与挑战入手,研究对接FTA环境规则的结构性动因与执行性动因。

(3) 通过一般均衡模型(DGEM),深入研究制度型开放对自贸试验区环境规则创新的作用机理,并结合动态面板的广义矩阵估计(GMM)、双重差分(DID)等方法进行计量检验,进一步丰富CPTPP与RCEP等FTA环境规则与我国自贸试验区环境制度创新研究的文献。

2. 实践意义

包括以下内容:

(1) 在制度型开放背景下,自贸试验区承担着促进开放升级与体制改革深化的平台功能。通过自贸试验区的制度创新为我国借鉴并创新FTA环境规则提供政策依据。

（2）有助于政府根据未来中国经济高质量发展的目标与要求，明确自贸试验区对环境保护的要求及作用机理，合理确定自贸试验区的战略定位，提升环境规则的高标准与严要求。

（3）有助于各国投资者或企业把握我国自贸试验区制度创新的方向和目标，引导资源进行合理的优化配置，为价值链向高端攀升提供制度指引。

第四节 研究方法、技术路线与结构安排

一、研究方法

本书中的研究方法主要是：

（1）比较研究法。围绕国内已经形成的21个自贸试验区（港），进行制度文本层面的对比分析。同时，借鉴国际上的区域贸易协定，尤其是CPTPP中的环境规则进行比较分析，探寻CPTPP中环境规则条款的形成动因及未来改进的重点或方向。此外，在具体研究中还就CPTPP与RECP等规则下"一带一路"倡议的推进，围绕相关国家或地区的供应链、产业链等进行对比分析，为全球价值链中高端攀升的路径与方式提供环境管理的政策依据，以丰富自贸试验区在制度型开放背景下推进的环境保护机制与路径的研究主题。

（2）理论归纳分析。本书主要应用经济学理论，兼顾管理学、社会学等相关理论，通过理论分析、逻辑推论等规范研究方法，归纳、提炼出适合自贸试验区环境规则创新的概念框架，在此基础上探寻自贸试验区主动对接CPTPP环境规则的可能性，以及针对可能问题所应采取的措施与对策，深入提炼自贸试验区环境保护演进的路径和优化的机理。

（3）实证研究方法的应用。主要应用双重差分（DID）结合动态一般均衡模型等，研究制度型开放背景下环境保护制度建设对企业进出口贸易的影响。同时，综合考虑环境保护、经济与社会以及政府等的相关变量，应用动态面板计量模型（GMM）求得一致性的估计结果等。本书为课题的主报告，这项研究主要在期刊发表的文章中体现。

二、技术路线与内容结构

本文的研究路线与内容安排,分述如下。

(1) 技术路径设计。具体如图 1-1 所示。

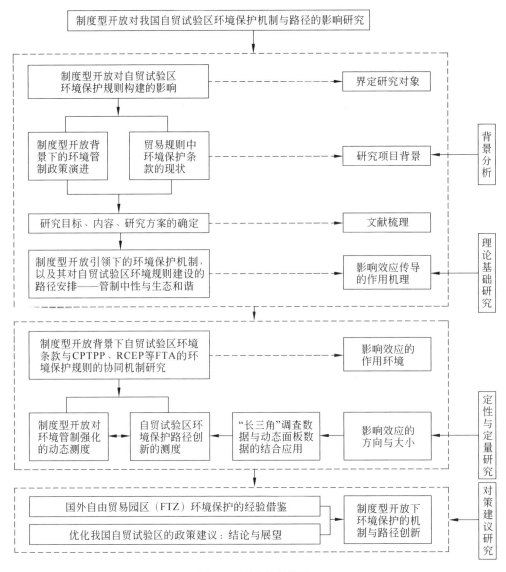

图 1-1 研究技术路线

(2) 内容结构安排。现结合图 1-1,将本书的主要内容概括如下,详见表 1-1。

表 1-1 本书的内容框架

研 究 流 程	本书的章节安排
确立研究主题,明确本文的内容梗概、研究意义与方法步骤	第一章 绪论
理论与文献回顾,凝练文章的研究视角与路径	第二章 文献综述与理论基础
阐述制度型开放及其政策内涵,理解高水平开放下的自贸试验区发展,为后续章节研究奠定基础	第三章 制度型开放与自贸试验区发展
在第三章基础上,结合自贸试验区环境保护现状,重点对 FTA 中的高标准环境规则进行比较研究	第四章 自贸试验区与国际贸易协定间的环境规则比较
结合"双循环"等情境,在制度型开放背景下探讨自贸试验区的环境保护制度,强调自贸试验区环境管理的重要性	第五章 制度型开放与自贸试验区环境保护制度创新
基于 FTA 中的环境规则,以及生态环境部等 7 部委的《关于加强自由贸易试验区生态环境保护推动高质量发展的指导意见》,从设计、推进与对策措施视角探讨自贸试验区的环境保护及其路径选择	第六章 自贸试验区环境保护的路径选择
从自贸试验区的协同机制入手,从产业创新融合、合作发展与环境治理等视角展开探讨	第七章 自贸试验区环境保护的实施机制
结合生态文明建设的自主性要求,从"链长制"以及文化价值观入手,探讨中国特色自贸试验区的环境保护及其制度建设	第八章 自贸试验区环境规则与中国特色
总结本报告的主要内容,提出存在的问题,对未来发展进行展望	第九章 结论与展望

第五节 研究创新与不足

本研究主要围绕自贸试验区的环境制度建设,以及产业联动中的生态环境保护路径与机制问题,结合数字经济时代的自贸试验区改革与创新特征,从动态发展视角提出对策建议。

一、研究创新

目前,从制度型开放视角研究自贸试验区环境规则的成果还较为少见,本课题从自贸试验区"开放升级"和"体制改革"的功能创新入手,构建高标准的环境保护规则。

1. 权变机制的制度化

在自贸试验区对标国际贸易环境规则的基础上,构建适用我国区域特征的自贸试验区环境保护制度。比如,在普遍采用"负面清单"管理方式的同时,对自贸试验区产业联动地区,尤其是高耗能地区,强调仍然有必要采用环境监管的"正面清单"制度。亦即,在研究环境规则调整对我国自贸试验区环境保护标准影响的同时,要坚守"大生态文明"的概念。对于一些后发地区,目前环境问题还很严重,应该有比较严格的环境标准。即,在产业联动的初期(或项目上马伊始)就要强调环保,体现权变性的管制原则。

2. 环境保护的主动性

以生态优先推动制度型开放背景下的环境保护,创新生态环境管理模式或环境规则体系,推动贸易、投资与生态环境的和谐发展,是自贸试验区战略规划的客观需求。环境保护涉及自贸试验区的能耗强度、二氧化碳排放量等具体指标,以及有关生态环境治理体系和治理能力的制度建设,在绿色低碳发展、生态环境治理、国际合作等方面形成一批可复制可推广的环境保护的创新成果,是自贸试验区内在的环境保护主动性的体现。

3. 计量手段的灵活化

适应高水平开放的客观形势,以及"双循环"的新发展格局,在研究进出口开放政策对自贸试验区环境保护的内在机理时,运用动态面板计量模型(GMM),准确计量并反映这些因素对制度型开放下的自贸试验区环境保护的实践效应。通过双重差分(DID)来实证检验制度型开放对自贸试验区环境保护的影响,且通过一般均衡模型(DGEM),深入分析产业联动企业进出口动态与环境保护的决策过程。

二、研究重点与难点

从自贸试验区出现以来,人们对环境管理问题的认识就存在各种不同的看法,尤其是针对这种以贸易为特征的特区而言,似乎环境保护不是值得研究的课题。

1. 研究的重点

(1) 构建制度型开放背景下的自贸试验区环境规则,包括不同区域自贸试验区的功能定位及环境保护的目标设定。

(2) 制度型开放对自贸试验区环境规则影响的因素及其数理模型的构建,以及其内在作用机理的研究。

(3) 制度型开放下不同层面对自贸试验区环境政策及其规则安排的路径选择与应对策略。

2. 研究难点

(1) 自贸试验区环境保护指标体系的选择与制度型开放的实施效果检验。

(2) 系统分析制度型开放下的环境政策对自贸试验区环境保护的"管制中性"的规范要求与边界设定。

(3) 定量分析制度型开放提升自贸试验区环境规则高标准的实现路径,以及相关的数量模型构建。

(4) 如何解决实证模型中存在的内生性问题。

三、研究不足

纵观整个研究,尽管具有一定的创新性,但由于主客观条件的限制,本书中不可避免地存在一些不足与局限,主要体现在:

(1) 本书是课题成果的主题报告部分,没有列示自贸试验区在制度型开放背景下的环境规则创新与发展方面的实证检验的情境过程与研究结果。即,由于课题报告的对策性研究特征,本书作为主题报告没有收纳已经发表的实证研究成果。课题组成员已经或将进一步以单独的论文形式(包括各类学位论文),对本书中的有关章节进行实证设计与经验研究。

(2) 对制度型开放背景下自贸试验区环境规则的创新研究存在不足。目前,自贸试验区的生态环境保护规则与条款尚无具体的法律规范,本书在研究中选择以国际贸易规则中的环境条款作为具体的对照样本,并对规则制定、战略导向、投资导向等方面进行了比较研究。庆幸的是,2021年5月,生态环境部等7部委下发了《关于加强自由贸易试验区生态环境保护推动高质量发展的指导意见》。这一《指导意见》是目前有关自贸试验区环境规则的最主要规章。本书在研究中对此进行了综合应用,并在梳理和分析国际FTA环境规则的基础上,对比了《指导意见》的主要内容。由于这些问题尚处于起步阶段,相对的数据和信息还不够充分,本报告无法展开计量分析,进而使本书研究的深度存在不足。

此外,由于自贸试验区与其他特区、新区、开发区等在不同地区实际定位的不同,以及自贸试验区自身的资源禀赋的差异性,加之具体实践应用中存在的复杂性与不确定性,本书在研究中没有刻意区分这些不同特区、园区等的功能属性,而是更多地从产业联动视角评判自贸试验区环境保护的利弊得失。事实上,自贸试验区核心竞争力必然会由产业创新发展体现出其独特的战略属性(张威,2021)。限于篇幅,这些内容本书未做深入研究。

第二章
文献综述与理论基础

文献综述是对已有的相关成果认知的基础上,进行系统整理、总结和提炼的研究行为,目的是客观评价该领域的发展状况及未来的研究方向,同时针对前人的研究成果提出本文的创新思路与观点。理论基础则是为后续章节的研究提供理论支撑的学术手段,是研究方法和计量行为有效性的重要保障。

第一节 文献综述与概念界定

制度型开放所覆盖的规则、规制、管理、标准等具体内容,紧扣着经济运行机制和经济管理制度的相关方面,体现着相互尊重、平等互利、公平竞争、诚信法治、追求效率的深刻底蕴。国家设立自贸试验区,对于新形势下以开放促改革、促发展,为我国的开放发展赢得主动、积累优势、创造空间,具有重大的理论价值和积极的现实意义。

一、文献综述

随着制度型开放的推进,区域经济发展规划纷纷落地,2019年再次对上海自贸试验区临港新片区等自贸试验区进行了扩容。本书拟以自贸试验区的制度创新为重点,按各区域自贸试验区的功能定位开展对环境保护问题的研究与整合。目前,有关自贸试验区的研究文献,大都以金融与贸易规则为主加以阐述,对环境保护政策及其制度创新的研究相对偏少。具体可以概括为以下几个方面。

1. 制度型开放对自贸试验区环境保护的影响

自由贸易试验区(FTZ,以下简称"自贸试验区")是指在贸易和投资等方面对比世贸组织有关规定而实施的更加优惠的贸易安排(李世杰、赵婷茹,2019)。降低自贸试验区投资贸易壁垒必然会推进投资贸易自由化,在给中国经济带来发展空间的同时吸引更多产业进入,但也会给中国环境保护带来挑战(孙元欣、徐晨,2014)。自贸试验区无论采用分离式还是合署式的组织管理体制,环境保护都是一项不可或缺的重要工作(郑展鹏、曹玉平,2018)。2014年8月1日实施的《中国(上海)自由贸易试验区条例》第50条规定:"加强自由贸易试验区环境保护工作,探索开展环境影响评价分类管理,提高环境保护管理水平和效率。鼓励区内企业申请国际通行的环境和能源管理体系标准认证,采用先进生产工艺和技术,节约能源,减少污染物和温室气体排放。"2018年12月,生态环境部从九方面支持海南自贸试验区(港)提升绿色发展水平,并与海南省政府签订了《全面加强海南生态环境保护战略合作协议》。制度型开放是2018年12月中央经济工作会议提出的有关开放的新表述,是对新形势下我国改革开放战略方向的再次确认(刘洪钟,2019)。在制度型开放背景下,面对不同设立时期(如上海早期自贸试验区与临港新片区),省(市)内不同片区,或者各省(市)之间自贸试验区的功能定位,环境保护制度迫切需要根据各地实际进行创新,并将其上升至国家层面。本书拟结合自贸试验区各个阶段、不同区域和不同功能结构的情境特征,在制度型开放背景下对接FTA高标准的环境规则,同时关注国内外各种专门性法律条款的规定,为自贸试验区环境保护制度建设提供有效方案和对策建议。

国内国际相互协作的"双循环",要求推动由商品和要素流动型开放向制度型开放转变,推进更高水平对外开放,发展更高层次开放型经济。首先,制度型开放促进自由贸易协定(FTA)更多达成,其中环境规则将更加受到重视。必须加快自贸试验区"开放升级"步伐,尤其在外资准入负面清单等方面加大改革力度(Fiorentino et al.,2007;肖志明、殷闽华,2018;叶辅靖等,2019)。自贸试验区应根据自身产业特点和比较优势,重视环境保护工作,提升企业在国际产业链和全球供应链中的地位,推动国际国内自贸试验区环境保护等的规则衔接,增强国际竞争优势(Akcigit et al.,2018;吴启金,2018)。其次,制度型开放促进了我国环境制度的国际化,比如中国将全面禁止非法野生动物交易(十三届全国人大常委会第十六次会议通过)等。同时,中美贸易摩擦和国际经贸规则重构博弈等外部因素也需要我国自贸试验区率先采用国际高标准的环境保护等贸易规则(吕越等,2018;Janeza et al.,2019)。钱克明(2019)将制度型开放概括为"四个更加",即更加深入的开放、更加全面的开放、更加系统的开放和更加公平的开放。

制度型开放包括自贸试验区项目建设中的规则、标准与国际高标准对接(何立胜,2019),且为中国自贸协定谈判对接更广泛国际贸易的环境规则融入新议题(张建平,2019)。"长三角"作为开放前沿,不仅有上海自贸试验区,还有浙江(舟山)自贸试验区,以及宁波口岸实施外国人江浙沪免签144天的开放性政策等(桂海滨、方晨,2019),2019年新扩容的6个自贸试验区又将江苏纳入其中。以上海自贸试验区为重点开展环境保护制度研究,有助于该区域和我国经贸活跃度的提升(殷华、高维和,2017),并且对其他各地自贸试验区的功能定位与环境保护的制度博弈产生积极的正向引导,同时能够在国际环境规则制定中发出更多中国声音、注入更多中国元素,维护我国及全球利益。

2. 制度型开放与环境保护

制度型开放是相对于商品和要素流动型开放而言的。制度型开放是我国经济发展步入新时代的内在要求,也是国际经济形势变化的外在需要(Sorgho,2016;戴翔、张雨,2019)。党的十九届六中全会通过的《中共中央关于党的百年奋斗重大成就和历史经验的决议》强调,必须实现创新成为第一动力、协调成为内生特点、绿色成为普遍形态、开放成为必由之路、共享成为根本目的的高质量发展,推动经济发展质量变革、效率变革、动力变革。推进制度型开放,就是要构建一套与国际贸易投资通行规则相衔接的基本制度体系和监管模式(刘志阳,2019)。自由贸易对许多国家经济、福利的发展具有不可替代作用,而环境是各国存在和发展的基础和源泉。二者在国际法的范畴内属于同一级别、同一层次的重要原则和规范,都得到广泛的支持(陈建国,2001)。理论上,经济发展、自由贸易、环境保护政策以及健康、安全等标准都是可以相互协调的。然而,贸易的全球化和自由化并没有导致环境保护规则的全球化。所以,从事实上看自由贸易与环境保护两种理想规则似乎难以调和。于是,自由贸易主义者(后称贸易主义者)和环境保护主义者(后称环境主义者)之间、发展中国家和发达国家之间就此争论颇多(孙法柏、张卫新,2004)。

环境主义者认为,自由贸易协定以更为直接的方式削弱了环境保护的力度。贸易限制措施"对一些国家来说最为可行、有效,它可以保护本国免受他国环境退化所致的损害"(Rijeka et al.,2011),而且这种措施通常是"唯一有效的达成或执行国际环境协定的途径"(Mugwanya et al.,1999)。随着经济全球化的深入发展,各国的贸易联系也越来越深。一方面,从发达国家进口先进的环保设备能有效减少在生产环节产生的污染,促进环境的改善。另一方面,在全球价值链的分工条件下,处于制造环节的国家能够通过"干中学"的方式吸收掌握先进的技术,或利用反向研发的手段解析进口核心零部件中的技术,在技术进步的同时推动生产力的发展(Ge&Hu,2008),从而有效提高资源的利用率,减少浪费与污染(李雨薇、魏彦杰,2018)。

从理论上来讲,制度型开放与环境保护存在密切的互动关系,但是这种互动之间的量化关系如何确认,特别是自贸试验区对于全面开放的溢出贡献度有多大,生态环境保护的效果采用哪些指标加以揭示等,成为自贸试验区建设成效的重要方面(殷华、高维和,2017)。当前,制度型开放对于自贸试验区的制度创新、金融创新及投资贸易便利化等具体改革提供了政策依据,要在环境保护的基础上探讨自贸试验区与城市对外开放之间的关系,客观评价自贸试验区建设的成效(宋丽颖、郭敏,2019)。换言之,自贸试验区作为制度创新的重要平台,必须在环境保护规则等方面先行探索,为中国的制度型开放做出更大贡献(尹晨等,2019)。制度型开放背景下的环境保护,应以问题为导向创新生态环境学理论,从经济制度、经济运行、经济发展和对外经济各个层面研究经济与环境保护之间的发展规律,深化自贸试验区制度创新的基本原理,其先行先试的制度优势将不断得到巩固(洪银兴,2021)。贸易规则中的环境保护包括对环境污染物、具有环境危害性或有毒的化学品的处理,以及对野生动物的保护,其目的是防止对人类的生命和健康造成危害(Crawford & Fiorentino,2007)。通过制度型开放引入国际高水平的环境保护规则,有助于自贸区的制度创新,且在各方合作下形成相互支持的经贸环境政策,使环境保护法律得到有效实施(孙钰等,2019;曾炜,2019)。在制度型开放背景下,通过国际贸易规则中高标准、严要求的环境保护规则的引进,以及在中国自贸试验区实践基础上的环境制度创新及输出,实现制度的"进出口"(Halpem et al.,2015;徐立凡,2018),最终满足环境保护的全球治理需求。

3. 环境规则与贸易的关系

当前,国际上解决经贸环境问题的框架主要有多边环境协定(MEAs)、WTO和区域一体化协定(何骏、郭岚,2016)。最早在区域一体化中将贸易与环境联系起来的是1994年签订的NAFTA(北美自由贸易协定),其中包括了详细的、具有约束力的环境条款。大多数 OECD 成员国加入的区域一体化协定中都引入了环境条款(东艳,2016)。中国签署的 FTA 中,很多协定涉及环境问题,合作程度逐渐提高。自贸试验区虽有别于 FTA,但其在"环境与贸易"的制度认知上是一致的,即不得为促进贸易和投资而弱化或减少环境法律保护,也不能将环境保护作为隐性的贸易保护措施(刘英,2020)。要全面实施外商投资法及配套法规,依法保护外资企业合法权益,营造一流营商环境,提升产业链根植性,更好发挥外资企业"外引内联"的独特作用。赋予自贸试验区更大改革创新自主权,以制度型开放为核心,建设高水平开放新平台,为深化改革探索经验和提供示范,在更大范围复制推广改革成果(刘秉镰、边杨,2019)。陈建国(2001)认为,贸易影响环境,但贸易不是环境退化的根本原因,也并非总是破坏环境。Krueger 和 Grossman(1993)以 NAFTA 中最大的发展中国家墨西哥为研究对象,观察到其环境质量随着自由贸易区的推进,似乎经历了一个明显下滑的阶段。张娟(2016)、兰天(2017)等对我国贸易开放与环境污染关系进行了实证检验,认为自由贸易给我国生态环境带来了负面影响。自贸试验区建设会影响到所在地区的环境质量,并带来诸多效应(施志源等,2016)。

目前,全球化的基本趋势并未发生根本性转变,生产的贸易化和全球的地区化也没有改变,WTO 主导的全球经贸格局,可能逐步演变为以欧盟为中心的欧盟经济圈、以亚洲为中心的东亚自贸区与北美自贸区的三足鼎立(Relich,2017)。畅通全球供应链需要加强世界各国协作(余淼杰,2022)。随着我国外贸规模和国际市场份额再创新高,贸易大国地位更加巩固,结合国内国际形势,持续推进更高水平对外开放、畅通国内国际"双循环",需要重视生态与环境保护的协同。随着 RCEP 协定的生效,自贸试验区要积极围绕我国申请加入 CPTPP 和 DEPA 等区域经贸安排,探索构建多边机制下区域经济合作新格局的经验与做法,形成可以复制并可推广的体现中国特色的经验文本(佟家栋,2021)。

自贸试验区要发挥环境制度创新的主动性,优化国内国际市场布局,促进内需和外需、进口和出口、引进外资和对外投资协调发展(谭娜等,2015)。完善内外贸一体化体系建设,促进外贸企业融入国内市场体系,建设销售渠道和网络,促进内外贸法律法规、监管体制、质量标准等相互衔接(陈继勇、雷欣,2008)。对于各级地方政府来说,自贸试验区还是一个新生事物,其工作重点主要放在贸易和投资等功能方面,对环境保护缺乏足够重视(冯帆等,2019)。加之,各地自贸试验区组织管理体制的不同,在环境保护政策与制度上也存在约束力上的差异(谢建国、周雨婷,2019)。强化自贸试验区的环境保护制度建设不只是区域内的问题,还需要开展贸易规则中环境标准的创新驱动(沈铭辉,2018)。要加大数字贸易的研究,生产力的变化首先表现在技术进步上,生产力的发展带来生产关系的变革,从而形成新的经济形态。数字贸易作为社会生产力的新一轮发展机遇,数字生产力的发展将由数字贸易加以创新推动,最终带来数字经济的繁荣与发展(冯圆,2021)。1993年以来,数字经济逐步发展成为中国经济增长的重要支撑,数字产业化和产业数字化贡献的增加值均保持快速增长。发展电子商务、数字媒体等新兴部门,实现ICT对传统行业渗透,将是未来数字经济发展的重要方向(蔡跃洲,2021)。

4. 文献述评

现有研究大都从制度型开放下的自贸试验区环境保护现状,贸易发展与环境规则的关系,以及强化环境监管下的环境保护等方面入手进行阐述,针对自贸试验区发展过程中的环境保护路径选择与规则安排的研究偏少。如何将高标准FTA中的环境规则引入自贸试验区的环境管理模式之中,政府环境监管部门如何与自贸试验区的环境保护制度创新相结合;如何在负面清单管理的基础上融入环境管理的正面清单机制,什么情况下直接引进或应用FTA中的环境制度规范;面对各个不同区域的各具特色的自贸试验区,怎样确立并优化自贸试验区的定位,通过自贸试验区与各种开发区、创新功能区的协调,共同规范环境保护政策等,都值得进一步研究。

重点从以下几个方面入手:一是强化自贸试验区环境保护是绿色发展的战略需要。自由贸易的环境影响在效应上可以分为规模效应、技术效应和结构效应(Korves,2011)。贸易自由化与环境质量本身并无或正或负的关系,关键是在自由贸易的推进过程和自贸试验区的建设过程中嵌入绿色战略思维,即究竟采取何种发展的路径或运作机制,能否充分发挥有利于环境保护的各种效应,比如技术效应和结构效应等。二是自贸试验区环境规则与传统环境管制有较大区别。自贸试验区环境规则具有多维性,是从多个维度进行的综合规范,用公式表述为:环境保护程度的标准高低=范围维度×义务维度×约束维度。三是制度型开放为自贸试验区对接国际高标准的环境规则提供了积极融入的机制和运作平台。自贸试验区是中国制度创新的高地,理应成为对接诸如CPTPP等环境保护条款的"试验田"(毛艳华,2018)。制度型开放步伐的加快使我国新一轮的制度红利不断释放,典型的有《外商投资法》等。自贸试验区既要处理好制度创新过程中存在的各种错综复杂的关系,也要在具体的制度建设上先行先试,尤其要在政府环境管制、环境标准与绿色产品认证、环境治理市场化、环境保护公众监督等方面加快制度创新的步伐。

二、概念界定

在本书的研究中,理解和认识以下这些概念,对于寻求自贸试验区下环境保护对策具有积极的意义。

1. 自贸试验区与自由贸易协定

国际上主要有自由贸易区(FTA)、特殊经济区(SEZ)和自由贸易园区(FTZ)等概念或实践组织与我国的自贸试验区接近。从学理上进行细究,这些概念与我国的自贸试验区均有一定的区别。然而,从学术界已有的研究文献看,通常将自由贸易园区等同于我国的自贸试验区,从国际比较的角度讲,这种研究或探索是可行的(易行健、左雅莉,2016)。本书赞同这一观点。自由贸易协定属于自由贸易区的概念,自由贸易区是指缔约一方在其领土上相互给予缔约另一方部分(或全部)取消商品贸易关税和数量限制等贸易优惠安排,是推动全球贸易新规则发展的重要场所。特殊经济区是指给工商业者和投资者提供区别于境内的特殊监管政策的特定区域,目前全球已建立超过 5 400 多个特殊经济区,中国以 2 543 个高居榜首(陆军,2021)。自由贸易园区是在一国部分领土区域内对运入的任何货物就进口关税及其他税目,免于实施惯常的海关监管制度,是推动国际贸易发展的重要区域。我国的自贸试验区实质上是采取自由港政策的关税隔离区。自由贸易试验区(FTZ)是指在贸易和投资等方面对比世贸组织有关规定而实施的更加优惠的贸易安排。即,在我国的特定区域,按照国际贸易规则的要求,实施自由贸易的制度安排,比如准许外国商品豁免关税的自由进出等。同时,从主体运行的空间范围看,它是自由港的延伸,是一种关税隔离区。狭义的FTZ仅指提供区内加工出口所需原料等货物的进口豁免关税的地区,类似出口加工区。广义的FTZ还包括自由港和转口贸易区。

自由贸易试验区的设立是在制度型开放背景下,以开放促改革的成果,它是我国构建"双循环"新发展格局、适应经济全球化新趋势、实现以国内大市场为主体的对外战略目标的重要手段。充分发挥自贸试验区对贸易投资的促进作用,为我国经济发展注入新动力、增添新活力、拓展新空间,是当前自贸试验区建设的重要尝试。因此,精准测度自贸试验区的改革效果,对更好地赋予自贸试验区更大的自主改革权具有积极指导意义。自贸试验区是党中央、国务院做出的重大决策,是新形势下全面深化改革、扩大开放、区域发展和深入推进"一带一路"建设的重大举措。自贸试验区已经成为我国新时代改革开放探索新途径、积累新经验的试验田、示范区、新引擎和新高地。我国自贸试验区的特征包括：①突出扩大开放。立足各自区位优势，深化与周边国家和地区经贸合作，更好服务对外开放总体战略布局。②突出引领高质量发展。充分发挥战略叠加优势，通过制度创新，破解发展难题，推动发展质量变革、效率变革、动力变革，聚集新产业、新业态、新模式。③突出服务和融入国家重大战略。进一步对标高标准国际经贸规则，充分利用各地资源禀赋优势与区位优势，形成各有侧重、各具特色的试点格局。

自由贸易协定是一种制度安排，是各个国家或地区（独立关税主体）之间以自愿方式形成的贸易协议，就贸易自由化及其相关问题达成的制度安排，是国际经贸安排的最主要形式（张幼文，2016）。本书中提及 FTA 时偏向的是制度安排，主要指的是"自由贸易协定"，即由两国或多国之间达成的自贸协定。2018 年以来，先后有 CPTPP、EPA、USMCA 和 RCEP 四大自贸协定签署，国际贸易规则碎片化倾向明显。重塑国际贸易规则将是未来一个时期国际经贸问题研究的重点。全球贸易体系分为三个层次：第一，以 WTO 为代表的全球体系；第二，以几百个区域贸易协定组成的区域贸易合作体系；第三，由几百个双边贸易协定组成的双边贸易体系。目前，以 WTO 为代表的多边体制面临无法跟上这些新要求与新发展的情境（贺小勇、陈瑶，2019）。

CPTPP 已经于 2018 年 12 月 30 日正式生效。CPTPP 的生效使国际经贸区域化、集团化趋势进一步加剧，基于全球经济博弈的 CPTPP 是一种制度性的安排。即，大型区域协定（MEGA）成为发达国家重塑全球多边贸易体制、抢夺制定国际贸易新规则主导权的重要平台和路径。CPTPP 扩展了多边贸易主义的理论边界，在一定程度上能够响应和满足全球价值链重塑的理论需求。RCEP 作为以中国为主导的 FTA，已经于 2022 年 1 月 1 日正式生效，包括中国在内的 10 个国家正式开始履行义务，这标志着全球最大的自由贸易区启动运行，也为中国经济迎来了"开门红"。RCEP 包括 15 个成员国，人口、经济、贸易等方面都占全球总量的近 1/3，是当之无愧的全球第一大自贸区。这一覆盖亚太地区的巨大贸易圈建立，使原材料、人才、资本、信息、技术等实现更快自由流动，大大促进域内的投资和贸易活动。以产业结构划分，RCEP 区域既有日本、韩国等制造业强国，有中国等制造业大国，还有澳大利亚、新西兰等出口大国，以及越南、柬埔寨等劳动密集型产业为主的国家，总体是一种产业互补关系（李世杰、赵婷茹，2019）。无论是从经济发展水平还是规模体量上看，RCEP 的 15 个成员之间相差都很大（Kumarasiri & Gunasekarage，2017），人均 GDP 从两三千美元到几万美元不等。因此，该协定最大限度地兼顾了各方诉求,在货物、服务和投资等市场准入和规则领域都实现了利益的平衡。此外,该协定还给予最不发达国家差别待遇,专门设置了"中小企业"和"经济技术合作"两个章节,帮助发展中成员加强能力建设。RCEP 不是简单的现有自贸协定的叠加,其使得原本并没有自贸协定的中日、日韩间也建立起新的自贸伙伴关系,这意味着自贸协定不仅范围扩大了,还表明内部贸易机制安排实现了网络化、一体化,更有利于区域内国际分工的深化及产业链、供应链更加紧密合作关系的形成。我国在达成并生效的 RCEP 基础上,已经于 2021 年 9 月正式提出加入 CPTPP,这种 FTA 结构的变化将为中国带来巨大发展机遇,使我国进一步步入全球规则制定的有利阶段。同时,FTA 的变化也会对国内的自贸试验区布局及其结构安排产生积极的影响。

2. 负面清单与正面清单

在大多数自由贸易协定下,美国和欧盟自贸区对服务贸易自由化都采取了"负面清单"的管理方式,除了包含在保留清单中的领域外,其他服务贸易是没有贸易限制的,并且新的服务部门被自动纳入到该协定下(Blahová & Zelený,2013)。这一方式与《服务贸易总协定》的方式不同,《服务贸易总协定》采用的是"正面清单",即列明清单的内容与具体的实施方式。"负面清单"方式有效地扩大了协定覆盖的领域,能够产生更大的贸易创造。同时,由于新的服务部门自动地同时纳入到各个自由贸易协定之下,从而减少了贸易转移(Sorgho & Zakaria,2016)。2015 年李克强总理在政府工作报告中也多次提及加强权力清单、责任清单和负面清单管理。这里面的"负面清单"管理方式是指政府规定哪些经济领域不开放,除了清单上的禁区,其他行业、领域和经济活动都许可。凡是与外资的国民待遇、最惠国待遇不符的管理措施,或业绩要求、高管要求等方面的管理措施均以清单方式列明。这是负面清单管理方式在外商投资及其他领域的运用。世界大多数国家均针对外商投资实行负面清单管理模式,少有在国内市场推行市场准入负面清单的尝试。

随着制度型开放的推进,我国通过负面清单管理的方式将外资引入内资市场的准入领域,是市场准入制度的重大突破(尹晨等,2019)。市场准入的负面清单制度,是国务院以清单方式明确列出在中华人民共和国境内禁止和限制投资经营的行业、领域、业务等,各级政府依法采取相应管理措施的一系列制度安排。市场准入负面清单以外的行业、领域、业务等,各类市场主体皆可依法平等进入。清单根据不同的使用目的和构成要素特点有不同的分类,按照所属要素的维度数量,可以分为单一维度清单和多维度清单;按照限制程度,可以分为不可靠实体清单和可靠实体清单;按照对事物的友善程度,可以分为白色清单和黑色清单;按照是否许可执行,可分为正面清单和负面清单;按照清单包含的项目属性,可分为权力清单和物品清单等;按照执行顺序先后,可以分为流程清单和工序清单等;按照业务性质,可分为工程量清单和成本计算清单等;按照清单使用时面临的外部环境,可以分为常规清单和突发事件清单。正面清单是指政府允许的市场准入主体、范围、领域等均以清单方式列明。在正面清单模式下,外资只能在清单范围内享有国民待遇,市场主体无法进入清单外的领域或业态,这就严格限制了市场主体的经济活动自由。亦即,只要政府没有明确准许,市场主体都不能做。负面清单管理方式下,只有法律法规明确禁止的领域,市场主体才无法进入,凡是清单没有列明的领域,市场主体均可以进入。因此,与正面清单管理模式相比,负面清单管理模式赋予了市场主体更充分的行为自由(Hammer et al.,2003)。即,凡是法无禁止的,即推定市场主体有行为的自由,在"法律的沉默空间",政府机关也不得设置额外的审批程序,变相规避行政许可法定的原则。

清单管理在政府部门使用的主要目的是厘清政府与市场、政府与社会的边界,实现公共行政权运行的透明化(王湘军等,2019)。清单管理体现了政府部门简化办事流程、提高工作效率、转变政府职能、改善管理体制、减少寻租空间、有效管控风险、消除隐形壁垒的改革管理理念,取得了很好的管理效果(刘征峰,2019;王晶,2014)。清单管理的基础是信用,信用是市场经济的基础。为营造诚实守信、公平竞争市场环境,要依法依规推进企业信用风险分类管理,相应采取"双随机、一公开"等科学精准的监管措施,使监管对诚信经营者"无事不扰"、对违法失信者"无处不在"。及早发现企业异常情况,前移监管关口,化解风险隐患。2022年1月4日,国务院总理李克强主持召开国务院常务会议,部署全面实行行政许可事项清单管理的措施,推动有效市场和有为政府更好结合,持续深化"放管服"改革。清单管理有利于减少制度性交易成本、增强市场信心,营造市场化法治化国际化营商环境,更大激发市场活力和社会创造力。

2013年上海自由贸易试验区实行负面清单管理,2015年上海、广东、天津、福建四个自贸试验区使用同一张负面清单,之后各地区扩容的自贸试验区都沿用这种负面清单制度(沈开艳、徐琳,2015)。就经贸活动而言,负面清单最早起源于包括欧美在内的经济合作与发展组织(OECD)在国际贸易和投资领域之间的合作,最初目的主要是促进各经济体之间的市场开放,打通贸易壁垒,是针对外商投资准入的一种管理模式。清单管理不仅是一张单子,更是一种制度(郭冠男等,2019)。考虑到负面清单存在的局限性,生态环境部等7部委发布的《关于加强自由贸易试验区生态环境保护推动高质量发展的指导意见》要求：提升生态环境监督执法效能，实施正面清单管理。即"全面推行'双随机、一公开'监管，实施生态环境监督执法正面清单，强化监督定点帮扶……指导地方适时研究制定生态环境轻微违法违规行为免罚清单"。

3. 环境保护与环境监管

环境保护与环境监管是生态文明建设的两大工具。环境监管通过法律、行政与经济等手段，能够形成政府环境治理的强制力，是宏观政府对被管制者施加的一项重要管制内容，本书的研究重点是自贸试验区实施产业联动等产业结构绿色转型、"三废"管理制度的优化，以及能源结构的合理配置等过程中的环境监管。环境监管的作用对象主要是直接造成环境污染或环境损害的行为者，包括企业、社会组织、个人等。现阶段，我国环境监管的基本手段是法律、行政和经济手段。法律手段是环境监管政策的主要体现，它以环境立法形式确立并获得法律地位；行政手段则以政府指令的形式发挥强制力，其在政策实施过程中的作用较为突出；经济手段则是一种辅助手段，是行政手段的补充，往往以收费、罚款等形式加以体现。

长期以来，我国的环境监管以行政直接控制的环境政策为主导，虽然花费了巨大的执行成本，但环境监管的效率与效果并不明显，且存在"劣币驱逐良币"现象，进而使政府和企业在环境监管的博弈中长期处于非合作的状态（Mugwanya et al.，1999）。对于自贸试验区的微观主体而言，政府的环境监管作为外生的管制变量，与其自身利益的相关性不直接或偏弱，尤其是处于产业联动区域的企业更是如此。为摆脱这一现状，可以从中观层面的环境治理入手，比如将环境管制嵌入自贸试验区的环境保护活动之中，形成一种内生的环境管理约束机制。生态环境保护是生态文明的内在要求，环境保护为环境监管提供了理论基础。党的十七大报告首次将"生态文明"写入党章，提出"加强能源资源节约和生态环境保护，增强可持续发展能力"；党的十八大将"大力推进生态文明建设"作为一个章节专门予以论述，十八届三中全会则在其报告《关于全面深化改革若干重大问题的决定》中强调"用制度保护生态环境"，提出"探索编制自然资源资产负债表，对领导干部实行自然资源资产离任审计"等；党的十九大报告进一步提出，"坚决制止和惩处破坏生态环境行为"。党和国家对生态文明建设的重视，为我国经济与资源环境的协调有序发展提供了环境监管的政策依据。

客观地说，大部分国际自贸区都建立起了环境与贸易平衡的相关管理制度。自贸试验区环境保护，重点是围绕产业联动等创新方式实施制度创新与监管，鼓励区域企业实施环境经营。自贸试验区产业联动过程中的环境保护通过清洁生产、节约资源、污染治理和淘汰落后等手段,推广节能减排技术,降低企业能耗物耗成本,推动高消耗、高污染型向资源节约和生态环保型转变。由于自贸试验区区域分布及战略重点等的差异,各地的自贸试验区在环境保护政策及其实施过程中存在不同的制度安排,有的属于地方政府规范,有的是自贸试验区(港)自身的制度创新。自贸试验区作为一个新生事物,各地方政府往往将重点放在贸易和投资等功能方面,对环境保护还不具有实质性的高度重视,或者并未列入重要的议事日程,且缺乏相应的制度规范。经常有人会问:"为什么在制度型开放背景下自贸试验区要进行环境保护制度建设",或者"制度型开放可能会对自贸试验区产生什么样的环境管理问题"。这些问题正是本书需要研究的主题,制度型开放势必会促进自贸试验区商业与工业自由区的不断融合与扩围,使原有环境保护政策的针对性发生改变,加之缺乏统一的环境保护目标,有的自贸试验区采用整体的环境保护政策,有的采取服务自身功能的环境保护规则,使国际FTA中的高标准环境规则无法得到合理的对接,影响我国在国际贸易规则重构中的影响力与话语权。

党的十七大把自由贸易区建设上升为国家战略,大幅加快了我国自贸协定、自贸试验区等对外贸易"平台"和"窗口"建设。党的十八大以来,自贸试验区在生态环境领域进一步深化改革、简政放权,生态环境保护力度不断加大。对此,各种文件相继颁布,如《国务院关于加快建立健全绿色低碳循环发展经济体系的指导意见》《中共中央 国务院关于推进贸易高质量发展的指导意见》等均提出"绿色贸易"的相关要求,自贸试验区必须通过立法等方式来确保区域经济发展实施绿色贸易行动。比如,上海市生态环境局印发了《关于支持中国(上海)自由贸易试验区临港新片区高质量发展环境管理的若干意见》,通过实施源头减量、实行两证合一、优化环评管理、提升政府服务、加大环境基建、强化环保监管共六大类、11项措施,服务自贸试验区高质量发展。再如《中国(天津)自由贸易试验区条例》提出:"支持建设亚太经济合作组织绿色供应链合作网络天津示范中心,探索建立绿色供应链管理体系,实施绿色产品清单制度,鼓励开展绿色贸易。"此外,自贸试验区还主动对标国际绿色贸易规则,参照国际通行商事和生态环境管理规则,积极参与制定投资准入负面清单(孙元欣等,2019)。目前,"碳中和"作为重要的环境保护愿景,自贸试验区的生态环境保护内涵也要相应地更新,即产业联动等创新方式下的企业要在碳排放总量控制下,尽快达到"碳达峰",随后逐年降低碳排放,争取提前实现"碳中和"。自贸试验区要加强环境会计建设,通过"碳中和"的理念重塑环境成本管理体系,环境成本管理的核心是能够对碳排放成本进行客观准确的核算,进而发挥环境成本管理在节能减排上的促进作用(谢东明、王平,2013),并以碳中和为契机,倒逼中国低碳技术转型。

第二节　理论基础

正确理解制度型开放背景下的自贸试验区建设,积极借鉴国际多边大型 FTA 中的环境规则或环境保护经验,强化宏观与微观层面的环境维护,寻求制度型开放背景下的自贸易试验区环境保护对策等,均离不开相关理论的支撑。本书选择以下理论作为研究基础。

一、生态经济理论

生态经济理论涉及生态学、经济学和社会学等多门学科的内容。最早,该理论起源于美国。20 世纪 60 年代,Kenneth Boulding(1966)发表了《一门新的学科:生态经济学》的文章,标志着生态经济理论的诞生。生态经济理论以经济、社会和环境之间的相互作用提供一个框架,为可持续性和相关环境政策提供理论基础。生态经济理论的形成根源在于人类活动产生的资源消耗与生态系统有限的容量之间的矛盾,是对生态系统和经济系统之间相互作用形成的生态经济系统的研究,弥补了新古典经济学中将环境影响单纯作为经济成本计算的缺陷,尤其是理性经济人假设和追求利益最大化假设,忽视生态系统的约束和资源稀缺性的考量。由生态经济理论形成的生态经济学认为,经济系统是生态系统的一部分,其理论基础源于热力学定律,强调生态系统对经济系统的约束与限制作用。

生态经济学在研究生态约束下人类社会经济活动的同时,也研究人类经济活动对生态经济系统的环境影响。研究内容包含生态经济系统协调、生态价值、生态经济规模等。生态经济系统协调是协调人类活动与生态系统关系的研究,寻求共赢、平衡和良性循环的发展模式。主要集中于土地利用/覆被变化、生态服务价值和区域社会经济发展水平。生态服务价值是合理使用土地的重要指标,生态服务功能与区域社会经济发展水平密切相关。区域生态系统与经济系统之间的内部反馈机制非常重要。经济系统本身就是生态系统的组成部分,生态经济系统之间的关系和反馈包括经济增长与资源流失,自然资本与生活需求,经济能源与气候等之间的反馈机制。自贸试验区作为开发区、新区、特区等之后推出的一种新改革开放产物,是国家贸易经济的"试验田",在国际经贸环境复杂性与不稳定性的情境下,其重要性不言而喻。然而,自贸试验区的发展离不中国本土化的社会经济环境,一方面,产业联动等创新方式必然对生态与环境产生直接或间接的影响;另一方面,自贸试验区的发展需要与其他创新区域进行协调、沟通,通过一定的方式加以联结起来。其中的产业联动就是一种重要的方式。从这个角度来讲,重视生态经济学的指导,强化组织间的生态意识,构建生态环境保护的区域经济发展体系,形成各经济主体相互协作的生态组织或平台,是自贸试验区发展的必然选择。

自贸试验区在生态经济学的指导下,需要构建共生、共享的理论经济学分析框架。共生将在数字经济时代发挥积极的作用,亦即,信息资源的共生共享已成为人类的基本生存方式。共生模式是指共生单元相互作用的关系、模式或形式,可以用来反映相互作用关系的强度和方式,也可以反映相互作用关系在物质信息和能量上的流通交换。共生与竞争有时也可以统一,竞争关系是指一个共生单元对另一个共生单元的增长存在抑制作用。若仅有一方获利,另一方没有损失也没有获利,这种形态对于共生区域的经济发展是不利的。互利共生是生态经济学的内在要求,通过共生单元之间存在的相互促进和内在联系,使物质能量实现交换,才能达到持续共生的目的。生态协调的经济发展需要寻求共生的耦合方式。比如,在共生组织模式上可以将共生模式分为点共生、间歇共生、连续共生和一体化共生,点共生关系是指共生单元之间的共生关系是偶然存在的,不是连续的,具有不确定性;间接共生关系是指共生单元之间依据某一时间间隔产生共生关系,与点共生关系相比,不确定性有所减弱。连续共生关系是指共生单元之间的共生关系是连续存在的,是长期和稳定的共生关系。一体化共生关系是指要求在封闭的时间区间内共生单元之间形成具有独立特质和功能的共生关系。本研究中有关自由贸易试验区的发展,就是要通过优化共生环境形成连续或一体化的共生,通过产业联动或其他创新方式,使区域经济不仅在环境保护上形成生态优美的共生,还在经济发展形成平台或联盟等形式的共生一体化机制。

二、比较优势贸易理论

大卫·李嘉图(1817)在《政治经济学及赋税原理》一书中,以亚当·斯密(1776)的绝对优势理论为基础,提出了以贸易成本为核心的比较优势理论。该理论认为,国际贸易优势与一国的生产技术与相对成本高低有密切关系。各个贸易参与国都会进行贸易成本的比较,即开展"成本/效益"的比较,尽可能地采取差异化战略,生产并出口具有比较优势的产品,进口具有比较劣势的产品,这样使整个社会的财富最大化。比较优势理论在更普遍的基础上解释了贸易产生的基础和贸易利得,该理论虽然经过了不断演化,但其"合理内核",即根据相对优势开展国际分工,通过国际贸易实现优势互补,促进全球经济发展仍然有现实的指导意义。自贸试验区作为连接国际贸易的重要桥梁和纽带,其自主的制度创新功能需要借助于比较优势贸易理论来加以设计与思考。比如,自贸试验区选择国内不同的区域进行布局,就是遵循比较优势理论的结果。在具体的经贸活动中,自贸试验区的发展也离不开比较优势理论的指导。发展数字贸易、强化环境规则等举措,其本身也是比较优势理论的体现。

近年来,比较优势理论的发展主要是基于外生比较优势这一主流理论的完善和挑战。在诸多的研究中,一个比较突出的现象是,以克鲁格曼、赫尔普曼和格罗斯曼为代表,在引入规模经济、产品异质性等概念的基础上构建了新流派,对传统的比较优势理论进行了拓展。赫尔普曼和克鲁格曼在规模经济的前提下提出了垄断竞争模型,将产品差异程度视为由规模报酬和市场规模之间的相互功能内生决定,使比较优势理论继续向更高层次发展,进而形成了动态比较优势理论。在弗农的产品生产周期理论中,不仅拓展了动态比较优势理论,还拓展了传统的生产要素范畴,他指出,不仅劳动和资本是生产要素、生产技术持续改进等也应该是生产要素(孟强,2011)。比较优势理论产生于生产要素及其动态变化的地区差异,因此动态比较优势理论的发展,使经济学的研究对象由给定的经济组织结构下的最优资源配置问题转向技术与组织的互动关系及其演进过程中的研究。该理论的积极意义在于,自贸试验区要主动对接CPTPP等国际贸易规则中的环境规则的条款要求,寻求自身的比较优势。自贸试验区要在充分考虑CPTPP成员国的种族、文化、经济环境等差异性上提炼我国的特色,以动态的眼光观察和理解CPTPP规则,以及符合东道国和本国(地区)的贸易管制要求。比如,自贸试验区在产业联动的过程中要符合中国政府的经贸监管要求,需要关注联动企业内部控制应用指引、国有企业管理规范等。并且,随着"一带一路"的不断推进,以及中国加入CPTPP的需要,总结与提炼出具有中国特色的环境保护等贸易规则,形成可复制与可推广的经验成果,在未来的CPTPP谈判中体现中国贸易制度的特征以及国际比较优势。

三、权变理论

20世纪60—70年代,经验主义学派提出了权变理论。即,随着国际环境不确定性的增强,灵活、权变的思维应得到自贸试验区的高度重视。以随机应变为指导思想的权变管理一度取代了战略管理理论,并占据学科研究的主导地位。权变理论认为,不存在适用于所有组织或不同环境的管理原则,自贸试验区作为一种区域经济发展的特殊地带,通过产业联动等方式促使企业在国际经贸活动中发挥积极作用,需要引导企业思考各种国内外影响因素,以权变性原则去发现和解决问题。这种嵌入权变理论的经贸管理行为使贸易制度与环境管理制度得到进一步融合。产业联动中的企业经贸活动要结合自贸试验区的战略规划与总体要求灵活权变,不仅要发挥贸易规则在产业联动中的积极作用,还需要不断充实新内容,充分发挥自贸试验区先行先试的制度优势,通过主动参与跨国经贸行为,使自贸易试验区的规则条款与高水平的国际规则相统一。同时,权变理论结合经济学"绿色"或"生态化"的研究动向,基于外部性视角考察自贸试验区中的环境问题,要求环境成本内部化等。同时,围绕社会学中的社会成本和冲突问题,以及管理学中的战略导向和战略联盟等问题(Dovev et al.,2012),在创新驱动的引领下开展网络结构、互联网新经济等问题的研究。自贸试验区经贸活动中的权变性特征表现在:①涉及的变量多。包括政治、经济、文化、社会心理、形势与政策等的变化。②需要与时俱进。必须适时地调整区域经济发展的战略决策与环境保护行为,确保自贸试验区取得最大的经济效率与效益。

权变理论以系统性理论为依据,整体的、系统的观点是搞好国内与国际经贸的理论基础。自贸试验区主动与CPTPP等国际高标准、严要求的规则体系进行对标,体现的是国家"试验田"的勇于创新精神。通过自贸试验区的扩容等机制实现权变管理,以便满足和平衡不同区域或地区经济发展的制度创新需求,目前全国各地基本都已经构建了自贸试验区,未来应该遵循权变性原则,对自贸试验区结构及其运作模式等进行改革,以满足制度型开放对自贸试验区进一步发展的需要。权变理论的研究主要集中在三个方面:一是组织结构的权变理论;二是人性的权变理论;三是领导的权变理论。权变理论被一些研究者誉为未来管理及其创新发展的方向。亦即,通过整合管理学科某些方面的基本认识和方法,建立多变量和动态化的新管理规定,并且提倡实事求是、具体情况具体分析的精神,注重管理活动中各项因素的相互作用。结合权变理论,可以将自贸试验区的制度创新划分为三个阶段：①选择性适应阶段。该阶段假设组织环境（国内外经贸环境、技术进步因素、地区经济发展等）与组织结构（高标准、严要求等）是相关的，而不考虑组织环境与结构之间的关系是否会影响到组织的绩效。②交互性适应阶段。该阶段注重组织环境和结构之间的交互式影响与绩效的关系。它与前者都假设组织结构的各个因素是可分离的，可解剖出来独立检验。③系统性适应阶段。它强调各个变量是同时发生作用，从而需要同时观察组织结构的各个特征、环境的各个因素和绩效，这样才能完整地了解组织环境、组织结构和绩效的关系。

第三节　本章小节

通过对制度型开放、自贸试验区与环境保护等研究文献的系统回顾，并围绕国际经贸发展等新形势，在全球化、资源配置、权变性等理论基础的辅助下，借助于对相关概念的界定，为自贸试验区下的环境保护路径选择与机制形成构建起有效的支撑。通过文献回顾，我们对制度型开放与自贸易试验区等相关问题有了一定的认识和理解。"制度型开放的重要内涵之一就是在学习规则和参与规则制定的过程中，更多用市场化和法治化手段推进开放"，我国提出适应新形势、把握新特点，推动由商品和要素流动型开放向规则等制度型开放转变，是"双循环"新发展格局的客观必然。制度型开放有利于中国更好地对标国际规则，这既是中国进一步以开放促改革的需要，也是中国越来越深度融入全球化、参与国际竞争的需要。我国设立自贸试验区是政府全力打造经济升级版最重要的举措，其力度和意义堪与20世纪80年代建立深圳特区和20世纪90年代开发浦东新区两大事件相媲美，其核心是营造一个符合国际惯例、对境内外投资者都具有国际竞争力的商业环境。自贸试验区以制度创新为核心任务，强调主动对接和服务"一带一路"倡议，推动区域经济在投资、贸易、金融以及事中事后监管等多个方面进行大胆探索，形成可复制、宜推广的各项改革创新成果。生态环境高水平保护是自贸试验区建设的重要内涵和必要条件。自贸试验区主动对接国际自由贸易协定的环境规则，以更高标准、更严要求的环境治理行动，打造协同推动区域经济高质量发展和生态环境高水平保护的示范样板，促进环境规则与贸易发展的协调，主动探寻自贸试验区发展过程中的环境保护路径选择与规则制度安排。

自贸试验区是我国统筹沿海沿江沿边和内陆开放的最高水平开放平台,承担着高质量引进来和高水平走出去的历史使命,在贯彻新发展理念、构建新发展格局中肩负着重要责任。相关理论基础要为制度型开放,以及自贸试验区生态环境保护发挥知识方法的贡献作用。生态经济理论是自贸试验区实现区域经济协调发展,全面落实减污降碳总要求,引导绿色低碳发展,创新发展绿色制造业、绿色服务业、绿色贸易和绿色供应链管理等的理论基础。比较优势理论是强化环境国际合作,积极探索环境与贸易投资相互支持的新模式,搭建并运行好生态环境合作平台的理论基础。权变理论要求自贸试验区与生态环境部门协同推动解决突出环境问题,开展臭氧污染全过程综合治理,深化固定源、移动源、面源大气污染防治,加强水环境、水生态、水资源系统治理,严格实行进出境环境安全准入管理制度。通过探索服务"六稳""六保"新机制新模式,自贸试验区要进一步深化生态环境领域"放管服"改革,推进排污许可"一证式"管理,加快"互联网+非现场监管"等技术手段应用。

第三章 制度型开放与自贸试验区发展

制度型开放有利于中国更好地对标国际规则,这既是中国进一步以开放促改革的需要,也是中国越来越深度融入全球化、参与国际竞争的客观反映。自贸试验区是我国改革开放的"试验田",它的扩容机制能够通过更大范围、更广领域、更深层次的改革探索,激发高质量发展的内生动力。制度型开放的本质就是要构建与高标准全球经贸规则相衔接的国内规则和制度体系,是改革开放"质"的重大跨越,是高质量贸易发展的内在要求,也是党中央针对改革开放重要战略机遇期所实施的一大创举。借助于制度型开放的高质量与高水平,能够推动我国自贸试验区构建新发展格局,促进区域经济行稳致远。

第一节 制度型开放及其政策内涵

"制度型开放"意味着更高水平的对外开放,能够全面激发市场活力,促进贸易的高质量发展。自贸试验区必须找准切入口,在制度型开放和制度型变革中实现新的重大突破。

一、制度型开放的时代特征与新发展理论

2018年中央经济工作会议提出,要适应新形势、把握新特点,推动由商品和要

素流动型开放向规则等制度型开放转变。要结合新经济的时代特征,深入推进规则与制度为特征的进一步改革开放,在构建以国际通行规则为基础的我国经贸制度体系的同时,深度参与全球经济治理,履行中国负责任大国的义务。

1. 制度型开放有赖于高标准市场体系的建设

进入新时代,国内层面的经济体制改革,国际上的经贸规则重塑等都要求我们加快推进制度型开放,在继续做深、做强商品和要素开放的同时,为规则、制度等开放寻求新的路径与机制,把制度型开放作为建设更高水平开放型经济新体制的重要引擎,是构建新经济时代开放包容的政策和制度体系的客观需要,也是我国主动参与并适度主导国际合作竞争的制度建设的反映(沈春苗、郑江淮,2020)。2015年5月,国务院《关于构建开放型经济新体制的若干意见》中指出,"全面参与国际经济体系变革和规则制定,主动提出新主张、新倡议和新行动方案,增强我国在国际经贸规则和标准制定中的话语权",已经明确了我国必须从商品、要素主导的开放向制度型开放升级转型。

客观地讲,国际贸易规则重构的过程体现的是宽领域、高标准等的特点,这种制度建设可能会对我国企业在国际市场中的竞争产生影响,并且出现发展势头减弱的迹象(Burns,2000)。为了顺应国际贸易规则的变化趋势,从规则与制度入手推进国内的改革开放,尤其是通过自贸试验区的制度型开放政策落地,有助于我国探索高标准市场体系的建设,促进区域经济乃至全国经济的发展。特别是考虑到区域自贸协定表现出的对域外国家的强排他性,借助于自贸试验区的制度创新,在扩容机制的配合下,可以在一定的区域范围内加速深化国内改革,使我国的外贸发展主动适应新的国际形势,在国内国际"双循环"新发展格局下,加快构建具有中国特色的符合国际高标准要求的市场化经贸规则,主动参与并积极发挥我国在国际贸易规则重塑中的影响力,一方面为国内深化改革提供动力,另一方面为国际贸易规则制定尤其是环境保护标准的制定提供中国的方案。

从我国改革开放的历程看,开放型经济发展大致经历以下阶段:主动加入国际经济分工,引进国际资本和先进技术、管理要素等的初级阶段;对接 WTO 国际贸易规则框架体系,国内国外两个市场开放改革的深入阶段;以及进一步探索全面实现与国际经济贸易制度规则和管理标准的对接相融,通过自贸试验区制度创新引领构建开放型经济新体制的新发展阶段。当前,我国经济发展面临需求收缩、供给冲击和预期转弱的三重压力,2021 年的中央经济工作会议为此提出了新的重大理论和实践问题。即,要正确认识和把握实现共同富裕的战略目标和实践途径,探索资本的特性和行为规律,强化初级产品供给保障,防范化解重大风险,以及实现"碳达峰""碳中和"的目标。

新的经济形势与社会发展,要求制度型开放更加注重制度性、结构性的安排。换言之,我国正处于由商品和要素流动型开放向规则等制度型开放的关键转变期,作为推动制度型开放最为重要的手段之一的"自贸试验区(港)"建设需要从更深层次上下真功夫,推动政府治理变革的市场化、法治化、国际化。制度型开放所覆盖的规则、规制、管理、标准等具体内容,必须紧扣新的重大理论和实践问题,加强经济运行机制和经济管理制度的规范与完善。在学习并借鉴应用诸如 CPTPP 规则条款的过程中,体现相互尊重、平等互利、公平竞争、诚信法治、追求效率的深刻的制度底蕴,开放包容并不断改革完善现行的法律法规等制度体系。要感性与理性相融合,在对接国际贸易规则和标准的过程中,积极发挥文化价值观的正向促进机制作用,引导国际经贸活动中的经济交往与人员互动建立在一个协调沟通的观念文化、行为方式、价值标准等的框架结构之中,促进各国或地区经贸活动的相互感知或理解。在规则标准和制度对接上,尤其要强化立法。要结合自贸试验区的制度创新特征,对开放所要遵循的国际惯例、对外投资及知识产权等各项权益等进行符合本区域的更详细的界定与规范,便于区域经济发展中正确有效地落实相关的规则与标准。比如,将我国的负面清单与国际贸易规则中的相关规定进行对比研究,使这项常规性的透明度高的政策更加易于理解并加以贯彻。同时,自贸试验区还需要结合本区域及国家的政策定期刷新并公布负面清单,从制度层面上不断优化营商环境。自贸试验区要强化竞争政策的基础性地位,深入实施公平竞争的审查制度,实现各类市场主体依法平等准入。作为制度型开放的体现,基于竞争政策的高水平开放,有助于构建具有国际竞争力的产业联动体系,并吸引更多高质量的外商投资进入自贸试验区的产业集群之中。

2. 以制度型开放促进制度性变革:体现新发展理论

制度型开放以体系化、规范化、法治化的国内规则制度为依托,与先进的国际经贸规则体系实施有效衔接。制度型开放不仅表现在贸易投资自由化、便利化方面推进制度创新,还要求在行政体制、立法体制、司法体制等方面开展制度集成创新。因此,必须通过制度型开放促进制度性变革,以形成先进的制度规则,并在国际贸易规则重塑与整合中拥有话语权。制度型开放必须服务于"双循环"引导下的经济全球化,能够为我国经济高质量发展提供动力,以适应新时代对外开放的新形势。近年来,我国着力优化营商环境,推动规则、制度等的国际标准对接,加强涉外法治建设、主动参与各种形式的国际规则建设,为促进我国经济进入新发展格局、推动以国内大市场为主战场的新一轮经济全球化创造有利条件。应坚决支持市场在配置资源中的决定性作用,无论是产权、竞争还是法律法规,都必须结合我国进入新发展阶段的特征,主动构建制度型开放的经济新体制,在维护以规则为基础的多边贸易体制的同时,加快国内的改革开放,推进自贸试验区的改革与发展。亦即,构建高水平的市场经济体制,核心在于深化要素市场化改革,注重与国际高标准市场规则体系的对接,打造市场化、法治化、国际化营商环境,在竞争中性、市场透明、知识产权、环保标准等方面做好制度安排,切实减少不必要的行政干预。换言之,在以制度型开放为主的新阶段,开放即是改革,改革即是开放。制度型变革依赖于制度型开放。

我国已经步入了以服务业为主的开放新阶段,"十四五"时期建设更高水平的开放型经济新体制,需要在服务业领域的制度型开放和制度型变革上实现重大突破。一方面,要推进服务贸易领域规则、规制、管理、标准等更大程度与国际接轨;另一方面,要实质性推动服务业领域市场对内对外开放进程,尽快打破服务业领域的各类市场垄断与行政垄断。由此,既为释放民营企业的强大活力创造市场条件,又为外资企业发展拓展更大投资空间。服务业为主的开放与制造业为主的开放完全不同,制造业产品都是有形的物理存在,都有固定形态(Duncan et al.,1968),而服务业则不同,不同服务产品的差异很大,表现形式、依托载体、交易方式等都不同,面临的政策制度体系、需要推进的开放重点等都不一样,不同服务行业的规则、管理、标准等各异。而且,服务业涉及的主管部门很多,有大量的部门内及部门间的问题需要协调,自贸试验区可以发挥这种优势,即通过构建系统性、更高水平的制度体系,通过产业联动,融合不同产业的发展特征,构建和完善开放型的行业管理制度,并形成与之配套的政策制度。

既要依据新发展理论推进制度型开放,也要通过制度型开放促进制度型变革,反过来促进开放发展形成新的理论体系。亦即,在国内国际相互协作的"双循环"新发展格局下,通过调整外向型发展战略,以国内大市场为主战场引领构建新型经济全球化,建设更高水平开放型经济新体制,必须以中国自身的经济理论为指导。要借助于中国经济学的新发展理论,在"双循环"的产业协同过程中,充分考虑产业链与供应链的自主可控及安全运营,更好地保障我国经济安全,拓展经济发展新空间。"双循环"理论是新发展理论的载体,它体现了中国特色社会主义市场经济的要求,适应了经济进入高质量发展时期的国内国际新的环境特征。以对内对外全面开放为特征的新发展理论,体现在经济主要矛盾上的特征是,它已经转变为人民日益增长的美好生活需要和不平衡不充分的发展之间的矛盾,必须通过全面开放来满足人民美好生活的需要。体现在对外贸易上,就是要以满足国内居民美好生活的需要为主体开展贸易,不仅关注出口,更关注进口。不仅注重满足生存性消费需要的制造业贸易,更注重满足一定程度享受型消费需要的服务贸易。其生产和投资不再以出口创汇为单一目标,而是对内通过挖掘内需潜力,使国内市场和国际市场更好联通,从而带动世界经济复苏。对外主动参与全球经济治理体系改革,积极推动完善更加公平合理的国际经济治理体系,重塑我国国际合作和竞争新优势。

自贸试验区要将"双循环"新战略看成是本地区生产要素流动、重组和配置的新机遇,通过区域经济服务于地区发展,带动整个地区经贸活动的高质量均衡发展。自贸试验区要带头以开放促改革,以改革促开放,打破地区和市场壁垒,并取消各种不公平的制度安排。同时,注重以国内大循环为主体,以产业服务业等为"抓手",大力提升自主创新能力(许正中,2019)。积极嵌入全球产业链,并通过产业链与价值链的向上攀升进入创新链,提高区域产业联动的科技含量,促进制造业和生产性服务业共同发展。

二、制度型开放的政策效用

实施制度型开放,有助力我国经济增长由低成本要素依赖向人才、信息、数据、技术等创新要素驱动转变,实现我国由人口、土地等传统优势向制度型新优势转变,形成和释放制度型开放新红利。

1. 制度型开放的政策价值

经过几十年的沉淀,我国在商品与资本等要素开放方面已达到较高程度,新的国内外经贸形势要求以更高水平的标准对外实施改革开放。即需要围绕国内规则、规制、管理、标准等实施制度型开放。从商品与资本等的流动型开放向国内制度层面延展的制度型开放转变,呈现出更大范围、更宽领域、更深层次的对外开放特征。制度型开放体现了改革与开放的高度统一,以规则、制度为基础的对外开放,要求相关的政策制度体系更加完善,制度间的系统性嵌套更加紧密,以平台为载体的产业政策制度设计将更趋非标准化,即个性化、定制化特征更加凸显。对微观企业来说,制度型开放带来的政策收益或获得感往往不如过去的政策明显。制度型开放作为中国参与国际合作和竞争的政策保障,经贸活动中的各国联系会更加紧密,其背后的制度、文化因素越发重要。换言之,制度型开放适应从制造业领域开放向服务业领域开放扩展的趋势,过去注重的货物贸易和服务贸易、双边贸易和双向投资的协同开放,需要从制度适配性向体系完整性的建构转变。即,形成一整套与开放型经济发展相适应的制度体系和监管模式。制度型开放是贸易高质量发展的内在要求,传统呈现的对高标准国际经贸规则的接受者或跟随者角色定位,需要向参与者和制定者角色转变。即在推动国内制度与国际规则接轨的同时,更加积极主动地参与全球性的经贸规则的制定,反映出中国参与国际贸易规则制定的能力特征。制度型开放不仅是指与国际先进制度对接,也意味着需要我们把中国的成功经验制度化,通过对外输出形成并完善全球性制度体系。自贸试验区要在维护对外开放,保持稳定的内外部环境的大局下,更加主动作为,发挥先行先试与制度创新的有利条件,同时积极参与全球贸易规则的制定。

制度型开放的对内开放,从微观主体角度看,就是将中国市场作为主战场,向外国人打开国门、放松经济限制,同时逐步实现对本国国民的开放,这主要表现为将更多的经济事务选择权赋予个人和家庭等微观主体,政府机构要淡化"包办"角色,更多地转为公共服务角色和追求人民福利的职能,增强人民群众的获得感、幸福感、安全感。从宏观层面看,要尽可能解除对各行各业的非必要管制,特别是要对行政性垄断妨碍企业自由进入和自由退出的行为加强硬性约束,尽快实施统一的市场准入负面清单制度,同时,要大幅减少产业政策的种类和数量,让竞争政策主导各行业与部门的经济活动,建设高标准的国内市场体系,即打通"双循环"中市场一体化的堵点。在制度创新方面,新一轮高水平的自贸试验区建设要求采取"准入前国民待遇+负面清单"的管理模式,事前准入审批将明显减少,负面清单会越来越短,负面清单之外的都应开放。在这种新的开放格局下,自贸试验区要有序发展,维护好公平、公正的市场秩序,实施高水平的制度集成创新。它不仅涉及贸易投资自由化、便利化方面的制度创新,也包括行政体制、立法体制、司法体制等的制度集成创新。制度型开放,是一个单项政策向系统改革拓展、标准化向定制化深化的过程。近年来,全球双边或区域自由贸易协定正在重构国际经贸新规则(Jack & Garvey,2000)。以 CPTPP(《全面与进步跨太平洋伙伴关系协定》)[①]、USMCA(《美墨加协定》)、EPA(《日本—欧盟经济伙伴协定》)、TTIP(《跨大西洋贸易与投资伙伴协定》)和 TISA(《服务贸易协定》)等为代表的高标准投资贸易,不断涌现新规则和新议题,这些经贸新规则呈现出从边境措施向边境内措施延伸的特点和趋

---

① 2021年9月16日,中国正式申请加入 CPTPP。加入 CPTPP,不只是简单地打开国门,而是要和国内体制改革相联动,重新获得改革和开放的红利。即,利用新的"倒逼机制",加速国内结构性改革和制度型开放,形成以开放促改革、以改革促开放的良好形势,实现国内国际"双循环"的良性互动。

势,从以进出口关税、外商投资准入等边境类措施向竞争政策、劳工权益、知识产权、跨境服务贸易、商务人员临时入境、金融服务、电信、电子商务等边境后的国内制度体系延伸。因此,为了适应国际经贸新规则变化趋势,在国际贸易规则重构中争取主动,我国对外开放迫切需要顺势而为,从国内制度层面进行系统性改革和创新,大力推进制度型开放。目前,中国已与24个国家和地区签署了16个自贸协定,自贸伙伴遍及亚洲、大洋洲、美洲和欧洲(张彬等,2021)。加快实施自贸试验区发展战略,使其成为我国加快构建开放型经济新体制,扩大全方位对外开放的新机遇、新平台。同时,自贸试验区也要成为我国与世界其他国家深化经贸合作,实现互利共赢,推动建设开放型世界经济的新机制、新平台。

2.制度型开放对"双循环"的促进作用

构建"以国内大循环为主体、国内国际双循环相互促进的新发展格局",是根据我国发展阶段、环境、条件变化提出来的,是更好发挥我国超大规模市场优势、与时俱进提升我国经济发展水平、重塑我国参与国际合作和竞争新优势的战略选择,更是事关全局的系统性、深层次变革。制度型开放要求通过规则学习与规则制定,在市场化与法治化手段协同下进一步推动改革开放。当前,随着中外自由贸易协定的增多,我国对自贸伙伴的货物关税水平实现了大幅降低,零关税产品税目占比以及零关税产品进口额占比基本都达到90%以上,实现了国际上高标准自贸区通常的"双90"标准;同时,简化了货物贸易规则,扩大了服务业对外开放,放宽了外国投资的准入门槛,全方位多角度参与国际贸易规则的谈判和规则标准的合作。同时,推动了国内体制机制的改革进程、理顺了扩大开放的国内法律环境。自贸试验区通过产业联动,大大推进了国内产业的结构性改革和总体竞争力的提升(韩剑,2021)。并且,针对不同产业的系统性设计,以及产业开放政策和制度的创新,使工业互联网与产业互联深度嵌入产业定制化与产品个性化之中,有效地服务于区域内外的实体经济,推动地方经济的高质量发展。

以国内市场为主体的"内循环",通过对特定产业体系进行有针对性的政策制度设计,可以聚焦影响产业高质量发展的深层次问题,破除各种体制机制障碍,找准和弥补产业发展短板,有效激发市场主体活力,更好地集聚全球各类优质生产要素,推动形成立足周边、辐射"一带一路"和面向全球的高标准自贸试验区新格局。因此,把握制度型开放的系统性、差异性等特点,转变开放发展思路,更加聚焦产业发展,根据不同产业开放特点量身定制开放政策和制度,不仅是制度型开放的内在要求,也是"双循环"战略对产业开放的客观追求。换言之,制度型开放无论对"外循环"还是"内循环"都有较大的促进作用,外循环的空间扩大、制度成本降低,对做大外循环规模和提升跨境效率都有促进作用。内循环可在更大空间内实现优化,更好地倚重外部市场和资源。通过自贸试验区的制度型开放与"双循环"有机衔接,大大促进了区域经济发展的顺畅与高效。今后,我国应进一步围绕市场主体需求,针对市场主体反映强烈的痛点、难点、堵点问题,对标国际先进水平,在商事、投资、贸易、事中事后监管、行业管理制度等重点领域深入推进制度型开放。

以制度型开放为主的新阶段,服务领域或者说产业链上的服务环节越发重要,产业的发展重点也不能仅仅局限于招商引资等某一个环节,而是要关注产业发展的全链条、全环节,要向构建良好的产业生态转变。从2018年年底中央经济工作会议首次明确提出"制度型开放"的总体要求,到2019年年底党的十九届四中全会进一步明确提出"推动规则、规制、管理、标准等制度型开放",标志着我国对外开放不断向制度层面纵深推进,并由规则为主的制度型开放向规则、规制、管理、标准等更宽领域、更深层次拓展,更加注重国内制度层面的系统性全面开放。因此,准确把握制度型开放的最新特点,明确进一步开放的重点领域、开放发展策略、开放平台载体和开放政策制度等,是今后一个时期的研究课题。现阶段,推进以服务贸易为重点的开放是国际发展趋势与国内发展的内在需要。高水平开放就是要以开放促发展,自贸试验区要积极实施开放的制度创新权,主动赢得国际合作竞争的新优势。亦即,加强制度型开放为重点的开放转型,在世界经贸发展格局中赢得主动、赢得优势。客观地说,制度型开放将使中国自贸试验区的经济总量在国民经济中的比重显著提升,"含金量"也将大大提高。

自贸试验区不仅能够进一步增强外资对中国改革开放的信心,还能够在政策创新方面为其他领域的经济发展提供更多、更丰富的经验,从而为实现中国经济更高质量发展增添新动力。要结合"双循环"战略推动自贸试验区开展制度创新,包括外资管理制度创新、贸易监管制度创新、金融制度创新、事中事后监管制度创新等,促进中国经济的高质量发展。随着改革开放的深化,以CPTPP和RCEP为代表的区域贸易协定的实施①,区域内贸易投资壁垒逐步削减,产业竞争变得更加激烈,如何趋利避害、化挑战为机遇,需要加快产业升级和经济结构的调整步伐,从更大的范围入手实施改革创新。具体包括:一是通过国内的自贸试验区改革,将由

---

① 2022年1月,包括中国在内的10个国家正式开始履行RCEP协定义务,这标志着全球最大的自由贸易区启动运行,也为中国经济迎来了"开门红"。RCEP包括15个成员国,人口、经济、贸易等方面都占全球总量的近1/3,是当之无愧的全球第一大自贸区。RCEP生效后,我国与东盟、澳大利亚、新西兰之间立即零关税比例超过65%;我国与日本是新建立自贸关系,相互立即零关税比例也分别达25%和57%。其他国家后续也将加入实施行列,预计未来RCEP成员国之间90%以上的货物贸易会实现零关税。

此形成的"试验田"经验或实践进行推广复制,进一步提升我国对外开放水平。二是不断优化自贸试验区的营商环境,激发新的改革发展活力。同时,赋予各地更大的改革自主权和主动性,给各地更多因地制宜的探索空间及容错空间。立足自身、着眼长远,推进以制度型开放为重点的高水平开放。

第二节 高水平开放与自贸试验区发展

全球范围内自由贸易区数量正在不断增加,涵盖的议题也不断拓展,自由化水平得到显著提高,加快自由贸易区战略是我国适应经济全球化新趋势的客观要求,是全面深化改革,构建制度型开放新经济体制的必然选择,也是新一轮高水平开放的重要内容。

一、高水平开放对经贸规则的要求

在制度型开放为主的新阶段,建设更高水平的开放型经济新体制需要有高水平开放政策制度、高标准经贸规则加以支撑。我们要以构建更高水平开放型经济新体制为导向,以服务经济高质量发展为目标,不断推进更大程度的开放和相关政策制度,形成高标准经贸规则,推动我国实现高水平的对外开放。

1. 高质量发展离不开高水平贸易规则的支撑

当前,面对国内国际的复杂形势,中国正在加快形成以国内大循环为主体、国内国际双循环相互促进的新发展格局。在继续坚定不移地扩大对外开放的背景下,自贸试验区必须与全球开放趋势相适应,与全球国际经贸规则相对接,在国际经贸发展中发挥积极的影响及重要的作用。在高水平开放环境下,自贸试验区的规则或制度的"压力测试"要与全国面上复制推广加以协调。不仅要提高自贸试验区的建设质量,还需要在制度创新、复制推广的过程中解放思想,探索更高水平贸易规则的"压力测试"。制度型开放下的需求侧管理重点在于消费、投资和出口,供给侧关注的是劳动力、土地、资本、技术、管理、信息、数据等,自贸试验区要通过需求牵引供给、供给创造需求,以实现更高水平的动态平衡,助推"双循环"的新发展格局。

自贸试验区要处理好自贸试验区自主开放和自由贸易协定双边或多边开放的关系。一般而言,我国在双边或多边自贸协定谈判中,对于各种焦点议题往往持开放态度。即判断这些议题是否符合我国改革开放的需要,如果规则实施带来的风险,从总体而言具有可控性,则可以先放在各区域自贸试验区进行先行先试,以积累经验,逐步推广。此外,若是我国有可能成为主导者进行贸易规则体系的构建,必须先在自贸试验区开展试点,总结出一套行之有效且便于推广的经验与方法系统。当然,也需要正确处理个性和共性的关系,不仅是国内各地自贸试验区差异化赋权和整体性赋权的关系,还要考虑国际贸易规则存在的差异化、地域性特征。高水平开放是以高效监管为前提的,自贸试验区在推动制度型开放的同时,应坚持以总体国家安全观为指引,着力加强事中事后监管体系和监管能力的建设。

高水平开放需要对国际贸易规则加以借鉴与应用,这对于自贸试验区的规则建设来说是一个挑战,同时也是一次机遇。以CPTPP为例,自贸试验区主动借鉴其规则方法,从范围或深度上看,其要求都很高,它迫使我们更加努力并积极加快高水平对外开放,包括关税的降低。同时,我国参与国际贸易规则也需要更高水平的改革与开放。比如,加强数字贸易发展和调整产业结构,优化供给侧结构性改革。CPTPP不仅涵盖贸易与投资,金融与电信,而且还增加了国有企业、劳动和环境等章节,这需要我们全面深化国企改革,更多接入国际多边贸易规则框架之内,而这本身也是我国十九届五中全会和"十四五"规划建议提出的全面建设社会主义现代化国家的应有之义,是建设社会主义现代化强国的必经之路。

从2013年上海自贸试验区一枝独秀,到现在已经扩容到21个自贸试验区(港),包括几十个片区,连点成线、连线成面,沿海省份已全部建设有自贸试验区,实现中国沿海省份自贸试验区的全覆盖。这21个自由贸易试验区(港)来自上海、广东、天津、福建、辽宁、浙江、河南、湖北、重庆、四川、陕西、海南、山东、江苏、河北、云南、广西、黑龙江、北京、湖南、安徽。未来,要在稳步推进现有21个自贸试验区(港)改革试点任务落实、总结和复制推广改革创新经验的同时,重点做好以下几方面的工作:一是进一步赋予自贸试验区更大改革自主权。适时推出自贸试验区进一步扩大开放和创新发展的若干措施;研究和推进国家层面的自由贸易试验区立法进程,通过法律明确和保障自贸试验区更大改革自主权。二是注重开展差异化探索。根据各自贸试验区实际情况,在战略定位、建设模式、试验任务等方面继续深入开展差异化探索。三是统筹推进解决各自贸试验区发展中面临的重大问题。推进解决在机构设置、机构调整、区域范围整合调整等方面的现实问题,确保各项试验任务和措施有效落实;充分考虑和推进解决部分自贸试验区在新增片区、扩大区域范围等方面的实际诉求;适时考虑在符合条件的省(市、自治区)新设自贸试验区。四是加快推进自由贸易港建设。推进实施海南自由贸易试验区2.0版方案,或尽快出台海南自由贸易港建设的有关措施。

中国经济的高质量发展离不开自由贸易试验区(港)的高水平贸易规则。我国已成为吸引国际商品和要素资源的巨大引力场,今后的重点是充分发挥自由贸易试验区(港)的先行先试作用,充分释放制度红利和竞争优势,在规则对接、规则创新、规则开放方面形成可复制可推广的经验,进一步夯实我国全面提高对外开放水平的制度基础。自贸试验区(港)要结合当地经济发展的实际诉求,积极筹建和申报各类对外开放新平台新载体。通过个性化与差异化的结合,使新平台新载体各有特点、各不相同,呈现出了明显的多样化、差异化和定制化特征。总之,适应新时代深入推进制度型开放、构建更高水平开放型经济新体制的要求,积极打造对外开放新平台,是自贸试验区(港)推动形成全面开放新格局的重要使命。

2. 数字化改革推动自贸试验区的改革与创新

在数字化改革的大背景下,我国欲在全球数字贸易规则框架中赢得主动权,自贸试验区必须积极推进数字贸易,通过数字贸易的高质量发展,实现我国由数字贸易大国迈向数字贸易强国,这是改革与创新的重点。我国数字贸易创新发展与制度型开放紧密相关,对于提高自贸试验区的生态环境保护也具有积极的现实意义。围绕数字贸易发展,强化环境保护等数字贸易的制度基础建设,不仅是制度型开放的内在要求,也是生态环境保护及贸易效率与效益的客观追求。当前,我国数字经济已经走在世界的前列,并且在"贸易高质量发展"的《指导意见》下步入"快车道",在大数据、人工智能、物联网、5G以及区块链等数字技术领域已经积聚了较强实力与规模效应,数字服务外包、数字内容服务等新业态也迅速兴起。未来的重点是将我国数字经济规模转化为数字贸易的全球化利益。据统计,我国的数字服务贸易占服务贸易的比重已从2011年的36.7%,提升至2020年的44.4%。从横向比较观察,仍然与领先的国家有一定差距。为此,从贸易高质量发展内在动力出发,聚焦数字贸易推进新型基础设施建设,壮大数字产业实力,是制度型开放条件下的客观体现。从深挖我国数字贸易潜力来看,构建数字产业生态体系是一个重要切入点,它对于大幅度提升我国数字贸易竞争力、跻身全球数字化高端价值群体有积极而深远的意义。

"数字贸易是技术之争,更是规则之争",必须结合国际贸易规则中的高水平环境规则条款等进行对标管理,站在国际的视角促进自贸试验区的数字贸易发展。现阶段,全球贸易体系的治理面临群雄纷争阶段,我国主动推进数字领域的制度型开放,展现了我国的大国风范,也是人类命运共同体理念的客观体现。随着国际贸易规则的碎片化倾向加剧,各种区域多边贸易规则成为全球化经贸活动的"捍卫者"。从FTA签署的情形看,目前,我国已与26个国家/地区签订了19个FTA,但只有2015年后缔结的7个FTA议题包含"电子商务"章节,包括数字产品待遇、数字便利化等传统议题,但对跨境数据流动、隐私保护、数字服务市场准入等新议题覆盖不够,在多双边数字贸易规则谈判博弈中仍处于话语权较弱地位。根据国际贸易规则的要求,跨境服务贸易规则条款的目标是促进成员国之间开放更多的行业,减少例外和限制等方面的管制。尽管我国是电子商务大国,以华为、阿里巴巴、腾讯等为代表的企业已经在国际市场上争取到了相关业务,从而增加了我国服务贸易出口;但是,我国在跨境相关的电子商务方面尚未构建自己的贸易标准体系,与电子商务大国的身份不相匹配。此外,我国在工程、建筑、法律等行业的执业资格和标准也与国际标准存在较大差异。因此,顺应国际贸易规则要求,我们不能只是接受的问题,还需要付出巨大的转换成本和制度创新成本(Jones et al.,2007)。

2021年9月,我国陆续提出申请加入《全面与进步跨太平洋伙伴关系协定》(CPTPP)和《数字经济伙伴关系协定》(DEPA),它表明,我国是多边贸易和全球化的坚定支持者,并且对全球数字贸易规则具有积极的开放姿态,在FTA缔结中有自信心与执行力。这一点,与我国21家自贸试验区(港)的形成与发展有密切的关系,也彰显我国对生态环境保护的坚定决心。从数字贸易的结构分析,强化数字服务出口基地建设是当务之急,自贸试验区要在制度创新上先行先试,通过叠加数字服务市场来进一步"用好用活"国家的数字化改革政策,借助于制度型开放,体现我国的政策优势。当前,全球数字贸易规则及其治理正处于关键构筑期,自贸试验区的发展势必为我国全面参与国际数字贸易规则制定与经贸谈判提供制度支持。即面对数字贸易规则存在的拓展空间,在扩大自贸试验区制度创新实践的同时加强国际间数字贸易的合作探索,不仅有助于推动我国数字贸易活动的开放,也有助于积累宝贵的经验。

二、自贸试验区发展与环境保护特征

依据强大的国内市场,积极构建新发展格局,是自贸试验区发展的重要方向。

中国制度型开放正在加快推进,规则、规制水平得到进一步提高,我国在即将到来的CPTPP等贸易协定谈判过程中的能力会更加强大,针对环境保护等敏感性规则条款的主动构建底气将更加充裕。

1. 自贸试验区发展方向与战略定位

近年来,面对外界有关"自贸试验区数量多了,效果会不会减弱"的质疑,我们认为这种观点不可取,这是因为:"自贸试验区的核心任务是制度创新而不是政策优惠洼地,参与创新主体越多,效果越大。"换言之,制度型开放的定制化特点,决定了各个自贸试验区的战略定位、试验任务等都不一样,都是各地结合当地实际,服务国家战略要求、当地经济高质量发展需要量身定制的政策制度体系,是非标准化的试验任务和措施。这跟改革开放以来以商品和要素流动型开放为主的开放平台不同,例如,保税区、保税物流园区、出口加工区、保税港区、综合保税区等不同海关特殊监管区,只要名称相同(如综合保税区),政策制度就基本相同,相对来讲是标准化的政策制度体系。自贸试验区作为新时代我国制度型开放的新平台,能否取得良好的试验成效,在一定程度上取决于其政策制度体系,也就是其试验任务和措施与当地实际需要的匹配度。而这种匹配度的实现,大多是地方积极争取、量身定制的结果(崔卫杰,2019)。

强化立法保障,发挥地方创新的主动性、积极性,共同推动自贸试验区创新发展,是自贸试验区的一个共同特点。推动开展自贸试验区条例立法工作,用好所在地的地方立法权,逐步建立与区域自贸试验区发展相适应的城市规划建设、土地管理、公共服务等规则和指引体系,是自贸试验区管理组织的重要任务。围绕自贸试验区政策制定、制度创新、企业发展等,持续深入开展前瞻研究、战略研究和政策对策研究,是自贸试验区探索发展路径的基本方式。加大赋权力度,完善组织架构和人员配置,争取自贸试验区在开放型经济发展、实体经济创新发展和产业转型升级等方面,尽早总结推广一批可复制的改革试点经验,是国家对自贸试验区的期待。因此,在制度型开放为主的新阶段,自贸试验区实施产业联动等的产业开放发展、开放平台载体设计等制度创新方面,需要转变思维,大胆创新,合理制定产业开放发展策略和政策制度体系,量身定制新的开放平台载体及其配套政策措施,积极争取推动更高水平对外开放。

我国必须加快两类自贸区的协同发展。一方面,对外积极推进国际贸易协定的谈判,推进中国早日加入CPTPP,以及促进中韩自贸区等谈判;另一方面,对内稳步推进自贸试验区的扩容。自贸试验区在对外开放中的战略地位很明显,面对新的国际形势,加快扩容机制,合理布局新的自贸试验区或片区,对于形成中国对外开放"新高地"具有重要的现实意义或实践价值。自贸试验区扩容是深化改革开放的必然要求,随着2020年9月北京、湖南、安徽在内的自贸试验区逐一落地,总数已增加至21个。这种扩容趋势必将进一步推动自贸试验区成为新时代改革开放的新高地。自贸试验区是在贸易和投资等方面比世贸组织有关规定更加优惠的贸易安排。从区域发展的布局来看,沿海地区自贸试验区已经相对成熟,需要将自贸试验区进一步向中西部拓展,且内陆地区开放的条件已经具备。这是与自贸试验区的基本特征相吻合的。亦即,自贸试验区是在主权国家或地区的关境以外,划出特定的区域,准许外国商品豁免关税自由进出,本质上是扩大开放的一项主要内容。每一个自贸试验区建设,都因其特殊区位优势、特殊发展阶段而肩负着"特殊使命"。如北京自贸试验区助力建设具有全球影响力的科技创新中心,加快打造服务业扩大开放先行区、数字经济试验区,着力构建京津冀协同发展的高水平对外开放平台;湖南自贸试验区主要依托经开区、黄花综保区以及高铁南站、机场口岸,重点建设高新技术产业基地连接粤港澳和中部地区的现代化服务中心;安徽自贸试验区的合肥片区重点发展高端制造、人工智能等产业,芜湖片区重点发展智能网联汽车、跨境电商等产业,蚌埠片区则重点发展硅基新材料、生物基新材料等产业。从这个意义上说,不同地区建设自贸试验区的目标一致、重点不一,只有把各地加速发展与国家扩大开放、深化改革的战略意图结合起来,才能跟上时代、赶上时代。

中国已经进入"十四五"规划时期,要形成良好开局形势,必须丰富与完善"双循环"的新发展格局。或者说,经济的高质量发展需要借助于自贸试验区的创新功能。对此,必须坚持高标准贸易自由化的发展方向,不断提升贸易和投资的自由化水平,为国际贸易规则逐步消除区域内市场准入和边境后壁垒提供实践范本。自贸试验区要坚持高水平扩大开放的原则,要形成良好的扩容机制,持续拓展区域经济发展的贸易投资空间。要主动对标国际高水平贸易规则,结合 RCEP 实施的时机,合理规划自贸试验区的发展重点与方向,让区域经济发展更好地服务于当地,并惠及国内其他地区。鼓励或包容自贸试验区在产业联动等发展方向的探索,必须在坚守生态环境保护这一红线的基础上探索各种生产经营模式与业态的创新形式,建立高标准的经贸活动安排,为全面提升自贸试验区的环境保护水平积累经验。同时,倡导多边主义与"人类命运共同体"理念,为实现更加开放、平衡、包容、普惠、共赢的经济全球化发挥引领和示范作用。

2. 自贸试验区主动对标高标准国际经贸规则

在制度型开放背景下,自贸试验区探索持续扩大开放的新举措具有紧迫性和现实性。比如，各自贸试验区和海南自由贸易港能否"率先垂范""先行一步"便是关键(佟家栋，2021)。要持续努力将自贸试验区(港)打造成开放新高地，进而带动更大范围、更多领域、更深层次的有序开放。在制度层面，要积极推动相关立法进程，探索建立容错激励机制，为自贸试验区(港)发展构建有力的制度保障，为改革创新的制度集成创造良好环境；在执行层面，要设计好落实路径，不断总结经验，进一步发挥市场在资源配置中的作用，及时探索服务贸易、数字贸易等领域的新规则、新规范。自贸试验区要主动对标国际先进规则，加大开放力度，围绕制度型开放服务于我国对外开放总体布局。

2022年1月，RCEP正式实施，它使我国立足周边、辐射"一带一路"、面向全球的高标准自由贸易区建设更前进了一步。RCEP的签署实施，使中国与东盟在彼此贸易格局中的地位和影响力将进一步提升。同时，中国在全球产业链供应链格局中的优势地位也将得到进一步巩固，并且，中国构建"双循环"的新发展格局也就有了更大的空间、更好的平台，可以更高效率地配置资源，有效支撑经济增长。换言之，中国与东盟将加快形成扩大版的"世界工厂"，也就是"中国+东盟"世界工厂，产业链、供应链集聚效应将进一步放大。在此情况下，试图将产业链、供应链与中国"脱钩"的想法将越来越失去价值和可操作性。RCEP的签署有助于推进中日韩自贸区的谈判，加速中欧投资协定谈判落地，并尽早开启中欧自贸协定的谈判。这必将进一步提升我国在全球经贸规则的影响力和制定权。CPTPP不仅是提高我国参与全球贸易规则制定的重要路径，也彰显了中国一贯积极支持多边主义、支持自由贸易、推进经济全球化、构建开放型世界经济的坚定信心与务实行动。CPTPP与RCEP相结合能够推进FTAAP(亚太自贸协定)的达成，对于推进亚太区域经济一体化会有巨大帮助，也有助于推进中国经济快速高质量发展。

高质量发展对我国参与包括数字经济、数字贸易、数字货币等在内的全球经贸规则的制定提出了现实挑战。在我国经济步入高质量发展阶段，对外开放步入高水平制度型对外开放的同时，我国参与国际规则制定权也有更高要求。2021年1月，RCEP正式实施，使我国对外开放更加全面深入多元，对企业发展产生新的机遇和挑战。比如，针对RCEP的正式生效，我国一些不相适应的政策措施也要做出相应调整。如何最大限度地排除风险，把互利共赢落到实处？RCEP涵盖了从关税降低到降低非关税壁垒，从货物贸易到服务贸易便利化，从金融到电信，从贸易到投资，从原产地规则到贸易便利化，从知识产权到争端解决，从中小企业到经济技术合作等众多内容。从长远来看，作为全球最大自贸区协定，RCEP的实施，有助于促进产业链和供应链的开放与稳定，有助于增强产业链供应链的高效和韧性。

作为世界最大的自由贸易区,开放、包容、多元的 RCEP 不仅可以增进 15 国相互之间的贸易与投资,促进区域经济一体化的发展,而且多元化的 RCEP 还有助于发挥产业互补优势,提升产业内贸易水平和各国经贸水平,同时降低关税所带来的贸易和投资的增长还将促进包括中国在内的 RCEP 所有成员国的经济增长。

统筹国际国内两个维度的制度型开放,从国内看,重点是在国内区域一体化、自贸试验区(港)等建设进程中,切实聚焦开放型制度创新。从国际看,要密切关注各主要经济体关于多边体制改革的诉求,以及区域自由贸易协定等的合作制度变迁过程,努力提升我国制度型开放与国际和区域合作的制度共识,为全球先进要素向中国集聚提供良好的制度环境。同时,这也是以高水平对外开放推动中国特色社会主义经济制度成熟定型的有效路径。未来的国际贸易规则不仅会受到中国的影响,而且这种影响将是积极正面的(Burke White,2015)。中国应当通过加大规则供给力度的方式来加固国际秩序稳定的基础作用,尤其是要在规则供给的核心领域、优先储备领域以及长远领域,积极参与未来国际规则的塑形和供给(张相君,2019)。"人类命运共同体"理念正在凝聚成全球共同的愿景,积极贡献中国的方案,并对国际贸易规则产生重要的影响,或者将决定着未来路径的选择方向(兰德公司,2018)。对照制度型开放在规则、规制、管理和标准等方面的工作内容,自贸试验区应当率先探索实现全面有机衔接、良性互动,加快对各类市场主体公平公正、公开透明的市场规制环境的建设。借助于自贸试验区的制度创新优势,推动内外资企业准入前和准入后管理措施的有效衔接,实现各类市场主体依法平等经营。或者,率先试点快速确权和侵权快速查处机制,完善侵权惩罚性赔偿制度,实行更严格的知识产权保护;率先探索建立与更高水平开放型经济相适应的监管模式和监管体系。通过对标境外高水平自由贸易港和自由贸易园区"境内关外"的监管模式,更好地支持国际业务运作。加快推进标准和认证国际互认,提升国际标准制定能力。扩大国际合作,利用相关平台推动国际海关信息互换、监管互认,探索更加体现法治化、市场化、便利化的营商环境。以长三角区域为例,上海自贸试验区、江苏自贸试验区与浙江自贸试验区构成"黄金三角",形成国内密度最大、经济最活跃、发展水平最高的自贸试验区集群,成为支撑长三角世界级城市群高质量发展的关键战略支点。自贸试验区作为率先贯彻落实长三角区域一体化国家战略的融合地,加强域内各自贸区之间的相互借鉴和合作互补,并探索与安徽相应区域建设自贸试验区协作发展区,联合构建与全球多边、双边经贸规则相融合的营商环境和制度安排,共同打造全国领先、世界有影响的自贸试验区集群(韩剑,2021)。一方面,自贸试验区(港)要守正创新,通过"海关特殊监管区"的建设,探索贸易和投资便利化的国际化营商环境,通过测试开放过程的各类风险积累抵御冲击的能力和经验进而找出对策,为中国经济更深层次融入经济全球化做实验。另一方面,自贸试验区(港)要不断尝试、深化内涵,通过高质量开放平台建设,带动国内相关产业结构调整,更紧密地抓住新一轮科技革命和产业革命机遇,跟上大数据、人工智能、数字经济等新兴技术发展步伐。

3. 自贸试验区的发展具有产业创新与环境保护融合的特征

自贸试验区作为先行先试的"试验田",是在为国家试制度、为区域谋发展中探索新路径。即借助于高水平的制度型开放持续释放改革红利,有力地发挥国家制度创新"排头兵"作用。产业创新就是要形成产业高质量发展的新模式,芮明杰(2018)将产业创新概括为"产业高新""产业高端""产业高效"三个特征。

产业高新是指我国先进制造业集群发展以当代高新技术为基础,代表着未来产业革命的发展方向,具体应该有三个方面的特性,第一,所发展的世界先进制造业群在核心技术、关键工艺环节上是高新的,属知识密集、技术密集型;第二,通过发展这样的产业能够产生技术与知识自主创新的能力,而且是国际领先的创造力(Joshi&Nerkar,2011);第三,所发展的这样的产业具有强大的战略引领性,能够引领其他相关产业技术进步,产业调整升级,产品创新。

产业高端指先进制造业集群具有高级要素禀赋支持下的内生比较优势,因此处于有利的产业价值链竞争位置。产业高端的内涵可以从三个方面理解:①高级要素禀赋,是指要素禀赋从传统的资源禀赋到知识禀赋,而知识禀赋在企业多体现为在核心技术和关键工艺环节有高的技术密集度,如目前ICT产业中的云计算、物联网等;②高的价值链位势,如制造业价值链形如"微笑曲线",高的价值链位势就是在"微笑曲线"两端,而动态维持高价值链位势需要具有高的自主创新能力;③高的价值链控制力,从在价值链上所处的环节位置判断,实质就是对价值链关键环节——核心技术专利研发或营销渠道、知名品牌等的控制力,高价值链控制力对于产业也具有高战略引领性。

产业高效指我国的先进制造业集群资源配置效率高,具有良好的经济效益和社会效益。产业高效的内涵也有三方面的内容:①高的产出效率,如单位面积土地产出效率、人均产出效率等;②高的附加价值,如利润率高,工业增加值率高,税收贡献大等;③高的正向外部性,是指产业与环境和谐友好,生产过程产生污染少,符合低碳经济要求,还有就是对就业的促进和对产业链上其他企业的带动作用等。

　　产业创新体现了制度型开放的内在要求,也是自贸试验区产业联动的重要内容。亦即,从生产低技术含量、低附加值产品转向生产高技术含量和先进智能产品,不仅是市场对产品品质和质量的需求,更体现出生产要素从产能过剩领域向有市场需求的领域转移,从低效领域向高效领域的转移,促进了市场配置资源的基本精神。政府已经从产业政策上采取措施鼓励创新与发展。比如,财政部门通过税收优惠政策甚至是免税,来促进区域经济的发展。2020年6月,《关于海南自由贸易港企业所得税优惠政策的通知》规定,对注册在海南自由贸易港并实质性运营的鼓励类产业企业,减按15%的税率征收企业所得税。自贸试验区要鼓励广泛的外部社会资本参与环境保护,向产业联动外的企业学习或购买绿色技术,提升自身的绿色生产能力,充当绿色发展的先行者角色。自贸试验区要主动提供公众参与环境保护的机会,积极借鉴国际贸易规则中有关自然资源保护和环境管理经验。亦即,在促进环境可持续发展中,要实现贸易与环境的平衡,通过促进贸易发展、环境政策和产业实践的协同,提高环境保护的能力与水平。比如,CPTPP环境规则要求"各缔约的成员方应在保护臭氧层、船舶污染海洋环境保护、生物多样性、侵入性外来物种、海洋渔业捕捞、资源保护和贸易等方面达成合作机制,承诺分享相关领域的信息和管理经验"。

　　我国生态环境部联合商务部、国家发展和改革委员会等7部委发布的《关于加强自由贸易试验区生态环境保护推动高质量发展的指导意见》(以下简称《指导意见》),也对自贸试验区生态环境保护提出了内容广泛的要求。比如,《指导意见》规定,各自贸试验区加快交通枢纽、物流园区等建设充电基础设施,完善车用天然气加注站、充电桩布局。新建码头(油气化工码头除外)严格按标准同步规划、设计、建设岸电设施,加快推进现有码头岸电设施改造。加快推进液化天然气海运转水运和多式联运,提高岸电使用率。鼓励新(改、扩)建建筑达到绿色建筑标准,加快推动既有建筑节能低碳改造,推进建筑光伏一体化,探索构建低碳、零碳的建筑用能系统,优先使用节能节水设备。探索建立重大基础设施气候风险评估机制,设施设计、建设、运行、维护过程中应充分考虑气候变化影响和风险。鼓励自贸试验区企业参与碳排放权交易。支持地方自主开展林业碳汇等具有明显生态修复和保护效益的温室气体自愿减排项目。鼓励自贸试验区利用现有产业投资基金,加大对碳减排项目的支持力度,引导社会资本参与气候投融资试点。支持开展细颗粒物(PM2.5)和臭氧(O_3)协同控制试点,因地制宜推广建设涉挥发性有机物(VOCs)

"绿岛"项目。强化源头替代,鼓励新建项目采用符合国家有关低VOCs含量产品规定的涂料、油墨、胶黏剂等,推动现有企业进行源头替代。加强水资源、水生态、水环境系统治理,在周边重要河流合理划定生态缓冲带,实施保护修复。高标准推进污水管网全覆盖,实现污水处理稳定达标排放,提高再生水循环利用水平。有序实施建设用地土壤污染风险管控和修复。加强交通、施工等噪声、扬尘管理。支持自贸试验区建设"无废区"。

第三节 本章小结

高质量发展离不开高水平开放,高水平开放也需要高质量发展。展望未来,持之以恒将自贸试验区(港)的"试验田"打造成为对外开放的"新高地",中国经济必将收获开放发展的硕果。我国已经进入"十四五"规划期,新时期提出三个"新",即新发展阶段、新发展理念、新发展格局。新发展阶段就是开启全面建设社会主义现代化国家;"新发展理念"就是贯彻创新、协调、绿色、开放、共享的新发展理念;"新发展格局"就是构建以国内大循环为主体,国内国际双循环相互促进的新发展格局。亦即要加快构建新发展格局,全面深化改革开放,坚持创新驱动发展,推动高质量发展,坚持以供给侧结构性改革为主线,统筹疫情防控和经济社会发展,统筹发展和安全,继续做好"六稳""六保"工作。未来,我国在推进制度型开放、构建更高水平开放型经济新体制的过程中,要高度重视系统性,从全局角度系统设计。或者说,未来的自贸试验区扩容应在现有的21个自贸试验区(港)基础上,根据"共同富裕"等的要求规划区域经济平衡发展,使覆盖面更合理,经济发展针对性更强,持续发展动力更足,适应新发展格局的客观需要。

随着制度型开放的深入推进,自贸试验区建立与国际通行规则相衔接的制度体系,深度参与全球经济治理,提供可复制或可推广的经验与做法,不仅是"双循环"下的重要使命,也是国际贸易规则重塑中中国作为负责任大国的应尽义务。党的十八大以来,制度型开放为自贸试验区推动我国经济的全面深化改革,开展广泛的多边主义经贸活动提供了政策依据。从宏观层面看,发起"一带一路"倡议、设立自由贸易试验区、建设海南自由贸易港、举办进博会等,都是对制度型开放进程的有力部署和积极推进;从具体领域看,加强知识产权保护、大幅放宽市场准入、加大金融对外开放等一系列重大举措有力推动了国内国际双循环相互促进新发展格局的加速形成。自贸试验区的发展需要经济与环境的统一,各级政府,尤其是环境管理部门要引导自贸试验区加强生态环境保护,破解生态环境保护难题,推动经济社会发展的全面绿色转型。换言之,在新时代的新格局下,通过自贸试验区(港)的建设,必将为制度型开放的进一步推进找到经济与贸易平衡的有力支撑点。

第四章
自贸试验区与国际贸易协定间的环境规则比较

积极研究国际贸易协定中的环境保护规则与条款,并将其率先在自贸试验区范围内推广应用,这对于我国环境保护制度的修订与完善、提高国际经贸活动中的规则可比性与现实可行性等具有重要的实践意义。对接国际高标准贸易协定中的环境保护条款,并将其与我国自贸试验区现行的环境标准进行对比研究,可以研判、分析相关环境保护规则的利弊得失,并在充分评估环境保护风险收益的基础上,发挥自贸试验区先行先试的"试验田"作用,在政府环境管制、绿色产品标准与认证、环境治理市场化、环境保护公众监督等方面,进一步促进法律法规的制度创新步伐。

第一节 自贸试验区与国际贸易协定中的环境规则

我国经济进入了国内国际相互协作的"双循环"新发展格局,由内循环带动外循环是未来一个时期自贸试验区经济发展的重点,且"引进来、走出去"也将面临环境保护等新的规则构建机遇与挑战。

一、区域贸易规则对我国环境保护规则构建的影响

在各类大型区域贸易规则(RTA)中①，CPTPP(《全面与进步跨太平洋伙伴关系协定》)最具代表性，它具有全球高标准及规则的严要求，其所涉及的环境保护条款不仅影响缔约的成员国，还辐射至全球范围的贸易伙伴。国际贸易协定中的环境保护条款注重参与各方共同的环境保护行动和公众参与环境保护的必要性，借鉴国际贸易协定中的环境规则，主动约束企业之间跨国贸易中的环境管理活动，既是一种战略层面的环境保护考虑，也是我国积极参与国际经贸规则制定权博弈的内在要求。

1. CPTPP中环境规则条款的内容特征

CPTPP有可能成为国际经贸规则重构的重要蓝本，并带动WTO改革，进而推动全球新一轮自由贸易进程(迟福林，2021)。CPTPP"环境"规则涉及对环境污染物、具有环境危害性或有毒的化学品的处理，以及对野生动植物的保护等内容。其宗旨是保护环境，共同应对环境挑战；目标是通过合作促进形成相互支持的贸易与环境政策，促进高水平的环境保护，以及环境保护法律的有效实施。并且，增进各缔约方处理贸易与环境相关问题的能力。同时，CPTPP明确提出，各缔约的成员国不得将环境法律或措施作为贸易或投资的隐性限制条件，但也不能为了鼓励贸易和投资减少或弱化环境保护。在CPTPP环境规则的一般承诺条款中，强调相互支持贸易与环境政策及其实践活动的重要性，鼓励各方通过建立高水平的环境保护法律等方式提高其各自现有的环境保护标准或水平。

在多边环境协定中，强调缔约各方确认履行多边环境协定中的承诺，并加强在相关多边环境条款及贸易协议中的对话与合作。在臭氧层保护与海洋环境保护相关的专项条款中，提出应采取措施控制对臭氧层有显著影响的物质排放，防止船舶对海洋环境的污染。同时，注重程序及合作机制，强调提高公众对环境法律法规的认识，确保信息公开，并对公众参与机会及公众意见处理做出明确规定。即要求各缔约的成员国企业遵守与环境相关的企业社会责任原则，对环境绩效管理实行自愿性原则。此外，加强成员国合作，寻求补充和完善现有合作机制的可行性，增强

---

① 2018年以来，由于WTO规则的不作为，先后已有CPTPP、EPA和USMCA、RCEP四大区域自贸协定签署并实施，国际贸易规则碎片化倾向明显。从理论上讲，WTO也属于区域贸易协定，但由于其涉及的国家多，影响面广，本文将其单独列出来，视其为全球贸易体系。

可操作性。在具体的专项条款中,对贸易与生物多样性、入侵的外来物种,以及向低排放及适应性经济转型等方面做出框架性规定。对于海洋过渡捕捞和对渔业资源的可持续性发展也做出了非常详细的规定,等等。CPTPP 环境章节的主要内容如表 4-1 所示。

表 4-1 CPTPP"环境"章节的内容结构

	条款	名称	主要内容
基本条款	第 1 条	定义	给出环境法的定义以及具体在各缔约国法律的定义
	第 2 条	目标	提出通过合作来促进形成相互支持的贸易与环境政策,促进高水平的环境保护,以及环境保护法律的有效实施
	第 3 条	一般承诺	强调相互支持的贸易和环境政策与实践的重要性,鼓励各方通过建立高水平的环境保护法律等方式提高其各自的环保水平。强调各缔约方设定环境保护法律、政策及相关事项的主权,不赋予某缔约方在另一缔约方领土内开展环境执法活动的权力。但同时规定不得为鼓励贸易和投资而减少或弱化环境保护
	第 4 条	多边环境协定	强调各缔约方确认履行其在多边环境协议中的承诺,并加强在相关多边环境协议及贸易协议中的对话与合作
专项条款	第 5 条	臭氧层保护	各缔约方采取措施控制对臭氧层有显著影响的相关物质排放,强调在制定和实施相关措施中,加强公众参与及协商,公布相关方案,并提出合作应对的共同关注的四个领域
	第 6 条	保护海洋环境免受船舶污染	各缔约方采取措施防止船舶对海洋环境的污染。强调在制定和实施相关措施中,加强公众参与及协商,公布相关方案,并提出合作应对的共同关注的八个领域
程序及合作机制	第 7 条	程序事项	强调提高公众对环境法律法规的认识,保证环境法律执行的司法、准司法或行政程序的可获得性,保证其公正、公平且透明。对缔约方有关违反环境法律行为的制裁或救济做出规定
	第 8 条	公众参与的机会	各缔约方需要对实施本章节相关的信息要求给予考虑。并通过现有机制或建立新机制,以就本章实施的相关事项征求公众意见

续表

	条　款	名　　称	主　要　内　容
程序及合作机制	第9条	公众意见	规定了对公众就实施本章意见的处理程序和方法
	第10条	企业社会责任	简明地提出各缔约方应鼓励其所处领域或管辖范围内的企业遵守与环境相关的企业社会责任原则
	第11条	增强环境绩效的自愿机制	提出灵活的自愿机制的重要性,各缔约方应鼓励灵活的自愿性机制,并提出对私营部门实体或非政府组织在建立自愿性机制时应考虑的事项
	第12条	合作框架	提出将合作作为一项机制的重要意义,强调在参与方具有共同利益的问题上,进行合作处理,并寻求补充和使用现有机制。明确了联络点、合作的方式、合作的绩效度量方法、指标及评估、专门委员会的审议、公众参与、合作经费等事项
专项条款	第13条	贸易和生物多样性	提出各缔约方保护和可持续利用生物多样性的重要性,对土著、本地群落、基因资源的保护和处理进行了相关规定。强调在制定和实施相关措施中,加强公众参与及协商,并提出合作的三个主要领域
	第14条	入侵的外来物种	强调入侵的外来物种通过贸易跨越边界,对环境等方面造成的不利影响,专门委员会根据CPTPP第7章第5条的相关内容来协调相关工作
	第15条	向低排放及适应性经济转型	框架性的内容,强调通过集体行动,合作处理关乎共同利益的事项,提出了重点合作的领域
	第16条	海洋捕捞渔业	指出海洋捕捞渔业是国际社会面临的非常紧迫的资源问题,提出各缔约方建立渔业管理系统,对导致过度捕捞和产能过剩的补贴进行详细的实质性规定,明确了不得进行补贴的领域,专门委员会进行纪律审议、提供信息,在打击IUU捕捞①行为方面的国际合作等
	第17条	保护和贸易	重点讨论了打击野生动植物非法获取和非法贸易的重要性与举措,各缔约方所需要做的进一步的承诺、措施。强调在这一领域的合作,包括信息共享、执法合作、执行国际公约方面的合作等
	第18条	环境产品和服务	提出环境产品和服务的重要性,通过专门委员会等进行合作,以及双边和诸边合作,应对未来与贸易相关的全球性环境挑战

续表

	条款	名称	主要内容
磋商及争端解决	第19条	环境委员会和联络点	提出建立联络点的时间、程序等。明确设立环境专门委员会,来监督本章的实施工作,确定委员会的职能、工作方式等
	第20条	环境磋商	强调各缔约方促进本章相关问题达成一致。规定请求方、回应方及参与方进行磋商的程序
	第21条	高级代表磋商	规定了如果磋商方没有达成一致解决某一环境事项时,进一步的磋商机制,包括专门委员会代表召开会议审议,其他缔约方在其存在实质性利益时,派专门委员会代表磋商等
	第22条	部长级磋商	在高级代表磋商没有达成一致的情况下,建立部长级磋商机制来解决
	第23条	争端解决	规定如果在环境磋商、高级代表磋商、部长级磋商三个环节中没有解决相关问题,则用CPTPP协议第28章的争端解决机制一章的相关规定进行处理
附件	附件20-A		列出了缔约方所适用的臭氧层保护等相关环境法的名称
	附件20-B		列出了缔约方所适用的保护海洋环境等相关环境法的名称

① 系非法的(illegal)、不报告的(unreported)和不受管制的(unregulated)捕捞活动,简称IUU捕捞。
资料来源:中国社会科学院世界经济与政治研究所国际贸易研究室。

可以说,表4-1中的CPTPP环境条款代表了国际最高的水准,并为我国自贸试验区的环境保护制度创新带来了机遇与挑战。目前,上海自贸试验区已经提出要主动对接CPTPP规则(包括环境保护条款),找短板、补差距,为国内其他自贸试验区的制度建设提供样本。

事实上,不仅是自贸试验区,我国其他相关的产业集聚区域也必须主动实施与环境保护的高标准对接,争取为我国早日加入CPTPP创造条件。2021年9月16日,中国正式申请加入CPTPP。目前,已有新加坡、马来西亚、新西兰等国对中国加入CPTPP表示欢迎。中国申请加入CPTPP,将带来更深层次的市场化转型与制度性变革。可以说,CPTPP对贸易自由化、经济全球化、区域经济一体化的追求,与中国维护多边贸易体制、深化国内改革、扩大对外开放的核心利益总体吻合。目前,日本作为CPTPP的引领者,主动将中国作为未来加入CPTPP的扩容对象考虑,中日政府国家层面的经济交流也在不断深化。基于地缘经济与政治的考虑,日本国内的政治精英们对于中国加入CPTPP持开放态度,并想借此展示日本的战略胸怀,从而进一步提升日本经济在亚太地区的影响力(刘向东、李浩东,2019;冯巧根,2021)。面对CPTPP的实施①,中国政府一直持开放和包容的态度,并对CPTPP秉承贸易自由化和多边化理念表示赞同。

当前,中国应充分利用CPTPP可能提供的有利条件,加快国内经济结构的优化升级,逐步摆脱产业在全球价值链被"低端锁定"的状况。同时,以全面开放促进发展,从全局出发统一优化国内价值链,培育市场化的高标准规则,减少政府补贴等行政行为,破除区域和行业垄断,重塑中国在全球价值链中的重要地位。从环境保护视角看,在即将到来的有关我国申请加入CPTPP的谈判事项中,环境规则条款是一项不可或缺的重要内容。中国在短期之内还难以达到CPTPP的高标准与严要求。然而,不管是在环境领域还是在经贸规则的其他方面,对接CPTPP协议的有关内容,率先考虑从自贸试验区入手实施"先行先试",通过积累经验强化制度创新,不外乎是一种好的对策。开展国际经贸规则与我国自贸试验区的环境标准比较研究,能够促进我国改革发展形成倒逼的作用机理和示范效应,也是中国正在推进的绿色发展目标的内在要求。总之,自贸试验区是中国法律法规制度创新的试验田,让自贸试验区主动对接国际贸易协定(环境保护规则与条款)中的高标准,能够更好地发挥其示范带头的功能作用。

2. 自贸试验区借鉴CPTPP环境规则条款的重点与难点

CPTPP以"高标准、严要求"著称,其环境条款对缔约方成员国内的环境法的实施进行了较为严格的规定。对我国而言,包括环境规则条款在内的贸易高标准要求,短时间内还难以完全达到CPTPP的要求。

中国谋求加入CPTPP,势必会对中国经济改革与发展带来一定程度的影响,自贸试验区对接CPTPP环境保护的规则与条款,识别其可能带来的制度障碍或经营风险是首要关注的事项。目前,我国的环境法律法规虽然做出了较大修改并朝着更加有利于环境保护的道路推进。但是在环境保护的制度层面,以及执行力度、资源的有效利用、公众参与的深度等方面,还与CPTPP的环境规则存在不小的差距,同时,环保法律法规制度的执行是最直接的一大问题。比如,鉴于国内众多中小企业(尤其是化工、能源等公司),以及制度的协调与平衡需要,我国迄今未颁布

---

① CPTPP已经于2018年12月30日正式生效。CPTPP的生效使国际经贸区域化、集团化趋势进一步加剧,基于全球经济博弈的CPTPP是一种制度性的安排。即,大型自贸协定成为发达国家重塑全球多边贸易体制、抢夺制定国际贸易新规则主导权的重要平台和路径。

第四章
自贸试验区与国际贸易协定间的环境规则比较

相关的环境会计准则。另外,从 CPTPP 环境条款的内容上看,虽然强调缔约的成员国在制定环境法中的独立性,但增加了很多程序性的规定,体现了以外部压力来促进影响缔约的各方实施本国国内环境法的趋势,而不再是强调单一国家实施多边环境协议下的承诺。比如,构建了缔约的成员国之间的环境委员会,并据此开展对某国的环境问题的讨论,以及突出共同利益问题上的成员国合作。同时,对环境保护合作程序、方式、绩效度量方法、指标及评估等进行了严格规范,提出具体的详尽的操作指引。换言之,CPTPP 的环境条款虽然不能够在他国进行环境执法,但其约束边界的延伸,体现了 CPTPP 协定在处理各成员国复杂环境保护问题时已经充分预估可能出现的问题,并事先做出了充分的思考与准备。这类的制度安排不同于以往的 FTA,比中国现有的各种双边贸易协定中的环境规则条款均要深入、完备与详细。

可以说,CPTPP 的成功生效与实施是对原 TPP(《跨太平洋伙伴关系协定》)中的 22 项内容进行搁置后的产物,其中搁置的大部分内容属于当时美方谈判团队提出的诉求。① 比如,22 项中的一半,即其中的 11 项是与知识产权条款有关的内容,再就是"生物制剂"等药物的特殊保护等。然而,CPTPP 中的环境等方面的诉求仍然保留在协议中。此外,对各方利益影响重大的另一项内容是"投资",CPTPP 中的投资条款力求在投资协定(Bilateral Investment Treaty,BIT)条款的基础上,增加附加条款,强化对投资者权利的保护。换言之,CPTPP 协议不但在环境章节对环境保护有明确规定,其"投资"一章中也有相关的规定。即,CPTPP 的争端解决机制是投资者东道国争端解决(ISDS),投资者可以将缔约方直接上诉至国际仲裁法庭,即从国际法庭寻求补偿,以弥补其遵从环境法规和其他保护公共利益的法规而遭到东道国抵制或阻碍,进而由此花费的代价或成本。传统以来,国家间争端解决机制采取的是 WTO 协定附件中的《与贸易有关的投资措施协定》(TRIM$_S$),是缔约方与缔约方之间的事情,并且只能要求违约方停止违约行为,不能要求其就该行为的损失进行赔偿(东艳,2016)。

换言之,CPTPP 协定给了外国投资者更大的权利,即相比于国内投资者,外国投资者可以绕过东道国的法律程序直接将争端诉诸第三方程序和国际仲裁,这有

---

① 2017 年 1 月特朗普当选美国新一届总统,第二天就宣布正式退出 TPP。美国的退出,似乎标志着 TPP 的失败。然而,TPP 并没有就此解散,作为 TPP 成员中的第二经济大国的日本挑起了继续推进 TPP 程序的重担。经过多轮重新谈判与协商,剩下的 11 国于 2017 年 11 月 11 日发布了一份联合声明,突然宣布"已经就新的协议达成了基础性的重要共识",并将 TPP 改名为 CPTPP。2018 年 12 月 30 日,CPTPP 正式宣告生效。

可能会导致对 ISDS 机制使用的增加,甚至导致对其滥用[①],并使缔约方政府的负债(例如高额的诉讼费和争端赔偿金)增加,限制国内政策和政府行为的空间。可以说,这些方面是自贸试验区借鉴 CPTPP 环境规则条款的难点之一。同时,对于我国现行环境保护法律制度来说无疑也是一个挑战。

3. 促进我国自然资源开发利用及自贸试验区环境保护制度的完善

环境规则与经济发展是矛盾的对立统一。一方面,提出不得为促进自然资源开发利用而破坏生态;另一方面,为了促进经济增长,而急迫开采或利用自然资源,煤炭资源的开发与利用最具代表性(祝树金、尹以雪,2014)。尽管我国在浙江自贸试验区舟山片区进行了大量原油等的贸易活动,国家也倡导清洁生产,发展清洁能源,并对此制定了许多相关的制度,但面对突发的能源紧张,出于"六稳""六保"的现实要求考虑,国家还是不得不紧急实施煤矿的满负荷生产,大量煤炭的燃烧与应用不可避免会造成一定程度的空气污染等,使生态环境的保护面临不确定性风险与监管压力。如果全面采取 CPTPP 等的环境规则条款,上述应对战术可能面临与环境要求不符的挑战。按照 CPTPP 的环境与贸易关系规则,自贸试验区及相关区域不得为促进贸易和投资而弱化或减少环境法律保护,并且强调不能将环境保护作为隐性的贸易保护措施。促进自然资源的可持续开发利用,是我国经济高质量发展,实现可持续发展的重大议题。

事实上,资源的利用与资源的保护是相互嵌套的,在利用自然资源的过程中,政府必须提升管理水平,无论是出于贸易或其他目的,开发利用自然资源都要以提高资源利用效率为目标,并减轻污染对社会造成的损害。亦即,必须通过构建自贸试验区环境保护制度,严格规范各级组织或贸易与生产者理性地消费自然资源。由此就会产生制度阻力。首先,传统的制度障碍必须清除。即现有的自然资源管理制度往往注重事前控制,对事中监管和事后评估不够重视,涉及的自然资源管理措施往往落实不到位,难以实现自然资源开发与利用过程中的环境保护,往往造成不同形式的环境污染。CPTPP 明确规定合作框架与公开、公正、公平的环境条款,对环境保护水平、环境法律法规的执行力度、公众参与的透明度都有具体的要求,加之,环境争端解决机制的严肃性,使缔约方严格自律自身的环境行为。我国的自

---

① 根据原来的 TPP 协议,跨国投资者可能因认为东道国的国内法影响到其利益或权利而在国际法庭上对东道国提出诉讼,而协议所指定的国际法庭位于纽约,该条款为跨国企业提供了极大的保护,使其具备了国际法上的与国家相对等的地位,而东道国及国内企业并没有此等"优待"。虽然,CPTPP 仍然保留了这一条款,但在实施的力度上有所放松(比如,对起效的时间、适用的对象等方面进行了一定的限制)。

贸试验区可以借鉴利用发生环境争端之后的一系列解决程序,对贸易与经营活动中造成环境损害的责任方进行追责,借此进一步健全中国的环境法律法规、增强其执行力度,提高各方参与环境保护的热情与积极性。其次,资源开发与利用的经营模式与CPTPP的高标准存在差距。必须将"人类命运共同体"的理念嵌入贸易与生产过程之中,扭转传统经济利益至上的利润最大化观点。权衡成本效益,明确不能为了节省成本,选择落后的设备、工艺等。否则,生产者即便在短期内获得了相应的收益,最终必然要付出相应的巨大环境代价。因此,全面对接国际贸易协定中的环境规则,主动提高产品生产、加工、销售等全过程的环境标准,严格按环境规则条款的要求进行生产制造与产品加工,积极履行企业的环境社会责任,使我国目前低技术、低附加值的产品销售朝高科技、高附加值的产品方向转变。

从国际贸易活动的现实情况思考,环境保护水平较高的国家大多数是发达国家,它们通过对进口产品设置较高的环境标准而使低环保水平国家特别是发展中国家的产品难以进入对方国家的市场,形成非关税壁垒(即传统的绿色壁垒),而这些发达国家的产品却能够轻易进入发展中国家,这使发达国家形成巨大的贸易顺差,而发展中国家的国际贸易则受到严重影响。这种由于环境门槛而产生的贸易壁垒,对于我国的广大中小企业来说,将是必须面对的客观现实。从短期来看,提高环境保护标准可能会带来企业生产和运营成本的提高,甚至使企业失去原有的成本或价格竞争优势,相应的经济利益也会受到一定的影响。但是,这种阵痛是必须面对的现实挑战。对于大多数规模小、技术落后的企业来说,只有适应数字化改革的潮流,快速转型,才能避免停业或者破产的危机,尤其对于中国以乡镇企业为主的环保理念弱的民营企业而言,必须要有清醒的认识(厉以宁,2019)。

当前,中国加入CPTPP已得到国家最高层的认可,政府有关部门也将其列入议事日程,正在按程序推进。自贸试验区要在遵循"高标准、严要求"的环境规则上发挥"领头羊"作用,主动强化制度创新,并对环境产品和服务贸易提供环境保护的制度指引,即分门别类、有步骤地加以推进。对于一些环保还处于发展的初期阶段,不具备同国外成熟企业竞争的生产企业,则可以通过自贸试验区政策加以扶持,使其尽快达到环境保护的规则要求。这也是与CPTPP环境条款提出的"不以鼓励贸易或投资为由削弱环保法律的力度"的要求相一致的。自贸试验区环境保护制度必须执行最高的环保标准,进而引导暂时不符合条件的企业组织或机构强化环境管理。亦即,自贸试验区必须以国际贸易规则的高标准、严要求作为自身发展的动力,主动引进并应用CPTPP有关环境规则的一系列标准或条款,促使我国企业更多地考虑环境因素。或者说,不以暂时的价格优势减弱与否为决策的依据,而是将眼光置于长远的发展考虑,以提高我国整体的国际贸易竞争力为目标。自贸试验区加快环境保护制度建设,要仔细研读和充分认知诸如CPTPP中的各项环境条款,避免出现类似进口国以中国出口产品的环境要求不达标为由,而采取求偿措施等现象;以及避免贸易对方国借环境保护理由阻碍中国产品进入相关发达国家市场,造成国内企业巨大的经济损失或相关的国际贸易争端。对于微观主体的企业来说,主动调整环境政策,提高产品生产或服务提供中的各项环境标准,增加有关环境保护的各项开支,包括产品包装和产品广告费用等环保宣传支出,从更长远的角度为企业发展铺垫环境规则的前期成本。总之,自贸试验区的引领作用是不容忽视的,必须发挥制度创新、先行先试的区域经济发展带头作用。

二、我国自贸试验区环境保护规则的制度现状

中国通过自贸试验区等多层次的贸易自由化安排,将贸易自由化战略贯彻到每一个微观主体。目前,中国已经有21个自贸试验区(港),或者说,中国自贸试验区发展经历了1.0时代、2.0时代,以及3.0时代等。这些制度安排是与中国的国情相适应的,体现了不同区域、不同阶段经济发展的内在要求。这种不同区域、不同侧重点的自由贸易试验区域的设置与安排,不仅体现了贸易自由化的内在要求,也是环境保护制度的客观反映。

(一)完善与发展自贸试验区的环境保护制度

中国的自贸试验区建设循序渐进、层层紧扣,以多区域分布、逐步提升质量为特征,体现了制度型开放的内在要求,也体现了中国经济在"双循环"新格局下实施全面开放政策的决心与信心。

1.中国自贸试验区环境保护制度的实践

客观地说,建立自贸试验区不是为了争取更优惠的政策,而是着力于探索制度创新。必须结合国内各区域自贸试验区的特征,采取灵活性的环境管制措施。应该说,中国自贸试验区从诞生之日起就对环境与生态高度重视,并在各区域颁布的自贸试验区条例或规章中作出明确规定,但是在后期的运作过程中,尤其是各地的自贸试验区与当地产业联动过程中,环境保护问题变得复杂与多样,使一些自贸试验区的环境保护制度建设面临困惑。

2021年5月,生态环境部联合商务部、国家发展和改革委员会等7部委发布

第四章

自贸试验区与国际贸易协定间的环境规则比较

《关于加强自由贸易试验区生态环境保护推动高质量发展的指导意见》(以下简称《指导意见》),这是自2013年上海设立第一家自贸试验区以来最具体、最直接的环境保护制度。它的颁布,有利于引导自贸试验区加强生态环境保护,破解生态环境保护难题,推动经济社会发展全面绿色转型,使自贸试验区环境保护有了直接的制度依据。自贸试验区作为继经济特区、新区等之后的一种新的开放举措,通过零关税与负面清单等手段吸引外资,借鉴国际贸易协定等开展制度创新探索,极大地促进了区域经济的发展。近年来,各地通过地方性的自贸试验区扩容,逐渐使自贸试验区与经济开发区等打通,试图促进地方经济的更进一步的开放与发展。然而,如上所述,这一地方性的扩容政策,受当地经济发展状况的影响,其扩容过程中往往对一些生产、加工企业等的环境保护监管问题有所放松(陈林、周立宏,2020)。

导致这一现象的原因,从一些地方自贸试验区的情境特征分析,一是自贸试验区具有环境保护制度创新的权限;二是当地环境保护部门出于对经济发展的支持等对自贸试验区环境管制权限的放松(如给予一定的自主权等)。过去认为,自贸试验区以引进投资或贸易活动为主要经营内容,似乎对生态与环境保护等问题不会产生什么影响,但由于自贸试验区与当地其他开放、新区等的捆绑或联动,这些处于开发区或新区等的企业"享受"(或被默许)自贸试验区的环境保护政策,或者说滥用自贸试验区的环境自主权,给地方或区域的环境管理带来复杂性或不确定性。随着中国经济进入"双循环"的新发展格局,在国内大市场的支撑下,一批排污等环境处理能力弱的企业可能"东山再起",环境保护压力从非自贸试验区传导至自贸试验区领域的可能性在增加。

如前所述,我国的自贸试验区(Pilot Free Trade Zone,PFTZ,国内通常简称FTZ),与国际上现有的自由贸易区(FTA)、自由贸易园区(FTZ)和特殊经济区(SEZ)等有相似之处。其中,FTA是国际经贸领域中的一个概念,是指缔约一方在其领土上相互给予缔约另一方部分(或全部)取消商品贸易关税和数量限制等贸易优惠安排,是推动全球贸易新规则发展的重要场所。比如,WTO、CPTPP与RCEP等都属于FTA。FTZ作为自由贸易园区,是在一国部分领土区域内运入的任何货物就进口关税及其他各种税收而言,免于实施惯常的海关监管制度,是推动国际贸易发展的重要区域。我国自贸试验区就是在此基础上进行的改进与发展,从广义上讲,两者极其相似。SEZ则是指给工商业者和投资者提供区别于境内的特殊监管政策的特定区域,目前全球已建立5 400多个特殊经济区,中国以2 543个高居榜首。由于我国的自贸试验区的主体功能是贸易,尽管区域内也有些设计与加工等经营企业,但原则上不存在排污等问题,有关环境管理事项也主要是生态环境保护的制度约束情境。由于对环境与贸易的关系历来存在不同的认识或各种争论,国际贸易规则开始注重对生态环境保护制度的规范,比如CPTPP中就专门设置了"环境"章节。因此,可以说,世界各国的自贸试验区都有环境与贸易相关的章节安排。

从我国现有自贸试验区的环境保护制度规范看,2019年7月1日,《中国(四川)自由贸易试验区条例》特别强调要营造法治环境,要求严格执行环境保护的法律规范和标准。再比如,2019年10月10日,《中国(河北)自由贸易试验区管理办法》的第四十六条规定:自贸试验区土地开发利用应当遵守土地利用、生态环境保护、城乡规划等法律。海南省作为全国唯一的热带岛屿省份,拥有得天独厚的自然生态环境,在全面推进国家生态文明试验区建设和高标准、高质量建设自贸试验区(港)的场景下,对生态环境管理有明确的目标。即,通过高标准与严要求着力提升生态环境治理体系和治理能力现代化水平,坚持生态环境保护的方向不变,力度不减,突出精准治污、科学治污、依法治污。同时,要守住生态环境质量的底线,更好、更优地保护生态环境。此外,为高标准、高质量建设自贸试验区,以及全力推动建设自由贸易港等,政府必须重视坚实的环境管理制度保障和优良的生态环境基础的提供。在我国各区域自贸试验区的环境保护制度中,海南省最具体或最明确,其他省份相对较弱,或者说,对自贸试验区的环境保护制度的创新力度还需加强。

2. 中国自贸试验区环境保护的具体内容

生态环境部联合商务部、国家发展和改革委员会等7部委发布的《关于加强自由贸易试验区生态环境保护推动高质量发展的指导意见》展示了自贸试验区环境保护的具体内容与要求,详见表4-2。生态环境保护是自贸试验区法律框架体系的重要组成部分。党的十八大以来,自贸试验区在生态环境领域进一步深化改革、简政放权,生态环境保护力度不断加大。自贸试验区实施方案和立法明确提出生态环境要求,我国已发布的21个自由贸易试验区(港)实施方案均或多或少提出了生态环境保护的相关要求和目标。仔细观察,自贸试验区管理办法或制度规范涉及生态环境的条款共有90多条,其中最多的为服务地方高质量发展的环境保护要求,此外便是防范环境风险的要求,如"开发利用须遵守生态环境要求""生态环境风险防范"等内容,有20多条;创新环境政策类,如"出口产品低碳认证""责任报告制度和责任追溯制度"等20余条。

生态环境部等部委的《指导意见》,目的在于用高水平的生态环境保护措施来助力建设高水平的自贸试验区,通过实施更高标准、严要求的环境治理行动,打造协同推动经济高质量发展和生态环境高水平保护的示范样板。自贸试验区生态环境保护的指导思想是:"以习近平新时代中国特色社会主义思想为指导,全面贯彻党的十九大和十九届二中、三中、四中、五中全会精神,深入贯彻习近平生态文明思想,立足新发展阶段,贯彻新发展理念,构建新发展格局,紧扣推动高质量发展主题和深化供给侧结构性改革主线,落实碳达峰碳中和重大战略决策,深入打好污染防治攻坚战,创新生态环境管理模式和制度,全面提升自贸试验区生态环境保护水平,推动贸易、投资与生态环境的和谐发展,促进经济社会发展全面绿色转型……"

表 4-2 生态环境部等部委《指导意见》的内容结构

总体要求(第一部分)	共 3 条(1~3 条)指导思想、基本原则、主要目标
加快产业结构优化升级,建设高质量发展引领区(第二部分)	共 6 条(4~9 条)推动形成绿色发展布局,打造先进绿色制造业,推动发展现代绿色服务业,深入推进绿色贸易,推动构建绿色供应链,支撑服务国家区域发展重大战略
加快重点领域绿色转型,打造低碳试点先行区(第三部分)	共 4 条(10~13 条)推动能源清洁低碳利用,加快发展绿色低碳交通运输,加快基础设施低碳改造,积极参与碳市场建设
加强生态环境保护,构建生态环境安全区(第四部分)	共 4 条(14~17 条)加强生态系统保护与修复,推进环境污染治理,提升生态环境监督执法效能,加快补齐环境基础设施短板
全面深化改革,形成制度创新示范区(第五部分)	共 3 条(18~20 条)创新生态环境管理制度,健全生态产品价值实现机制,加强生态环境科技创新应用
全面对标接轨,树立环境国际合作样板区(第六部分)	共 2 条(21~22 条)对标国际环境与贸易规则及实践,持续推进生态环境国际合作
实施保障(第七部分)	共 3 条(23~25 条)落实主体责任,加强指导支持,做好宣传推广

生态环境部对自由贸易试验区生态环境保护的重点任务做了具体的规定:一是全面落实减污降碳总要求,引导绿色低碳发展,创新发展绿色制造业、绿色服务业、绿色贸易和绿色供应链管理。二是探索服务"六稳""六保"新机制新模式,指导自贸试验区深化生态环境领域"放管服"改革,推进排污许可"一证式"管理,加快"互联网+非现场监管"等技术手段应用。三是推动解决突出环境问题,开展臭氧污染全过程综合治理,深化固定源、移动源、面源大气污染防治,加强水环境、水生态、水资源系统治理,严格实行进出境环境安全准入管理制度。四是强化环境国际

合作,积极探索环境与贸易投资相互支持的新模式,搭建并运行好生态环境合作平台。

表4-2表明,自贸试验区生态环保要坚持生态优先,推动绿色低碳发展;坚持创新引领,深入推进制度改革;坚持开放合作,主动对接国际规则。主要目标是:"到2025年,自贸试验区生态环境保护推动高质量发展的架构基本形成,经济结构和开发格局较为合理,生态环境保护和风险防范水平显著提升,能耗强度和二氧化碳排放强度明显降低,生态环境治理体系和治理能力现代化建设处于领先水平,在推动绿色低碳发展、生态环境治理、国际合作等方面形成一批可复制、可推广的管理和制度创新成果。"力争使自贸试验区成为产业结构优化升级且高质量发展的引领区,通过绿色发展布局,打造先进绿色制造业,推动发展现代绿色服务业,深入推进绿色贸易和构建绿色供应链,支撑服务国家区域发展重大战略。同时,加快重点领域绿色转型,打造低碳试点先行区。具体包括:推动能源清洁低碳利用,加快发展绿色低碳交通运输,加快基础设施低碳改造,积极参与碳市场建设。

自贸试验区通过加强生态环境保护,构建生态环境安全区,要发挥自贸试验区制度创新与先行先试等的优势,加强生态系统保护与修复,推进环境污染治理,提升生态环境监督执法效能,加快补齐环境基础设施短板。此外,自贸试验区要实施全面改革,深化制度引领区域。通过创新生态环境管理制度,推动重大生态环保改革举措优先在自贸试验区试点示范,指导支持自贸试验区开展生态文明建设示范创建。要健全生态产品价值实现机制,加强生态环境科技创新应用。实施全面对标接轨,自贸试验区要主动对接国际绿色贸易规则,参照国际通行商事和生态环境管理规则,积极参与制定投资准入负面清单等贸易规则及实践,并且积极搭建生态环境合作平台,开展环境技术交流与合作,支持共建绿色"一带一路"。

(二)中国自贸试验区环境保护制度的建设方向

中国作为全球价值链的重要环节,以及全球最大的中间品贸易大国,对全球贸易存在巨大的贸易创造效应,我们要利用好"一带一路"等对外贸易的平台。同时,积极利用RCEP已经生效实施的有利时机,合理规划企业的经贸行为及其环境保护工作。

1. 以绿色发展作为自贸试验区环境规范的权衡依据

绿色发展是生态文明建设的重要体现,传统的以牺牲环境为代价换取一时的经济增长的时代已经一去不复返了(James Salzman,2000)。自贸试验区是我国统筹沿海沿江沿边和内陆开放的最高水平开放平台,承担着高质量引进来和高水平走出去的历史使命。自贸试验区只有走生态优先、绿色可持续发展的道路,才能实现区域经济的繁荣,促进成员企业的和谐共生,成就更加美好的未来。环境保护规则的本质特征就是要遵循可持续发展原则,从减量化、无害化和再资源化入手强化环境经营。国内外的许多研究成果表明,环境经营离不开环境保护和物料资源等成本管理工具的有效利用。比如,环境作业成本法在产业集聚区域中的应用,生命周期环境成本法嵌入企业的供产销及售后服务的产品生命周期,以及开展生产环节中投入产出视角的物料流量成本核算和环境资源消耗成本的核算与控制等,都是微观主体生态环境保护的重要手段。

构建中国自贸试验区的环境规则必须体现"两山"理念的要求,通过"绿水青山"转化为"金山银山"来实现环境保护的根本目的。"绿水青山"就是"金山银山",前提是要有"绿水青山",环境规则创新是"金山银山"长久维持和发展的动力基础。自贸试验区环境规则作为环境保护机制的重要工具,必须主动服务于生态文明建设的需要。比如,单独确认和计量与环境相关的成本与收益,并对未来环境保护方面存在的潜在威胁和可能的机遇等加以充分揭示,并在货币单位计量的基础上,采用实物单位等进行环境事项的记录、跟踪与追溯等。从宏观角度讲,有效开发、利用和保护自然资源是"绿水青山"的内在要求,也是"金山银山"等的重要工作内容。环境保护机制作为生态文明建设中良性互动的控制手段和信息纽带,通过反映土地、矿藏、森林、河流等宝贵自然资源的价值及其变动,使"金山银山"能够落到实处。自贸试验区要全面落实生态文明思想,立足新发展阶段、贯彻新发展理念、构建新发展格局,扎实推进生态文明建设。

我国力争2030年前实现碳达峰,2060年前实现碳中和,这是以习近平同志为核心的党中央经过深思熟虑做出的重大战略决策。实现碳达峰、碳中和,是我国实现可持续发展、高质量发展的内在要求,也是推动构建"人类命运共同体"的必然选择。当前要围绕推动产业结构优化、促进能源结构调整、支持绿色低碳技术研发推广、完善绿色低碳政策体系、健全法律法规和标准体系等,研究提出有针对性和可操作性的政策举措。要调动自贸试验区经贸主体的责任意识,坚持分类施策、因地制宜、上下联动,各区域要根据自身情况制定碳达峰实施方案,明确目标任务,带头压减落后产能、推广低碳零碳负碳技术。

自贸试验区环境规则以"两山"理念为引领①,可以更好地解决美好生态与环境治理不平衡与不充分之间的矛盾,体现环境保护机制的内在要求(桂海滨、方晨,2019)。首先,"绿水青山"与"金山银山"的融合有助于形成一种自贸试验区环境治理的长效机制,使绿色经营理念内化为区域内外贸组织与生产企业的自觉行动。产品或服务提供者作为社会物质和产品的提供者,同时也是污染物排放的主要源头。基于"两山"理念的环境保护制度创新,借助于环境保护税等手段来消除负外部性因素,推进"绿水青山"的生态价值形成。同时,通过对正外部性的环境经营主体给予补贴,提高经贸主体实现"金山银山"的积极性与创造性。其次,借助于自贸试验区的"负面清单"管理,可以更好地将"两山"理念应用于环境保护的实践之中。环境保护机制只有与产业集聚区域的贸易与生产组织有效配合、合理规划,积极从事环境经营,才能在"绿水青山"和"金山银山"之间体现出最佳的环境治理效果。嵌入"两山"理念的环境保护机制需要在排污权交易、环境保护税与生态补偿机制等活动中体现负面清单管理意识,且从贸易与生产协同的视角开展实物量与货币量等计价方式下的环境经营核算,如生态降解的能量和恢复生态的面积等,进而为生态补偿制度的建设提供基础。

2021年7月19日,为全面贯彻新发展理念,推动绿色发展,商务部、生态环境部印发了《对外投资合作绿色发展工作指引》。该《指引》指出,绿色发展是可持续发展的必要条件。当前,世界多国把绿色作为科技革命和产业变革的重要方向,国际贸易投资中的绿色规则加速演进,对外投资合作只有践行绿色发展理念,才能成为提升国内国际双循环质量的重要支撑,才能在开放发展中发挥关键作用,才能在国际合作与竞争中赢得主动。并且,要在对外投资合作过程中,推动绿色生产和运营,建设绿色基础设施,打造绿色境外经贸合作区,推进绿色技术创新,推动企业主体绿色转型,遵循绿色国际规则,鼓励和引导走出去企业提高绿色发展意识,严格保护生态环境,与东道国携手共建清洁美丽世界。

2.适应数字贸易发展完善环境保护机制

生态环境部等7部委的《指导意见》指出,要培养"互联网+"绿色环保产业模式,支持自贸试验区的经贸主体参与全球生态环境治理。数字贸易不仅是一种绿

---

① "两山"理念是以"绿水青山就是金山银山"为核心构建的理论体系。2005年8月15日,时任浙江省委书记习近平同志在湖州市安吉县余村考察时首次提出这一理念至今,已经过17年的实践。该理论包含着"既要绿水青山,也要金山银山""绿水青山和金山银山绝不是对立的"和"绿水青山就是金山银山"三个层次的内涵与外延。"两山"理念是中国特色社会主义生态文明建设的理论依据。新时代的中国经济正在从高速增长转向高质量发展,生态文明建设对环境治理提出了新挑战和新要求。

色环境贸易方式,还是参与全球经贸规则制定,提升生态治理的重要手段。从国际经贸规则中的数字贸易规范看,数字贸易规则承诺数据跨境传输免征关税,强调源代码、个人信息保护和网络安全,允许数据跨境自由流动和禁止数据强制本地化要求逐步成为共识。

近年来,以电子商务为代表的数字经济和贸易发展迅猛,但全球数字贸易规制体系尚未成熟,因而成为各国在国际经贸规则制定中竞争和博弈的重要领域,全球贸易体系中的几大贸易协定均对数字贸易单独设章,只不过名称有所差别。其中,CPTPP、EPA(日本—欧盟战略合作伙伴协议)表现为电子商务,USMCA(美国—墨西哥—加拿大协议)表现为数字贸易。对于电子传输免征关税、禁止披露源代码、确保网络安全、消费者保护以及承认电子认证和签名的合法性等是这三大协议包含的共同内容。所不同的是美国在其主导的 USMCA 等规则中明确提出了数据自由流动、数字产品的非歧视待遇、禁止强制性的本地化等要求,CPTPP 基本延续了以往 TPP 中的相关内容,与美国主导的其他贸易规则有共同之处,尤其与《美日数字贸易协定》高度一致,而欧盟在数据跨境流动和数据本地化方面相对美国更为谨慎,EPA 中对于是否将数据自由流动纳入协议设置了 3 年的评估期,而且也没有关于禁止数据或设备本地化的条款。但这并不意味着欧盟对此持消极态度。2018 年,为落实"单一数字市场战略"并推动欧盟数字经济繁荣,欧盟正式实施《一般数据保护条例》,并通过了《非个人数据自由流动条例》,从而为欧盟实现境内的数据流动自由和废除数据本地化限制奠定了基础,这预示着未来欧盟在其签订的自贸协定(FTA)中很可能也将加入 USMCA、CPTPP 中的相关条款。

2021 年 11 月 1 日,中国商务部部长王文涛致信新西兰贸易与出口增长部部长奥康纳,代表中方向《数字经济伙伴关系协定(DEPA)》保存方新西兰正式提出申请加入 DEPA[①]。这一行为表明,我国希望积极参与统一的全球数字贸易规则。即,通过参与 CPTPP、DEPA 等协定的谈判,影响周边国家,在更长远的时期与美国供给侧数字贸易规则相互兼容,从而主动推进统一的全球数字贸易规则。目前,数字贸易美式版本成为主流,已经渗透至各主要区域贸易协定,留给中国数字贸易规则循序渐进发展的时间已经不多(Woermann et al.,2015)。根据中国信通院数据,我国数字经济市场规模已达 39.2 万亿元,但我国数字贸易发展仍"后劲不足"。

---

① DEPA 由新加坡、新西兰和智利三国于 2020 年 6 月签署,是以电子商务便利化、数据转移自由化、个人信息安全化为主要内容的协定。DEPA 是小国在大国国际经贸规则博弈之下,谋求共同生存,尤其是帮助中小企业适应数字时代发展的制度安排。

《数字贸易发展与合作报告2021》显示,2020年,我国数字服务贸易规模达2947.6亿美元。数字贸易规模占数字经济总产值的比重不到1%,而美国数字经济中有18%转化为了数字贸易收入。中国的数字贸易发展必须借助于一定的平台,而迅速加入DEPA是一种较为可行的选择。亦即,中国依托巨大的数字贸易体量能够发挥全球数字贸易治理的主动权,并引导亚太数字贸易规则的发展方向。

从数字贸易规则的内容上看,DEPA协定深度借鉴了CPTPP协定,细化并归类了CPTPP协定原有几乎所有条款(排除了源代码转让和互联网互连费用分担)。DEPA协定的最大优势在于它的开放性,DEPA协定被设计成"模块化"的诸边贸易协定,以便未来的参与者只要选择最适合成员特定情境的协议元素,就可以完成相关的交易等行为。在DEPA协定"数字产品和相关问题的处理"模块和"数据问题"模块中,涵盖了CPTPP协定电子商务章节下的主要承诺,如数字产品非歧视待遇、允许数据跨边界自由流动、禁止本地托管数据要求。亦即,与CPTPP一样,DEPA协定将WTO暂停电子传输关税永久化,但在CPTPP基础上细化了消费者保护和数据隐私条款,提高了数字经济相关的法律和法规的透明度。此外,DEPA协定还在CPTPP协定的基础上考虑了包括人工智能、金融科技等多项新兴技术与趋势等软性合作安排,将调整范围从数字贸易扩大到数字经济的多个方面。相较于CPTPP,DEPA更多地体现了美式模板在亚洲的推广。日本已经是美国的数字贸易盟友,开始全面采纳美式数字规则,而韩国也于2021年9月份申请加入DEPA。陆菁(2021)认为,美国的数字贸易规则旨在保护和支持其具有全球竞争力的数字企业。未来中日韩协定中的数字贸易规则将是中美数字规则冲突与协调的"主战场"。

第二节　国际贸易协定中的环境条款的适用性

自贸试验区非常重要的一点是不断提高区域本身的创新能力,通过改革和制度创新,为改革和开放积累经验,并及时总结推广。这对于自贸试验区的生态环境质量巩固提升,统筹推进区域经济发展具有积极的现实意义。国际贸易协定中的环境规则条款是我国自贸试验区做好环境保护,强化污染治理,推进生态监管与服务水平,提高生态环境领域治理体系和治理能力现代化的重要保障。

第四章
自贸试验区与国际贸易协定间的环境规则比较

一、区域一体化协定中环境条款的形成与发展

随着贸易保护主义的不断升级,全球化的贸易规则遭受冲击,经贸活动中的持续结构性低迷,以及贸易投资协定的碎片化等,亟须以贸易自由化为基础的区域一体化协定来加以提振。研究区域贸易协定中的环境规则能够为我国自贸试验区环境保护制度规范的制定,以及促进自贸试验区环境保护制度的创新提供实践基础。

1. 区域一体化协定中环境条款的渐进性与复杂性

最早在区域一体化协定中将贸易与环境联系起来的是 1994 年签订的北美自由贸易协定(NAFTA),其中包括了详细的、具有约束力的环境条款。美国、加拿大与墨西哥签署的协定附属规则《北美环境合作协定》,开创了多国合作开展环境保护的先河。目前,大多数 OECD 成员国加入的区域一体化协定中都引入了环境条款,其中的加拿大、欧盟、新西兰和美国签订的环境条款内容最为广泛与深入。WTO 也是如此,其在成立之初就引入了贸易与环境的规范内容,即明确将环境保护作为该机构的基本宗旨之一。不同于其他区域贸易组织,WTO 成立了贸易与环境委员会,在职责权限上对贸易与环境的关系进行了约束,旨在实现全球贸易活动中的可持续发展。WTO 协定提出:"认识到在处理贸易和经济领域的关系时……同时应依照可持续发展的目标,考虑对世界资源的最佳利用,寻求既保护和维护环境,又以与它们各自在不同经济发展水平的需要和关注相一致的方式,加强为此采取的措施。"

我国历来重视生态环境的保护,在我国签署的 FTA 中,很多协定涉及环境问题,而且环境与贸易合作程度逐渐提高。早期的《中国—巴基斯坦自由贸易协定》只在序言中提到环境保护;《中国—东盟全面经济合作框架协议》也只在第二部分的第 7 条有环境合作的表述。之后,中国与新加坡的《环境合作协定》是一个转折点,环境规则成为常态。中新的该协定明确:以促进双边可持续发展为基本目标,强调在尊重各自国家制定的环境法规的基础上加强双边环境合作,合作范围包括但不局限于环境管理、环境补救、自然保护、环境技术等。2007 年,中国与智利签署的《中华人民共和国环境保护总局与智利共和国环境委员会环境合作谅解备忘录》则扩大了环境条款的边界,双方同意在大气污染控制、水质管理、海洋与沿海生态保护、环境教育与公众参与等环境保护领域开展合作。可以说,提出生态环境保护要求已经成为国际上大部分自由贸易区设置的必要前提。来自生态环境部网站

的信息显示,在已经签署并生效的自由贸易协定(FTA)中,有85％的协定包含环境保护的内容。其中,30个FTA中单独设置了"环境"的章节,其中以CPTPP最为全面,要求也最严格。比如,前面阐述过的"不得因吸引投资或促进贸易而降低国内环境保护水平、环境规制权",以及降低有关环境协定承诺的体现在贸易协定中的内容,也不能因此降低环境分歧解决机制,即设有ISDS争端解决机制的流程等。

由于全球性的贸易协定在一定程度上难以达成,区域或次区域的环境与贸易合作开始成为国际贸易协定中环境规则条款的主角。而且,部分区域协定对生态环保管理提出非常高的要求。比如,墨西哥《关于特别经济区的联邦法律》中,将宗旨明确为在提升经济持续增长目标的同时,实现生态环境管理的保护与利用;利比亚的《特别经济区法》,则更直接要求这些区域必须将长期的环境可持续性作为首要的考虑目标。同时,在区域一体化深度发展的趋势下,缔约的成员方通过双边环境谈判合作来加强区域内环境合作也变得越来越普遍。由此可见,通过双边协定解决环境问题,或者说,在自由贸易区协定中强化全球环境合作,设置环境条款的趋势进一步增强。目前,在我国已经签署的19个自贸协定(FTA)中全部设置了环境条款,其中8个自贸协定还单独设置了"环境"章节。

从自贸试验区的生态环境制度创新情况看,现有的21个自贸试验区(港)尽管或多或少都涉及生态环境保护的相关内容,但各地的要求和目标不尽一致,估计有几十项涉及生态环境保护的内容,但大都是围绕地方经济高质量发展的阐述。亦即,自贸试验区管理当局或地方政府对自贸试验区的环境保护意识是有的,但在具体的包含内容,或者执行的力度上往往不明确,加之地方环境管理当局对自贸试验区实施自主治理的内容增多……未来需要加强生态环境管理及其制度规范的进一步创新与应用。目前,除新设立的北京、湖南、安徽自贸试验区外,已经运转了多年的其他17个自贸试验区,都可以在省级地方性法规条例中找到与生态环境相关的条款。这至少表明,我国自贸试验区对环境保护问题的认识是清晰的,但详细的规范与强有力的执行则是一个渐进的过程。可以预计,随着生态环境部等7部委的《指导意见》深入落实,各项与生态环境相关的制度或实施方案将在各区域自贸试验区得到进一步细化和拓展,也将更具有可行性与针对性。

2. 对区域贸易协定中的环境保护规则的思考

诚然,区域贸易协定中的环境规则对自贸区的影响是显著的,通过对全球2 200多个自贸试验区(广义视角的认识,包括自由贸易园区和自贸试验区)的相关管理规定进行梳理和分析,可以发现其基本都以立法形式确立了生态环境保护要求。通常情况下,这些自贸试验区往往采用单独立法的方式制定环境管理制度与规则要求。然而,因环境技术的复杂性与环境问题识别的艰难性,大多数自贸试验区所属地方的环境部门通过立法简化区域内的经贸活动事项(即在环境管制的权限上下放给自贸试验区进行自行管理)。尽管如此,绝大部分的自贸试验区还是在管理办法或制度规范中明确,自贸试验区的环境规则必须符合国内环境法律与法规的要求。这一点是与我国生态环境部实施正面清单管理的要求是一致的。即,生态环境部等7部委的《指导意见》要求环境监管采取正面清单。

我国自贸试验区作为制度创新的高地,是中国加入诸如 CPTPP 之类的区域贸易协定的对外开放窗口。除了各国通行的零关税制度外,我国自贸试验区对于"投资"等已经明确实施"负面清单"管理模式,这不仅体现了全球经贸一体化的内在要求,也展示了中国政府管理体系和管理能力的进步,有利于我国经济的快速发展。目前,在自贸试验区,负面清单以外按照内外资一致管理,也就是外资企业和项目登记实行备案管理,其他都要经过包括合同、章程等在内的逐案审批。"负面清单"是国际上重要的投资准入制度,目前国际上有70多个国家采用"准入前国民待遇＋负面清单"的管理模式(洪丽明、吕小锋,2017)。负面清单相当于投资领域的"黑名单",列明了企业不能投资的领域和产业。即,凡是针对外资的与国民待遇、最惠国待遇不符的管理措施,或者是业绩要求、高管要求等方面的限制措施,均以清单方式列明。

负面清单最大的意义是结束了由政府主导的积极财政政策、适度宽松的货币政策以及政府制定的产业政策中呈现的"政府在前,市场紧跟"的模式。负面清单能最大化利用市场的能量,根据市场要求发挥自己的特长,只要不触及国家安全、金融体系稳定、社会和谐等重大问题,都可以根据自己的能量来实现目标。这种负面清单制度在环境保护制度创新方面遇到了"两难"困境。以 CPTPP 的"投资"规则为例,面对环境问题争端,CPTPP 各成员国借助于上面阐述的 ISDS 争端解决机制可以直接上诉至国际仲裁法庭。即投资者只要不是在中国的"黑名单"限制下进行的经贸活动就不违反中国自贸试验区的规定,然而很多环境问题限于技术条件等因素无法一一辨识。在这种情况下,中国政府据于环境法律与法规等要求对外资企业实施制裁或惩罚,对方便可上诉到国际法院,要求中国就其造成的损失进行恢复或赔偿,使我国政府或管理当局面临不利地位或消极影响。

需要说明的是,生态环境部等7部委的《指导意见》指出,要"全面推行'双随机、一公开'监管,实施生态环境监督执法正面清单……"这是从现阶段我国环境保护制度建设的实际情况出发的一种权宜之计。换言之,过多地将"负面清单"应用于自贸试验区实践之中可能会有不确定性的负面效应产生。20世纪90年代中期,柯达公司设在纽约州的胶卷制造企业被当地环保部门投诉,被指控违反美国的《清洁水法》,排放了大量许可外污染物。而柯达公司辩称,该企业对纽约州许可的25种污染物的排放均控制在允许的范围内,无一超标。根据美国法律的负面清单制度,废水中存在的其他化学物质没有被列入监控名单,且柯达公司遵守了相应的报告制度,因此其水处理是符合标准的。该案件的启示是:仅强调排污规范的"负面清单",很难从根本上控制环境成本问题,必须从产业链、价值链等环节上树立环境保护意识,通过末端工程治理、发展循环经济、源头预防等,才能减少或杜绝污染的排放(冯圆,2018)。

随着我国决心加入CPTPP,政府要求支持有条件的自贸试验区主动对标和参考国际高标准自贸协定中的环境规则条款,积极探索实现环境与贸易投资相互支持的新模式。这对诸如负面清单之类的管理模式带来挑战,中国目前已经围绕制度型开放政策实施了制度清理与制度创新工作。比如,结合中美双边磋商,我国在关税壁垒(货物的国民待遇与市场准入)、非关税壁垒(海关管理和贸易便利化、卫生与植物卫生措施、技术性贸易壁垒)、投资、服务业(跨境服务贸易、金融服务、商务人员临时入境、电信服务)、电子商务、竞争政策、国有企业和指定垄断、知识产权等制度上已经与CPTPP的要求相一致。即,从中可以看出在"投资"相关内容上我国已经与区域贸易协定(如CPTPP)达成一致,然而生态环境部却明确要求"实施生态环境监督执法正面清单",这给相关部门的制度沟通与协调带来冲突或压力。当然,目前仍有一些制度尚不符合CPTPP规则的要求,如原产地规则、纺织服装、贸易救济、政府采购、劳工、环境、合作与能力建设、发展、中小企业、监管的一致、透明度与反腐败、管理和机制条款、争端解决机制等,其中的"环境"内容与"争端解决机制"仍需要改革,我们预期随着改革开放力度的加大,诸如"负面清单"与"正面清单"等的协调问题将会得到圆满解决。

二、CPTPP环境规则对自贸试验区环境保护制度创新的启示

生态环境保护是各种创新区域(特区、开发区、自贸试验区等)法律框架体系的重要组成部分。联合国贸易和发展组织指出,相关的经济区域制度设计中,其法律框架体系必须载有生态环境保护的内容,这已经成为全球各国的共识。在我国已经发布的21个自贸试验区(港)的实施方案中均提出了生态环境保护的相关要求

和目标,怎样使其与 CPTPP 等 FTA 中的环境规则保持一致,将是今后一个时期研究的重点。

1. CPTPP 环境规则有助于提升自贸试验区利益相关者参与环境保护的主动性与积极性

诚然,环境保护条款是 CPTPP 的重要内容,主动将这些环境规则条款引入自贸试验区的环境保护制度体系之中,以"高标准、严要求"约束自贸试验区的贸易与经营主体行为。这些制度安排不仅是自贸试验区环境规则的重要内容,也是未来中国与 CPTPP 缔约国谈判的重要条件。面对环境保护议题日益重要、全球环境保护合作日益紧密的大背景,环境保护条款不能再被视为是绿色贸易壁垒,而应主动地将这些规则条款作为制度创新的方向,通过环境保护法治建设,促进自贸试验区形成健康的营商环境。自贸试验区要发挥国际规则对接的先行先试的有利条件,结合 CPTPP 开展环境保护标准的逐项比较与对接,为全国的环境保护制度创新提供可复制、可借鉴的经验范本。当前,围绕绿色贸易,部分自贸试验区已经与 CPTPP 进行了对接基础上的创新,即不仅仅是适应国际贸易协定的高标准要求,而是通过相互借鉴实施制度创新(柳天恩、田学斌,2019)。比如,《中国(天津)自由贸易试验区条例》明确提出:"支持建设亚太经济合作组织绿色供应链合作网络天津示范中心,探索建立绿色供应链管理体系,实施绿色产品清单制度,鼓励开展绿色贸易。"上海市生态环境局印发了《关于支持中国(上海)自由贸易试验区临港新片区高质量发展环境管理的若干意见》,通过实施源头减量、实行两证合一、优化环评管理、提升政府服务、加大环境基建、强化环保监管共六大类 11 项措施,服务自贸试验区高质量发展。

2021 年 11 月 23 日,商务部发布《"十四五"对外贸易高质量发展规划》(以下简称《规划》),自贸试验区作为国内国际双循环的关键枢纽,要主动对标国际绿色贸易规则,参照国际通行商事和生态环境管理规则,积极参与制定投资准入负面清单。该《规划》明确提出"十四五"期间对外贸易发展要优化货物贸易结构、创新发展服务贸易、加快发展贸易新业态、提升贸易数字化水平、推进内外贸一体化等 10 项重点任务。低碳环保已成为当下潮流和各产业发展的必然趋势。该《规划》明确提出,构建绿色贸易体系,发展绿色贸易。"将推动国内国际绿色低碳贸易规则、机制对接。探索建立外贸产品全生命周期碳足迹追踪体系,鼓励引导外贸企业推进产品绿色环保转型。"自贸试验区正在积极推动探索绿色管理制度创新实践,确保我国贸易的高质量发展。即通过对标 CPTPP 等国际贸易规则中的环境保护内容,加强与CPTPP的缔约国在环境保护层面的合作。最近,山东等自贸试验区积极落实我国与其他国家和地区签署的诸如《中国—韩国自由贸易协定》等双边或区域自由贸易协定中的有关生态环境条款。即,以高标准与严要求来规范自贸试验区的环境保护工作。同时,提升环境保护的力度,促进自然资源的可持续利用。浙江自贸试验区开展新区规划环评,明确"海陆统筹、以海定陆"的生态保护与开发引导策略,坚持将生态环境保护工作要求融入经济社会发展各项规划中,同时强化规划环评与项目环评联动,确保岛屿开发利用策略与海洋生态功能相一致。此外,自贸试验区环境保护制度创新还需要结合CPTPP公众参与与信息公开等要求,构建自贸试验区与经贸主体等利益相关者的互信与协商机制。即,统筹考虑贸易与环境的关系,主动对标国际高水平的环境规则,将高水平区域一体化贸易规则下的环境条款或者区域环境管理规则纳入自贸试验区的制度创新之中,以国际贸易协定中的高标准促进自贸试验区提高生态环境的管理水平和能力。

目前,我国自贸试验区生态环境保护制度离世界一流的标准还存在差距,建立和创新环境管理体制机制方面仍有很长的路要走。因此,要充分发挥自贸试验区"试验田"的功能作用,围绕国家宏观层面的环境和贸易制度改革,注重对商事规范的整顿清理,在简政放权的同时,以生态环境标准作为权衡的利器,逐步形成"放得开""管得住""放得下""接得住"的新型生态环境管理方式。

2. 构建基于CPTPP环境规则的自贸试验区环境保护标准

以CPTPP环境规则作为标准,构建自贸试验区的环境保护的制度机制。环境保护制度机制是习近平"两山"理念指引下的创新产物。环境保护制度机制既是一种强制与自愿的结合,更是一种贸易高质量发展与产业边界扩展的规范制度体系。环境保护制度机制可以划分为三个子机制。

一是触发子机制。环境保护制度机制中的触发机制是权衡CPTPP环境规则应用成本大小来实施判断的,实践中可以借用"对接环保成本"这一变量来观察。同时,需要注意三个问题:①不同产业或区域内不同产品或服务对接环保成本高低的选择。环境生态保护必须既满足企业经营与能力边界的需要,又符合自贸试验区贸易高质量发展的需要。②不同时点上对接环保成本高低的选择。产业区域或企业若遵循CPTPP环境规则的要求,而无法保证经贸主体正常的经营获利,这种由"环境保护限产与对接环保成本比较"体现出的环境管制情境就是一种触发的转型条件,即迫使自贸试验区域的经贸企业思考转型的紧迫性与可行性。③空间范围上对接环保成本高低的选择。通过提升产业档次或改变产品品种结构等行为,使自贸试验区域或企业的环境治理空间得到提升。可以用公式 $M=f(C,E)$ 来代表环境保护制度机制的内在联系,M 代表环境保护制度机制,C 代表对接环保成本,E 表示 CPTPP 环境规则。该公式表明环境保护制度机制的产生是一个复杂的函数关系,包含双函数的互动过程(Dyer&Singh,1998)。具体内容的展开,可以形成如下两个条件。

触发条件之一:自贸试验区域或企业无法满足 CPTPP 环境规则的需要,即 $E<0$。此时,无论对接环保成本能否在环境保护制度机制中发挥效应,这种自贸试验区域或企业的 CPTPP 环境规则都无法推进,也不符合"绿水青山"的基本要求。

触发条件之二:自贸试验区域或企业满足了 CPTPP 环境规则的要求,即 $E>0$;然而,此时对接环保成本管理能力弱,即 $C<0$。即,自贸试验区域或企业无法在环境效益上满足区域经营主体遵循的"金山银山"的成本效益原则,则此时的环境保护制度机制也将面临困境,或无法推进。

根据上述两种触发机制的设计,只有同时满足 $E>0$,以及 $C<0$ 的环境保护制度机制才是"两山"理念指引下的价值创造行为选择,或者应有的路径配置。

二是博弈子机制。自贸试验区的贸易组织或企业作为经营主体,其所面临的环境资源具有公共属性,宏观层面的环境管制难以对区域整体中的生态系统产生环境强制力。通过自贸试验区的 CPTPP 环境规则与对接环保成本的融合,其内生的环境保护制度机制可以明确区分不同情境下环境资源的经营边界,使原本在宏观环境管制与微观经贸主体对接环保成本管理之间的不合作,转化为自贸试验区与经贸主体,或者经贸主体相互之间的合作博弈。假定,自贸试验区的某一经贸主体在 CPTPP 环境规则与对接环保成本之间投入的精力总量固定,但是两者之间的精力分配是可变的,那么,两类投入应受到以下的条件约束:为环境保护制度机制付出的边际所得(x)=经贸主体在环境约束边际上不作为的所得(y)。前一种行为(合作)符合 CPTPP 环境规则与对接环保成本融合的行为履约条件,后一种被认为是违背了"两山"理念下生态文明建设的不合作行为。以往在环境保护规则中要求经贸主体严格遵循环境政策与制度的要求,准确计量经贸主体在生态文明建设中的价值付出情况,并予以准确定价。比如,应用政府的环保补贴或治污奖励等形式;而后者作为一种不合作行为,需要采取严格的环境监管和控制的方法加以解决。但是不合作并不等同于违反环境法规,相反,可能更多地在契约允许的弹性范围之内,其存在的情况更多的是契约不完备形成的产物。政府通过强化宏观层面的环境管制,可能其执行成本大大高于所获得的环境边际收益。此时,对接环保成本也会产生不必要的损失。然而,若大幅提高 x,就会让自贸试验区的经贸主体获得环境效益的期望,并重新调整其在博弈中的位置,增加环境保护过程中的价值或精力付出,减少不合作行为产生的精力支出。这会带来自贸试验区层面的价值(V_p)和经贸主体的价值(V_a)的同时变动。假定,自贸试验区环境规则的价值(V_p)是经贸主体在为 CPTPP 规则(E)和自身利益两类活动之间分配精力的函数,分别是前者的增函数,是后者的减函数。亦即,$V_p = f(E, \Lambda, \varepsilon)$,$\varepsilon$ 表示代理人以外的其他所有因素。倘若(1)$\Delta x - \Delta y > 0$,则 $V_a > 0$;且(2)$\Delta V_p + \Delta y - \Delta x > 0$,那么,这样的改进就构成一个帕累托改进。由此可见,"两山"理念下的生态文明建设需要通过政府或自贸试验区奖励等方式增强环境保护制度机制的边际收益,并使其超过不合作行为所产生的边际代价。此时,通过环境补助或奖励等方式减少其不合作的环境行为是可行的。也就是说,欲实现"绿水青山"向"金山银山"的有序转变,可以适当增加对 CPTPP 环境规则条款理解与应用培训等的投入,使经贸主体感受到积极开展"绿水青山"活动可以带来"金山银山"的价值收益,环境保护制度机制的内在积极性和主动性就会大大增强。

三是营运子机制。环境保护必须从清洁生产、绿色经营及生态共生等环节入手完善自身的运行机制。换言之,将环境保护制度机制嵌入经贸主体的经营模式之中,使环境经营成为可能(Spaargaren et al.,1992)。环境经营的目的之一是减少由于资源损耗和环境污染等造成的资源浪费和破坏,新时代的"两山"理念为广大经贸主体实施环境经营提供了动力。一方面,基于环境保护制度机制的经贸主体能够为新时代的"绿水青山"发挥示范效应;另一方面,以生态补偿机制为代表的环境保护手段,可以提高自贸试验区或企业环境经营的积极性,并在环境成本内部化的基础上提升"金山银山"的收益获得的空间维度和时间维度,为经贸主体获取竞争优势提供资源基础和运作保证。在上述环境保护制度机制的三个子机制中,触发子机制是"绿水青山"的守护机制,博弈子机制是"绿水青山"与"金山银山"实现生态平衡的衔接机制,营运子机制是"两山"理念指导下经贸主体实现可持续发展的保证机制。

第三节 本章小结

我国自 2013 年设立上海自贸试验区以来,已经历过多轮扩容,目前自贸试验区数量已经达到 21 个,分布全国各地。从 21 个自贸试验区观察,在自贸试验区管理办法或制度条例中对有关生态环境保护制度规范的条款,或多或少都有所体现,对现有的各地自贸试验区的文本的统计显示,有 90 多条具体的规定。然而,在各地自贸试验区服务当地经济建设需要而不断地与当地产业集聚区域实施产业联动等的背景下,自贸试验区环境保护的重要性逐渐得到认识和加强。其中,尤其以生态环境部联合商务部、国家发展和改革委员会等 7 部委下发的《关于加强自由贸易试验区生态环境保护推动高质量发展的指导意见》为典型。无疑,这一《指导意见》将给全国各地方的自贸试验区在生态环境保护、绿色环保等方面开始探索实施相关的制度创新提供规范依据或行文标准。当前,全球贸易体系分为三个层次:一是由国际贸易组织(WTO)为代表的全球贸易规则体系;二是以几百个区域贸易协定组成的区域贸易合作体系;三是由几百个双边贸易协定组成的双边贸易体系。面对 WTO 改革进程受阻,以及全球价值链重构的情境特征,研究以 CPTPP 为代表的区域贸易协定及其对我国环境规则形成与发展的影响,是自贸试验区主动对接国际贸易协定的一项重要课题。

CPTPP 协议文本中有关"环境"的章节虽然篇幅不大,但涉及的内容及生态环境保护的范围很广,是一项"高标准、严要求"的贸易与环境相关联的规则。以 CPTPP 作为国际贸易规则中生态环境制度的对标主体,有利于引导自贸试验区实施生态环境保护制度创新的积极性,破解各种困扰自贸试验区生态环境保护的难题,推动区域经济与社会的可持续发展。或者说,认真总结分布在各地方的自贸试验区的环境保护经验,全面推行绿色贸易转型,主动对接国际贸易规则,是我国制度型开放的内在要求,也是中国经济进入"双循环"发展新格局的客观需要。党的十七大把自由贸易区建设上升为国家战略,大幅加快了我国自贸协定、自贸试验区等对外贸易"平台"和"窗口"建设。党的十八大以来,自贸试验区在生态环境领域进一步深化改革、简政放权,生态环境保护力度不断加大。党的十九大的几次会议均高度重视生态环境问题。当前,随着"双碳"目标的提出,即 2030 年前二氧化碳排放达到峰值、2060 年前实现碳中和,建设绿色低碳循环经济体系和清洁低碳安全高效的能源体系离不开自贸试验区的合作与支持。构建基于 CPTPP 环境规则的自贸试验区环境保护标准,并以此作为权衡的对标主体,对于促进自贸试验区生态环境保护、推动贸易高质量发展具有积极的理论价值和重要的实践意义。

第五章
制度型开放与自贸试验区环境保护制度创新

国内外环境的深刻变化,促使单纯的商品和要素流动型开放向规则等的制度型开放转变,它标志着新一轮高水平开放的起步与实践。传统的"边境开放"向"境内开放"拓展、延伸和深化,建立并形成与国际高标准经贸规则相接轨的基本制度框架和行政管理体系,是制度型开放的主要内容。制度型开放促进产业集聚和生态环境保护的制度创新,给自贸试验区的发展提供了重要的政策基础,大量符合生态环境特征的产业加速集聚、迅速成长。制度作为经济社会中客观存在的博弈规则集,几乎涵盖了人类生产与生活的方方面面。通常情况下,制度可以划分为正式制度和非正式制度,正式制度包括政府的行政规则、经济规则和行为契约,非正式制度主要表现为行为准则、习俗和惯例。在市场经济环境下,正式制度发挥的作用越来越明显,而非正式制度只能起到从属和补充的作用。因此,通过制度型开放促进自贸试验区环境保护的正式与非正式制度不断创新驱动,是一项关系到区域经济平衡、健康发展的重要战略。

第一节 制度型开放的新情境:自贸试验区制度创新

在制度型开放背景下,为促进产业、环境和经济三大系统的协调发展,经济后发地区参与国内产业分工,即便那些会造成更大环境负担的重化工产业,借助于自贸试验区的产业联动,在提升产业效率与规模的同时也有助于清洁生产技术的引进和传播,最终会带动整个地区环境的改善与经济的发展。

一、制度型开放对自贸试验区环境保护的要求

自贸试验区在制度型开放政策的推动下,采用"引进来"和"走出去"并重的路径,通过产业联动等方式将各种产业园区的企业或组织融入国内、国际的分工体系之中,同时在严格的环境保护规范下带动区域经济的进一步发展。

1. 以"两山"理念为指导的自贸试验区生态环境保护

制度型开放的范畴体现了开放包容和开放实践的新境界和新高度,也标志着我国对外开放由商品和要素流动型向规则等制度型开放转变。制度型开放中的生态环境保护政策是基于"两山"理念形成的产物,它对自贸试验区健康稳定发展具有重要的指导意义。比如,借助于自贸区的"零关税""负面清单"等机制引导外资企业主动调整产业结构,集中力量解决自贸试验区周围存在的新老产业与新旧设备并存、污染恶化与经济增长疲软等的产业发展困境(Ryan & Deci,2000)。"两山"理念体现的是一种环境保护与产业发展的辩证统一思想,"绿水青山"既是生态环境保护的客观要求,也是"金山银山"的内在动力。环境保护机制是连接生态文明建设与企业价值创造和价值增值的重要纽带,是"绿水青山"与"金山银山"有机融合的共生载体。"两山"理念是生态文明制度建设的理论基础,环境保护机制为"两山"理念的内涵丰富和扩展外延提供着实践素材。

结合"两山"理念,从自贸试验区的实际出发加快生态环境保护的创新驱动,能够为我国供给侧结构性改革与产业集群绿色转型提供有效的制度保障。自贸试验区的制度创新需要与国家的环境政策与制度相互衔接,引导产业组织与产品结构向绿色制造方向转型,并且通过优化相关产业园区的环境管理制度,引导区域经济结构实现合理的配置等。"两山"理念是符合经济可持续发展以及产业集群环境经营的科学理论。"两山"理念有助于自贸试验区构建资源节约型和环境友好型的区域经济社会,使生态文明建设嵌入自贸试验区的相关产业伙伴的环境保护观念之中,促进产业联动区域的企业实施环境经营,并由此带动整个自贸试验区形成良好的生态环境保护形象。

环境资源的保护与利用是生态文明建设的重要内容,是关系国家政治、经济稳定与发展的基础和保障(乔根·兰德斯,2010)。实现"金山银山"就是要注重自贸

试验区贸易与产业的结构调整,通过有效的环境保护机制来推动生态产业或企业产品价值的形成与发展,努力实现区域内组织的价值增值。"绿水青山"能够引领产业或企业转向绿色产业链,并在环境经营模式和产品业态等环节上体现绿色发展等的生态文明建设需求。比如,通过利益诱导促进自贸试验区产业联动的合作企业自觉开展环境经营。基于"两山"理念的生态文明建设能够坚守"不忘初心,牢记使命"的信念,无论从"绿水青山"的美好环境入手,还是从"金山银山"的生态平衡与价值实现着眼,都必须突出环境保护机制的功能与作用,通过进一步完善环境政策与制度体系,实现生态文明的和谐发展。

自贸试验区的现实发展中,追求"绿水青山"的美好生态与现有的资源禀赋、区域经济发展状况等的不平衡是环境保护机制建设需要强化的内在动因之一。实践中,不同地区或产业集群区域体现在生态价值中的"金山银山"效果是有差异的。自贸试验区构建基于"两山"理念的环境保护机制需要正确处理人们对"绿水青山"美好生态与环境治理的利益协调之间的矛盾。当前,我国的环境政策制度主要依靠政府的宏观环境管制,其中行政直接控制型政策配置过多,没有很好地与中观的产业集群环境成本管理相结合,难以充分调动微观经营主体环境经营的积极性(黄蕙萍,2001)。"两山"理念为环境保护机制构建指明了方向,给自贸试验区的环境保护制度创新提供了动力。

2. 促进贸易与产业协同的环境保护机制构建

自贸试验区要引导产业集群健康发展,对处于产业下游区域的企业,应协同当地政府或企业果断淘汰已经落后的产能,积极引进国际先进生产设备和技术,不遗余力地推进供给侧结构性改革,缩短产业换挡期的过渡时间。自贸试验区要在环境保护的大背景下,从商品和要素流动型开放向规则等制度型开放转变,着力打造国际一流营商环境,强化对全球高端和创新性生产要素的吸引和集聚。以浙江自贸试验区为例,围绕前一轮商品和要素流动型开放取得的成就,结合扩容后的自贸试验区新片区的具体特征,积极扩展并创新已有的发展模式,进一步促进高水平制度型开放进入新的阶段。

事实表明,这种改革是有积极意义的。一方面,原有"外资、外贸、外经"为主要内容的开放模式受到国际贸易保护主义的严重干扰,拓展空间极其有限;另一方面,依托"边境开放"的发展模式虽有助于实现一般性生产要素跨国流动,但对高端和创新性生产要素的吸引和集聚力不够。此外,国际经贸规则面临大调整、大重塑,并朝高标准化方向发展,仅仅因循"边境开放"的老路已经不适应经济全球化发展新形势的需要。因此,新时代亟待转向规则等制度型开放,这不仅是浙江适应全球化经济发展的现实选择,也是发展新一轮高水平开放型经济的客观需要。对此,自贸试验区要在贸易与产业协同发展的新格局下,提升环境保护的新使命,主动从以往"边境开放"向"境内开放"拓展、延伸和深化,促进国际贸易规则中诸如环境规则条款的互相接轨,并且,在自贸试验区的基本制度框架和行政管理体系等方面做出探索,为全国探路,从而在吸引和集聚创新要素中推动开放型经济高质量发展。

自贸试验区产业联动是一种常见的经济现象,国外大量的文献也表明,无论从理论还是实践经验的视角,各种园区的发展都离不开产业集聚的效率与效益。自贸试验区要针对产业进行动态的测度,并对其影响机理展开深入的研究。一般而言,影响产业联动的因素包括产业政策、运输成本、贸易开放、要素禀赋、市场潜力、技术外溢、规模效应、关联效应、外部效应与交易成本等。通过自贸试验区的产业联动,在环境保护机制的影响下,大力发展高技术产业,推动数字化技术应用的广泛普及。借助于数字化改革,有助于产业集聚区域突破全球价值链的低端锁定,促进低中端产业绿色转型升级,增强中国经济的创新力和竞争力。高技术产业作为工业新经济的代表,对经济增长和促进就业具有较强的拉动作用(张钟文等,2017)。

从经济增长效应看,2000—2016年中国高技术产业对经济增长直接贡献率达到5.05%。在这种现实背景下,中共十九大明确提出:"促进我国产业迈向全球价值链中高端,培育若干世界级先进制造业集群。"分层次培育和形成一批具有核心竞争力的产业集群和企业群体是当前中国政府面临的重要任务。此外,长三角区域的自贸试验区要加强联动,加快构建诸如产业联动的组织联盟,共同解决"长三角"经济发展存在的问题。在过去很长一个时期,在GDP导向的作用下,"长三角"的江苏等沿江区域充分利用了天然良好的内河航道便利条件,引进了一大批化工企业,经济效益提升显著。然而,也使长江经济带面临严重的"重化工围江"困境。面对粗放式经营给长江流域生态环境造成的严重破坏,我们再一次对自贸试验区的产业联动提出警醒,必须始终将环境保护放在第一位。中央政府于2016年提出把修复长江生态环境摆在压倒性位置,对长江经济带共抓大保护,不搞大开发。自贸试验区要适应这一趋势,积极致力于环境保护与可持续发展,主动坚持"长三角"一体化发展的战略理念。

比较现实的一种选择是,通过数字化改革,高新技术的改造与应用,以自贸易试验区产业联动的方式优化和整合"长三角"的产业结构。在制度型开放的背景下,加快环境保护政策的落实,主动将"长三角"经济带上的重化工产业实施技术上的改造和空间上的挪移,即通过产业的重新布局与发展方式调整,从根本上扭转环境污染、技术落后的地理面貌,形成新的产业区域分工格局。自贸试验区要在环境保护与地方经济发展之间寻求平衡,在产业联动中注重企业的环境监管,兼顾企业生产与环境管理的内在关联,使传统意义上的化工产业区域与环境污染地区,在高科技及数字化的智能制造等情境下实现新的突破,促进区域经济的更新发展。

二、制度型开放背景下的"双循环"及自贸试验区制度创新

制度型开放与"双循环",从本质上讲都是一种开放政策的组合策略,是应对外部环境及国内发展条件变化的一种主动应对措施。或者说,"双循环"是制度型开放的重要体现,是我国政府在国际经济循环明显弱化现实背景下的主动作为。加强自贸试验区的制度创新,尤其是环境保护制度的规范与发展具有重要的政策指导意义。

1. "双循环"推动自贸区环境保护制度创新

应对百年变局和世纪疫情,构建国内与国际相互协作的"双循环"新发展格局,需要加强自贸试验区的高质量发展。传统的"两头在外、大进大出"的双向嵌入的全球化经济发展模式已经失去动力,现在需要更多依靠国内市场拉动经济增长,以"内循环"带动"外循环"。即充分发挥我国超大的市场规模,以及完整工业体系和强大生产体系的优势,以更大的力度挖掘国内市场潜力,通过上海进口博览会等进口的形式来带动中国企业的外向型出口动力。

改革开放 40 多年来,我国通过参与经济全球化分工,在提升本土企业的生产能力、技术能力和管理水平中发挥了积极而重要的作用。同时不可否认的是,我国在参与经济全球化的过程中,存在发展方式粗放、市场结构扭曲、初级要素依赖等诸多现实问题,进而使我国经济表现出内循环不足、出口导向为主的典型特征(奥尔森,1995;Halpem et al.,2015)。因此,借助于"双循环"政策推动,加强自贸试验区环境保护制度创新,是新时期我国经济高质量发展的内在要求。换言之,在"双循环"这一大背景下,自贸试验区正面临一次重大的发展机遇,若能够充分利用自贸试验区先行先试、制度创新的优势条件,并且在不受现有制度规章影响的情况下进行大胆实践,则现行的产业联动方式等将助力国内经济实现向新的全球化价值链中高端进一步攀升。对此,如何在生态环境保护要求的基础上,促进自贸试验区的健康稳定发展,不仅对国内大循环有积极的贡献,且有助于强化自贸试验区联结

第五章
制度型开放与自贸试验区环境保护制度创新

国际自由贸易的规则条款,巩固产业或企业的国际化地位,并促进区域经济的快速发展。长三角区域的自贸试验区要主动借鉴长三角一体化规划中的绿色生态示范区、飞地经济等模式创新。比如,对跨区域产业集群进行跨行政区域的考核等。为了鼓励跨区域合作与协同,改变各产业集群之间独自发展、过度竞争的状况,可以将长三角一体化示范区、飞地经济等已有探索运用到自贸试验区的跨区域产业联动的合作之中,制定跨区域集群的投入产出指标考核、土地资源共享的税收分享制度等,允许地区生产总值、工业总产值、项目投资、税收等经济指标在合作地区之间分解,充分发挥考核的激励导向作用,为长三角一体化的产业合作提供新的路径与机制。

以"双循环"为主要特征的自贸试验区环境保护制度创新,必须坚持以习近平新时代中国特色社会主义思想为指导,落实党中央、国务院决策部署,稳字当头、稳中求进,扎实做好各项工作,促进经济持续健康发展。亦即,在制度型开放背景下,自贸试验区产业联动的相关企业积极利用"双循环"的有利政策条件,比如利用政府宏观层面的降成本政策等[1],提高企业的经济效益。自贸试验区要综合发挥各种形式的经济聚合能率,进一步从制度创新功能入手实现经济效益、环境效益与社会效益的统一。生态环境保护机制构建是自贸试验区"十四五"开局的重要抓手。2021年4月,生态环境部在发布《企业环境信息依法披露管理办法(公开征求意见稿)》和《企业环境信息依法披露格式准则(公开征求意见稿)》的同时,审议并原则通过《关于加强自由贸易试验区生态环境保护推动高质量发展的指导意见》(以下简称《指导意见》)。该《指导意见》是生态环境部会同商务部、国家发展和改革委员会、住房和城乡建设部、中国人民银行、海关总署、国家能源局、国家林业和草原局等7部委共同制定与发布的,它对于自贸试验区开展环境保护制度创新提供了重要的制度基础。

近年来,我国经济发展和疫情防控保持全球领先地位,国家战略科技力量加速壮大,产业链韧性得到提升,改革开放向纵深推进,民生保障有力有效,生态文明建设持续推进。这些成绩的取得离不开自贸试验区的产业联动以及多机构和部门的协同与艰苦奋斗。自贸试验区作为扩大开放的"压力测试区",环境保护制度体系要在"负面清单"管理上着力实现更大突破。比如,在水产品捕捞、出版物印刷等领

---

[1] 从自贸试验区角度讲,产业联动争取国家政策,实现产业整体的规模性减税降费,这既是宏观调控的关键性举措,也是稳定区域经济、优化产业结构的动力所在。"十三五"以来,国家财政已经累计新增减税降费超过8.6万亿元,在压减政府支出的同时为市场主体纾困,在与"放管服"等改革的同步推进下,更大幅度地激发市场主体活力,带动消费和有效投资,促进实现稳增长、保就业、防通胀的功能作用。实践证明,减税降费是受益面最大的惠企政策,对应对困难挑战、保持经济运行在合理区间发挥了关键作用。

域加大了开放压力的测试力度。2020年12月新的负面清单管理制度对外商投资的准入提供了更加便利的保障,体现了投资的公平、公开与透明的基本原则。同样,通过自贸试验区探索建立跨境服务贸易负面清单管理制度,有助于在推动规则、规制、管理、标准等制度型开放方面进一步扩大创新与探索的主动性与积极性,形成更多可复制可推广的经验,从而为实现全国范围内的更高水平的对外开放积累经验。

2. 优化自贸试验区环境保护机制情境下的营商环境

习近平总书记高度关注营商环境优化,在多个场所多次提出要降低市场运行成本,营造稳定公平透明、可预期的营商环境,加快建设开放型经济新体制。2020年9月,李克强总理在全国深化"放管服"改革优化营商环境电视电话会议上的讲话中指出:深化"放管服"改革、优化营商环境,是激发市场主体活力和发展内生动力的关键之举。当前我国发展面临的国内外环境复杂严峻,加快推进相关领域改革尤为重要和紧迫。要增强发展动力,主动应对困难挑战,围绕优化营商环境、增强发展活力,通过调动好各方面积极性,形成推动改革的工作合力。以优化自贸试验区环境保护机制为动力,奋发有为,真抓实干,营造良好的营商环境,推动区域经济持续健康发展。世界银行日前发布的《2019营商环境报告》显示,中国营商环境较上年大幅提升32位,位列全球第46名,这是世界银行营商环境报告发布以来中国的最好名次,但与一些发达国家相比仍有差距。

自贸试验区建设的核心任务是进一步加大简政放权,降低制度性交易成本,营造一个法制化、国际化、便利化的营商环境。按照国务院深化"放管服"改革要求,2021年12月1日开始全国自贸试验区开展"证照分离"改革全覆盖试点。与此同时,山东、江苏、云南、黑龙江都提出了"信用监管"新模式,推进企业信用管理。自贸试验区要加强与当地政府的合作,主动借鉴世界各国先进的管理经验。比如,可以借鉴新加坡政府在鼓励推动企业信用评级和营造信用环境方面的丰富制度经验,通过社会诚信体系建设来加强社会信用管理,弥补政府事前监管的不足。

现阶段,受国际国内多重因素影响,我国经济发展面临需求收缩、供给冲击、预期转弱三重压力。从需求看,居民消费受局部散发疫情持续扰动,投资稳定增长面临一些要素制约。从供给看,国内产业链供应链仍有一些堵点卡点,企业综合成本上涨压力依然存在,下游中小企业生产经营面临困难。从预期看,全球疫情走势存在很大变数,经济运行存在不确定性,市场预期和企业信心出现一定波动。自贸试验区要助力地方政府,加强跨周期调节,继续做好"六稳""六保"工作。针对自贸易试验区产业联动等的市场主体需求,抓紧实施新的更大力度改革开放,综合应用政府提供的组合式减税降费政策,稳定区域经济的发展格局。同时,主动支持产业联动企业的科技创新和更新改造,研究"双循环"下走出去的路径和措施,防范跨国经营活动中存在的可能风险。亦即,"双循环"经济发展模式需要借助于组织创新与技术创新,以实现经济高质量发展。自贸试验区的产业联动必须结合新时代的信息技术特征,积极嵌入大数据、人工智能、物联网、5G移动、区块链等数字技术,提高联动区域企业实际应用成本水平减负效果(Ferraris et al.,2019)。

自贸试验区要在技术创新和产业升级上下功夫,努力延长产业链、优化供应链,主动攀升全球价值链的中高端。要引导金融机构、部分自然垄断行业向市场主体合理让利,实现区域内的"放水养鱼""水多鱼多"的新局面。研究"双循环"下的自贸试验区环境保护的路径与机制,不仅有助于组织间环境管理理论的完善与发展,而且能够丰富区域经济理论、资源配置理论和交易成本理论、博弈理论等的实践内涵,为中国特色的环境管理理论与方法体系建设提供新的动能。从实践层面看,产业联动是"双循环"实现高效率与高效益的保证。优化自贸试验区的营商环境,通过建立和健全环境保护规则,实现产业结构的优化升级,是供给侧结构性改革的内在要求。围绕全球供应链的新形势,借助于自贸试验区的成本效应谋求制度型开放条件的产业联动有效路径,是"双循环"格局下产业集群环境保护机制的客观追求。保持我国经济的快速增长,减少全球产业链回缩带来的利益冲击,离不开自贸试验区营商环境的优化与管理。

三、高标准经贸规则带来的自贸试验区环境保护要求

竞争性的市场机制、清晰的产权与契约精神等为自贸试验区发展带来了竞争压力和相对公平的制度环境,形成了良好的信用基础和社会秩序,促成环境保护路径与机制的权变应用与推广(卫兴华,2015),从而降低不确定性风险,减少交易成本中的搜寻成本、谈判成本、执行成本和监督成本,进而提升自贸试验区贸易与产业的竞争优势,带动各类要素、资本的流动及重组,并且,对高技术产业集聚也起到基础性、稳定性的作用。

1. 基于经贸规则视角的环境保护制度创新

从经贸规则的演进看,传统的经济全球化,特别是在推进世界经济一体化进程中,国际经贸规则在中国经济发展中一直是持开放状态的。中国强调生态文明建

设,自贸试验区注重生态环境的保护,都是对国际经贸规则的一种支持和鼓励。中国的经济是世界经济体内在的一部分,中国需要世界,世界需要中国。以往,在商品和要素流动型开放的发展阶段,结合经贸规则的改革尽管一直在延续,但是各种内部改革等往往将"边境开放"作为主导,或者说主要是以此为内容实施商品和要素的开放措施。

目前,我国主动转向以规则等为主体的制度型开放,其本质是从以往"边境开放"向"境内开放"的拓展、延伸和深化,会触及区域经济的布局,尤其是关乎环境保护的领域。自贸试验区借鉴国际经贸规则主动深入这些改革的"深水区",可以起到"试验"和"探路"的功能作用。实际上,全国范围内设立的21自贸试验区(港),本质上担负的正是制度型改革开放"试验"和"探路"的使命,进而形成可复制、可推广的制度优化设计和政策安排的经验。从信号传递理论来看,高标准经贸规则可为投资者提供稳定的投资和创业环境;反之,低水平的制度环境则会增加市场的不确定性和风险,难以为潜在投资者和创业者提供稳定的商业环境,同时低水平制度环境还限制了创业资金的可获得性和技术创新(田毕飞、陈紫若,2017)。

从环境保护角度看,首先,必须积极对标国际经贸规则中的环境保护条款。即按照国际通行做法或国际先进规则理念,进一步强化自贸试验区的制度型开放力度,为我国参与甚至引领国际经贸新规则打好基础。其次,主动参与并适度制定国际经贸新规则。在认同国际经贸规则的同时,也要主动参与规则标准的制定,甚至主导国际经贸新规则的制定。尤其是,在总结和提炼"人类命运共同体"及"两山"理念指导下的我国自贸试验区经贸实践的基础上,按国际经贸规则的规格范式或要求,进行中国特色的规则创新,并主动将这些规则条款等贡献于全球经贸规则的重塑活动之中,促进生态环境保护达成全球共同的认知,完善全球环境治理的体制与机制。最后,积极推广国际前沿的环境管理政策和制度等。当前,全球开放政策和制度正在呈现出一种主体性的政策趋势。目前,在欧盟现有的自贸园区,尽管依然存在保税、延迟付税等的政策和制度,但该类政策和制度并不是赋予特定区域或特定行业的企业,而是给予具有一定资质的企业主体。即达到了相应资质,就可以申请开展有关业务(Bebbington & Larrinaga,2014)。这对我国改革自贸试验区、特区、开发区等园区经济有积极意义。建议针对特定区域、特定产业(如战略性新兴产业、中国制造2025)的政策和制度应逐步向主体性政策和制度转变。可以考虑,选取部分区域试行主体性政策,将海关特殊监管区的保税政策和制度向区外延伸,将战略新兴产业、中国制造2025的重点产业政策向符合条件的企业主体(如创新型中小企业、科技型企业)进行转变。

2. 稳定外资不外流需要环境保护制度创新

"双循环"与推动由商品和要素流动型开放向规则等制度型开放转变,并非意味着商品和要素流动型开放不再重要,只是旨在强调开放模式和方略的转变和调整。毕竟,稳定外资离不开商品和要素市场的发育及良好的制度保证。或者说,商品和要素流动仍然是经济全球化的主要内容和基础所在。更确切地说,稳定外资不外流需要环境保护在内的制度创新,它们是推动商品和要素流动型开放转型升级的前提或保障。亦即国内国际相互协作的"双循环"要求自贸试验区加大外资的吸引力度,并且,从以往吸引和集聚一般性生产要素,朝着吸引和集聚高端和创新性生产要素的方向转型升级。

现阶段,各种区域贸易协定的达成与实施,各缔约的成员国之间在关税及原产地规则等方面得到了相应的实惠。即便是标准最高、要求最严的CPTPP也对各成员国的关税等消除制定了不同的时间表。亦即短时间内国际经贸活动仍然会受到关税和非关税壁垒的约束。因此,借助于自贸试验区的制度创新优势,进一步扩大边境开放等条件仍然具有较大的发展空间。目前的一个动向是,欧盟开始改革自贸园区,即前述的对保税、延迟付税等政策和制度进行新的规范,自贸试验区可以对这种改革的成效进行观察,对合理的成分加以借鉴。强调"继续推动商品和要素流动型开放"不是要否定制度型开放,而是要维护贸易和投资的自由化,坚定地拥护WTO下的多边贸易体系和规则。在自贸试验区产业联动的新制造环境下,更加注重规则等制度型开放。在贸易高质量发展新形势下,强化生态环境保护是服务于高水平开放的客观现实需要。

"双循环"战略是"六稳""六保"的客观需要,是积极应对全球经济不确定性与不稳定性的重要举措(李旭红,2020)。从国际形势看,以美国为首的发达国家有可能联合盟友重组全球供应链。从国内情况看,一些行业或企业因订单取消等而面临复工复产的困境,若出现企业倒闭现象则进一步波及员工下岗。在这种情境下,我国政府提出"双循环"的经济发展思路体现了制度型开放的本质特征。以国内大循环为主体、国内国际双循环相互促进的新发展格局,包括"内循环"与"外循环"两个环节。其中的"内循环"以扩大国内需求为战略基点,目的是解决当前我国经济运行中存在的一系列矛盾。即,以内循环来稳定中国经济的整体循环。不可否认,这种面向国内市场的循环战略可能会导致国内市场的份额压缩,使经济增速出现暂时的下滑。然而,其在稳定内资不外流方面有着积极功效。或者说,即便因此而价值增值空间收窄,这种应对外部环境复杂性的内循环,也具有稳外资的目的。强调以"内循环"为主体,突出的是制度执行的效率,即在一定程度上促进自贸试验区的产业联动,使联动区域的环境保护路径与机制在"双循环"中发挥出更积极的作用。

第二节 制度型开放与自贸试验区的环境管理模式应用

制度型开放对自贸试验区环境保护制度创新提供了强有力的支撑,面对高标准的自由贸易规则中环境保护规则条款的应用要求,自贸试验区必须要立足国情,积极跟进、对话交流和适时参与。

一、制度型开放背景下的自贸试验区环境保护实践

自贸试验区作为中国制度创新的高地,环境管理模式创新必然会对国际化的高标准贸易规则加以借鉴或利用。作为环境保护条款的"试验田",自贸试验区既要处理好制度创新过程中存在的各种错综复杂关系,也要在具体的制度建设上先行先试,尤其要在环境管理、环境标准与绿色产品认证、环境治理市场化、环境保护公众监督等方面加快制度创新的步伐。

1. 基于营运效率视角实施环境保护制度创新

在全球要素分工的情形下,制度型开放的水平和层次,不仅取决于自身拥有的营商环境等的质量和具体要素的层次,还取决于能够吸引和集聚到何种程度的高标准的全球要素。因此,自贸试验区必须趁全球新一轮高水平开放的时机,利用自身的制度创新的优势,加强对全球高端和创新性生产要素的吸引和集聚。不同于一般的生产性要素,高端和创新型生产要素对制度环境所决定的交易成本等更为敏感,这对自贸试验区而言是一次提高产业联动,促进区域经营效率提升的好机会。为此,要围绕高端和创新要素制定吸引、集聚、整合和利用的策略和工具方法,传统的"边境开放"降低流动壁垒,或者借助于国内的低成本优势要素、优惠的政策,通过形成"成本洼地"来吸引外资等手段,已经无法适应新形势下的国际经贸环

境。面对商品和要素"低成本"效应不断减弱的现实情境,依托规则等制度型开放,是我国经济战略选择"双循环"格局的根本原因之一。

自贸试验区通过产业联动,积极推动产品创新,灵活有效地进行产品组合,发挥外汇担保、国际结算、国际贸易融资、避险增值服务等不同业务功能,提供项目全周期综合金融服务支持等,已经成为一种"常态"。因此,积极探索以境外股权、资产等为抵(质)押提供项目融资,提高自贸试验区产业联动区域企业的融资能力,提升金融服务水平,形成政策性和商业性金融的有机结合,是不断拓宽既有自贸试验区金融改革创新政策的重要选择。比如,可以争取在"长三角"的更多区域试点跨境人民币业务,将自由贸易账户功能拓展作为金融开放的突破口,争取将自由贸易账户等同于境外账户管理,在风险可控前提下提高使用自由度。适当放宽对企业、非银行金融机构通过自由贸易账户的境外借款、境外发债的管制,对通过自由贸易账户向境外贷款采取与国际市场贷款一致的管理要求,降低企业融资成本。或者,支持境外投资者通过自由贸易账户从事期货、债券等要素市场的交易活动。同时,拓展自由贸易账户适用主体和范围,争取国家允许在上海、浙江等沿海自贸试验区注册、有跨境投融资和贸易结算需求的企业开设自由贸易账户,形成网络化规模效应。此外,应当结合自贸试验区建设,大力构建金融科技生态圈,前瞻谋划产业发展,推动大数据、云计算、人工智能、区块链等技术在支付清算、借贷融资、财富管理、零售银行、保险、交易结算等金融领域的运用。

结合自贸试验区的环境管理实践考察,环境保护制度创新对于提高产业联动区域的企业经营效率,降低贸易成本等具有积极的现实意义。当今世界产业链格局的重塑已经离不开中国的情境因素,目前,中国已经成为世界工厂、中国取代日本成为亚太区域供应链和需求链中心等已是不争的事实。要发挥市场经济规律的作用,逐步形成完善的产业链新格局。2021年12月中央经济工作会议提出需求收缩、供给冲击和预期转弱的现实情况。在供应链环节,由于欧美供需缺口,我国出口大幅度上升很好地支撑了疫后复苏,但是新动能还不充分。比如,国内产业链供应链仍有一些堵点、卡点,企业综合成本上涨压力依然存在,下游中小企业生产经营面临困难。借助于自贸试验区的创新功能,积极培育完整内需体系,提高供需体系的韧性,需要进一步借助于市场化改革来创造公平竞争的环境。

从营运效率视角实施环境保护制度创新,是生产要素在市场规律的支配下不断优化配置的结果。未来的产业链供应链演进尽管还是会受到地缘经济与地缘政治等的影响,但是遵循客观经济规律的基本逻辑恐怕不会改变(Theodore & Moran,2011)。毕竟在中国之外要迅速形成有效率的新产业链集群不是轻而易举的事情,资本投入、产业配套、工人素质、基础设施、企业和政府的管理能力等要素无法在短时期内供给到位(Holmlund&Tomroos,1997)。自贸试验区要抓紧这一有利时机,加快打造更具国际市场影响力和竞争力的特殊经济功能区。并且,依托自贸试验区新设片区,加快探索"境内关外"制度体系,最低限度减少对企业经营活动的干预管理,为国内外企业提供"贸易、物流、通关"等全方位、便利化服务。例如,允许新片区内生产经营企业在进行检验检疫申报与作业时,自主从事货物进出境或中转,自主开展仓储、维修、展览展示等生产性服务业务。参照国际先进自贸试验区做法,探索符合税制改革方向的国际惯例。如大幅降低高新技术企业所得税基准税率、在区内实行属地征税、建立税收预先裁定制度等。自贸试验区持续的制度创新,不断探索出的新商业模式和产业联动的经贸业态,使区域经济发展保持在所在地区的领先或领跑地位,新模式也通过制度创新逐步复制推广到全国。

自贸试验区的产业联动要始终将优化产业布局放在重要地位,实现绿色与集聚相互促进发展。要以生态环境保护或环境规则来优化产业布局,把联动区域建设与绿色发展结合起来统筹规划,形成整个区域的绿色生态系统。引导区域内企业通过外包的形式剥离污染严重生产环节,并争取为污染企业转移提供专门园区,实现污染集中治理。要构建以自贸试验区为核心的生态环境保护聚焦区、人才与资金和技术集聚区,建设一批公共基础设施网络系统,推进循环经济项目,降低区域内的污染处理成本。同时,要对区域内的生态环境承载力进行测试,以资源、要素禀赋嵌入生态环境的基础设施等指标评价体系之中,合理设置负面清单,适度强化环境监管的正面清单,做到从"源头"把好环境关。积极培育先进装备制造业、新能源、新材料和节能环保等战略性新兴产业,并通过发展绿色金融、绿色科技服务等现代服务业,实现传统制造业与现代服务业的协同集聚,促进现有产业绿色转型升级。要针对产业联动区域的支柱产业,实施关键补链项目,开展产业链招商,因地制宜地构建合理的产品链和废物链,推进产业链接的循环化。努力培育一批拥有自主品牌、掌握核心技术、市场占有率高、引领作用强的龙头企业,发挥龙头企业的辐射效应,提高企业绿色技术水平和进行绿色技术改造。

2.自贸试验区结合制度型开放采取的环境管理对策

自贸试验区环境保护制度创新应处理好经济发展和环境保护、政府和市场在环境治理中定位,以及维护国内法治统一与法律制度创新等的关系问题。自贸试验区的设置是应对国际经贸环境复杂性,通过特殊区域的制度安排在"零关税"等方面提供进一步扩大开放的投资新领域。借助于负面清单以公开、公平与透明度高的方式吸引外资,进一步促进区域经济的发展。由于自贸试验区有关产业的联合运作等制度创新,使经济发展和环境保护之间产生新的问题。重视自贸试验区的环境保护,是生态文明建设的需要,也是我国生态文明体制机制先行先试的"试验田"。因此,在自贸试验区的环境管理过程中,应当改变"先污染后治理"或者"边污染边治理"的陈旧观念,把环境治理预防为主的理念落实到产业联动区域的生产经营组织之中,强化"环境保护优先"的基本原则。同时,自贸试验区要加快转变政府职能,健全环境污染防治体系,开展国土空间开发管制等的制度创新,建立更为科学的环境管理制度。

要发挥好市场机制对污染治理和环境保护的功效,鼓励社会资本参与污染治理和环境影响评价建设,从制度上保障参与环境治理各方主体的正当权益。尽管自贸试验区有自行选择法规制度的权利,但是维护国家整体利益,遵守宪法和法律是必须始终保持的政治底线,不能片面理解自贸试验区法规制度的特殊性,自贸试验区不具有独立的法治意义。因此,如果自贸试验区环境保护的制度创新,有可能会突破现有的法律规则,则需要国家法律的明确授权,否则,这种创新就是违法的创新。与此同时,自贸试验区要主动对接CPTPP等的环境规则,在合情合理的情形下大胆创新,先行先试。环境保护的"高标准"是CPTPP环境规则条款的最大亮点,也是自贸试验区对接CPTPP条款的一大难点。我国并不缺乏环境保护标准,但环境标准的科学性与合理性却长期受到质疑。对接CPTPP的环境规则条款,就要提高涉及产品的生产、加工、销售等全过程的环境标准。

传统以来,我国经济发展走的是"先污染,再治理"的发展模式,并由此付出了惨痛的环境代价。重污染天气频发,含有蓝藻、绿藻等的黑臭水体严重影响水质,危险品爆炸等环境突发事件屡见不鲜,环境污染成为了民生之患。自贸试验区坚守生态环境保护的底线,有责任通过创新环境管理制度,为区域经济发展提供一个"绿水青山"的营商环境。自贸试验区作为转变政府职能的"试验田",应主动向高标准、严要求的国际环境规则靠拢,在环境管理制度创新方面先行先试。CPTPP中的环境规则势必对自贸试验区的环境法规、管理体制各方面带来影响,需要主动做出相适应的调整。我国已在2021年9月正式提出加入CPTPP的申请,自贸试验区率先向CPTPP的规则体系靠拢,能够为即将到来的谈判提供示范样本和实践经验。同时,自贸试验区的环境管理制度创新要主动按照生态文明体制机制改革的总体要求,在环境监管、环境执法、问责机制等方面加快制度创新步伐,更好地促进生态文明建设的发展。自贸试验区在进行环境保护管理实践的过程中,可以积极开展一些自下而上的改革试点,大胆推进环境监管的方式创新。比如,成立区域环境管理委员会,对产业联动区域派出环境保护机构试点等,通过职能放权,促进产业联动区域企业环境经营的积极性与主动性。

自贸试验区要配合生态环境部门优化环境执法机制,重点解决与环境管理相关的行政权力运行问题。首先要明确职责范围,通过公布权力清单和责任清单的方式,明确环境行政权力的边界;其次要明确环境执法的方式,严格环境执法的流程,提高环境执法的效率,并确保环境行政执法的程序正当性;最后要完善行政执法监督机制,健全环境保护不力的问责机制,明确环境执法人员违规、违法的法律责任。面对突发性的环境污染事件,自贸试验区要有一套有效的应对机制①,在应对突发环境事件方面进行大胆创新,比如,福建自贸试验区在应对环境污染两岸合作机制上进行大胆探索,建立环境信息互相通报新机制,制定环境治理共同行动新方案,等等。此外,自贸试验区要强化沿线国家蓝色经济通道建设的合作,有针对性地选择共建的内容和模式。比如,在非洲、南亚国家的合作重点以骨干港口、码头及信息网络的基础设施建设和运营管理等为主(Chiwamit et al.,2017),欧洲国家的合作重点放在运营管理经验的学习与交流、基础设施更新、提高运输效率以及在第三方国家共同开发等方面,中东国家的合作重点为港口码头的基础设施建设,东南亚国家的合作应以服务双边经贸来往为目的,以现有的区域性港口合作机制框架为基础,将重点落在缺失港口的基础设施和运输网络建设、对现有港口航线的优化安排,以及加强物流、信息和技术标准的对接等方面。

二、产业开放政策下的自贸试验区环境管理模式

面对全球经济衰退、制造业主体资金紧张、产业投资意愿下降的新情境,我国政府通过成功应对新冠肺炎,保持了经济整体向好的局面,显示出中国制造业产业链集群优势的无可替代特征,数字技术的广泛应用则进一步增强了我国产业的开放力度。

1. 产业开放政策促进自贸试验区的环境管理模式创新

以贸易自由化为特征的自贸试验区是建立在强大的产业能力基础之上的制度创新,我国是联合国产业目录中拥有度最高的国家,国内的产业优势为自贸试验区

---

① 发生环境污染事件之后,如果采取的应对措施不得当,反而会进一步加剧环境破坏。以重大突发性水污染事件的应对机制为例,从信息报告到及时告知相邻地区再到应急响应,都需要有一个健全的应急处置机制。

第五章

制度型开放与自贸试验区环境保护制度创新

的健康发展提供了扎实的基础。目前,在全球制造业体系中,我国的多数产业生产规模超过全球的30%,有220种以上产品产量世界第一。各个细分行业的产业链已经形成,抗风险的韧性很强。同时,空间布局也较为合理。多数产业链已经形成产业集群形态。集聚效应和规模效益突出,对市场和客户的快速响应是其他经济体无法比拟的(Jones et al.,2002)。实行国内国际相互协作的"双循环",挖掘14亿人口的巨大市场潜力,是中国经济的发展底气。自贸试验区在充分应用国内大市场,促进"内循环"的过程中带动"外循环"方面具有无可比拟的优势,并对壮大产业规模具有重要的促进作用。技术先进性和规模经济性有不可分割的联系,二者形成良性循环。自贸试验区要围绕产业开放政策,加快推进区域产业或企业的数字化改革,主动布局区域内的数字基础设施,提高产业联动区域经济的整体运行效率(Fitzgerald et al.,2014)。

产业数字化与数字化产业的有效组合,不仅使中国在电子商务、移动支付等新商业模式上领先全球,更使中国在5G时代的产业竞争中立于有利地位。要积极探索数字资产等价值确认的方式与方法,提高企业的融资能力,提升金融服务水平,形成政策性和商业性金融有机结合。要发挥行业协会在环境保护方面的功能作用,发挥这类组织在信息服务、标准制定,共享资源要素等方面的有利条件,降低产业联动区域内企业的污染处理成本,推进企业绿色技术升级。自贸试验区应主动协助行业协会持续跟踪、采集、整理和分析本行业绿色技术方面的国内外最新信息,并及时分享给本行业企业和相关政府部门。应重点挖掘企业绿色产品设计、绿色技术改造、企业协同创新方面的共性问题,为自贸试验区制定绿色发展产业政策和措施提供现实依据。借助于行业协会的力量,组织企业学习CPTPP环境规则的高标准,切实提升企业管理人员和技术人员的绿色管理意识和技术技能,共同组建企业、科研院所和其他社会机构为主体的环境保护合作平台,实现绿色知识技术共享和关键技术、共性技术的协同创新,提升产业联动区域的绿色竞争力。

要扩大自贸试验区的开放范围,加快知识密集型服务业的投资落户,推进银行、商务、电信、医疗、科技服务、教育等服务领域的开放力度,包括允许符合条件的外籍人员在试点地区执业提供工程咨询服务,对外资工程设计(不包括工程勘察)企业取消首次申请资质时对工程设计业绩要求,以及允许外国服务提供者在中国境内从事自费出国留学中介服务活动。同时,进一步推动跨境交付便利化,赋予上海自贸试验区探索建立跨境人员流动、跨境数字产品贸易监管模式的自主权,在自然人流动限制、跨境数据服务范围开放和交易规则制定等方面先行先试。亦即,主动对接CPTPP的规则要求,进一步按制度型开放的要求实施改革开放。从环境规则视角考察,建立健全相关的环境管理市场化机制,自贸试验区可以在引入社会资本投资环保市场、完善排污权交易制度、完善环境责任保险制度等方面加大改革创新的步伐。环境治理不能单纯依赖财政拨款,应当积极培育环境治理和生态保护的市场主体,鼓励政府和社会资本合作开展环境治理和生态保护事务,吸引社会资本参与环境保护设施的建设和运营。进一步完善排污权交易制度,按照CPTPP环境规则条款要求,在企业排污权总量控制的基础上,完善排污权审核,增加污染物的种类,以此刺激企业降低排污量,优化环境资源配置。在重点流域和大气污染重点区域,合理推进跨行政区排污权交易,加强排污权交易平台建设,制定排污权核定、使用费收取使用和交易价格等相关规定。2018年1月实施的《环境保护法》鼓励企业投保环境污染责任险,这是利用市场化机制化解企业环境污染责任风险的一种手段。自贸试验区可试点在环境损害赔偿高风险的产业领域,推行环境污染强制责任保险制度,引导企业逐步树立环境污染损害赔偿风险分摊意识。

2. 产业体系创新下的环境保护机制构建

适应产业创新的发展形势,加快实施自由贸易区战略,已然成为我国全面深化改革、积极运筹对外关系、构建开放型经济新体制的必然选择。新一轮国内自贸试验区在产业联动方面已经有不少突出亮点,比如山东自贸试验区提出要"高标准建设中韩(烟台)产业园,创新'两国双园'合作模式"。广西构建面向东盟的国际陆海贸易新通道,打造对东盟合作先行先试示范区。云南提出要加快建设我国面向东盟的辐射中心,探索推进边境地区人员往来便利化。产业创新体系下的自贸试验区建设要探索实现更高水平的贸易投资便利化水平,包括投资便利、贸易便利、资金便利、运输便利、人员从业便利、国际互联网数据跨境安全有序流动,为我国推进同更多国家商签高标准自贸协定和区域贸易协定先行探路。

相对于制造业开放,服务业开放要成为新优势。借力自贸试验区建设,扩大推进服务业特别是金融业、教育医疗文化等领域的开放,突出招引总部经济,隆起总部经济群。要因地制宜发展计算机和信息服务、咨询、研发设计、文化创意等数字贸易,培育技术先进性服务企业,打造国际著名的服务外包基地。推动共建"一带一路"向高质量发展转变,规划一批标志性重点项目,加快基础设施互联互通建设,打造"一带一路"投融资中心,提升经贸投资综合服务枢纽功能,在服务国家战略中做出更大贡献。长三角的自贸试验区提出,要依托高水平开放优势和高端产业优势,强化金融辐射服务功能,推动长三角口岸互联互通,打造长三角企业"走出去"综合服务枢纽,在更大空间内放大先行先试效应。要对标国际贸易新标准,进一步加大竞争中性、知识产权、非关税壁垒等核心议题试验力度,在竞争中立与国有企业改革、知识产权保护、环境保护等领域大胆先行先试,力争推出一批在国内外具有广泛影响力的标杆性开放举措。以环境保护为例,自贸试验区要用好制度创新的法律精神,探索制定更为严格的环境质量标准和污染物排放标准,逐步与CPTPP的环境规则相衔接。在环境规则上,既要关注具体条款的制定,也要关注环境标准在产业体系中的落地,并逐步完善绿色产品认证机制。

自贸试验区可以结合外资企业相对较为集中的特点,加快探索制定空白领域的环境标准,及时修改或废除不适宜的环境标准,并建立起相应的动态调整机制。自贸试验区可以试行"过时"环境标准的淘汰新机制,在环境标准制度中引入"日落条款",对"超期服役"的环境标准设立淘汰制度,并明确"日落条款"期限和期限届满的时效,构建环境标准常规审查修订机制。利用环境保护机制促进产业体系的转型升级,走绿色化生产之路。可将"绿色低碳循环"作为一个标准衡量,通过完善企业减排"领跑者"机制,鼓励企业淘汰落后工艺与设备,促进企业清洁生产,把环境标准落到实处。比如,对电子产业带来的垃圾问题,应当加强电子产品在设计、生产、流通、回收处置环节中的标准化操作和管理,以强化环境标准的有效实施。当前,我国的产品认证种类繁多,有节水、节能、环保、低碳、有机等诸多产品认证,"绿色"概念宽泛、标准繁杂、认证类别繁多等问题较为突出。自贸试验区可以借鉴国际的先进经验,在绿色产品的认证上吸收国际的先进经验,将各种认证统一整合为绿色产品认证,从而提高绿色产品认证的科学性和权威性。

自贸试验区要充分完善区域产业创新体系的构建,积极发挥创新驱动发展的正面效应。无论是我国产业迈向全球价值链中高端,还是培育世界级先进制造业集群,区域产业创新体系都是一个必须跨越的门槛。区域产业创新体系的构建与完善既能直接支撑我国产业创新活动,实现其迈向全球价值链中高端的目标,又是世界级先进制造业集群的必然内涵之一。自贸试验区的产业联动区域是以特定地区为范围,以产业创新为目标,由当地的企业、政府、大学、科研院所和各类创新中介服务机构共同组成,彼此之间存在长期正式或非正式关系的生态系统。企业是产业创新活动的核心主体,遵循市场化导向,以开放的方式引导全社会创新资源的投入,负责组织或实施具体的产业创新活动,获取产业创新活动的超额利润,并承担这一过程中的风险。地方政府是产业创新活动的规划引导者和规则维护者,贯彻实施"中国制造2025"等国家产业发展的重大规划,结合当地产业基础,为产业创新活动提供优越的外部环境。邻近地方政府之间还需要协调跨行政边界的产业创新活动,实现创新资源在区域内的有效流动与合作。

大学和科研院所是产业创新活动中的重要参与者,其应用型的研发成果可以通过企业转化为商业用途,但其中的研究型大学可能更多承担的是基础科学领域的探索。各种创新中介服务机构也是区域产业创新体系不可或缺的部分,包括专利服务和咨询机构、技术交易市场、工程技术中心、创业就业服务机构等。他们采取市场化的运作方式,扮演着引导创新成果从实验室走向市场的"润滑剂"角色。显然,产业基础好的地区必须逐步构建并充分完善区域产业创新体系,我国才可能在这些地区真正实现创新驱动发展,不仅使得这些地区产业率先迈向全球价值链中高端,而且使得这些地区有可能培育出世界级先进制造业集群。从产业迈向全球价值链中高端的角度分析,我国区域产业创新体系应当主要由"链主式"企业主导,服务于"链主式"企业率先向全球价值链中高端攀升。这对于构建我国本土企业主导的生产者驱动型全球价值链具有直接的促进作用,因为这类全球价值链的主导者必然是技术的领先者。同时,产业创新的意义不仅在于掌握最前沿的领先技术,还在于以新产品、新模式服务于新品牌的培育。这就非常有助于构建我国本土企业主导的大买家驱动型全球价值链。

第三节 本章小结

制度型开放使产业、环境和经济面临新情境,自贸试验区的产业制度创新在提升产业效率与规模的同时也使整个区域生态环境得以改善与良性循环。"绿水青山就是金山银山"推动自贸试验区的产业联动,促进区域内企业在"双循环"新格局下实现"引进来"与"走出去"的有机统一,并且在环境保护的理念下促进区域经济的协调发展。自贸试验区的生态环境保护是实现区域经济可持续发展的重要战略。随着中国经济体量增大,我们对能源资源供给的需求更大,尤其在新发展格局下,需要有更加稳定的产业链、供应链,需要吸收全球的"养料",更需要我们的企业"走出去",实际上就是将内循环与外循环由过去商品流通的大进大出,升级到资本要素跨境的便利流动。构建贸易、产业与科技协同的环境保护机制,需要加强与科研院所和其他服务机构的交流与合作,加强国际贸易规则中环境规则的沟通,促进产业联动区域企业的绿色发展。自贸试验区应通过经贸活动行为的控制和联动网络的影响力,制定绿色生产标准,实施绿色采购,参与下游企业绿色产品和绿色生产工艺设计等活动,约束其他企业的绿色行为。

  增强自主创新能力,加快科技自立自强,是畅通国内大循环、在国际大循环中赢得主动的关键变量。制度型开放背景下的"双循环"是一种开放政策的组合策略,对自贸试验区的环境保护制度创新具有重要的政策指导意义。"双循环"推动着环境保护制度创新,自贸试验区协助生态环境管理部门,通过完善环境保护责任清单等方式对环境信息公开、监督处置信息反馈机制等做出明确的规定,以保障公众的环境监督权利。自贸试验区要以高标准、严要求的环境规则条款作为制度创新的依据,积极打造良好的营商环境,进而提升自贸试验区贸易与产业的竞争优势,带动各类要素、资本的流动及重组。各级政府部门要在数字化改革的大背景下进一步促进产业政策开放,并为自贸试验区环境保护的制度创新提供强有力的政策支撑。要总结制度型开放下自贸试验区的成功经验,通过进一步深化与复制推广,建设国际化法治化投资营商环境。党的十九大报告提出:"赋予自贸试验区更大改革自主权,探索建设自由贸易港",要积极对接国际先进理念和通行规则,加快复制推广自贸试验区经验,进一步简政放权,加快外资领域"放管服"改革进度,积极探索建立与国际高标准投资和贸易规则体系相适应的管理体系,推广应用自贸试验区的环境管理模式,加快形成有利于培育地方特色的吸引外资的比较优势和竞争优势,打造开放层次更高、营商环境更优、辐射作用更强的开放"新高地"。

第六章
自贸试验区环境保护的路径选择

生态环境保护已经成为全球性的共识。在中国签署的 FTA 中,很多协定涉及生态环境问题,且合作程度逐渐提高。国际贸易规则明确规定,各缔约国或成员组织不得为促进贸易和投资而弱化或减少环境法律保护,同时也要避免将环境保护作为隐性的贸易保护措施。在经济建设进程中,我国确立了保护环境的基本国策,制定并实施可持续的发展战略。自贸试验区环境保护的目标是建设生态环境保护的现代化示范区,基于自贸试验区设立时间的分类对比研究发现:第一批、第二批自贸试验区的促进作用较为明显,而第三批及后续的自贸试验区的提升效果尚待发挥,这表明自贸试验区制度创新效应具有一定的滞后性,即成立时间越久、效应越明显。自贸试验区的投资贸易壁垒降低会推进投资贸易的自由化,且在给中国经济带来发展空间的同时吸引各种产业进入,进而会给中国环境保护带来挑战。

第一节 自贸试验区环境保护路径的设计

党的十八大以来,我国把生态文明建设作为统筹推进"五位一体"总体布局的重要内容,确立绿色发展为新发展理念的五大理念之一。自贸试验区加快推进环境保护制度的创新,是进一步推动区域经济绿色发展、提高自贸试验区环境管理示范效应的客观需要。

一、自贸试验区环境保护的重要性

随着制度型开放的全面推进,各地的自贸试验区建设着重于贸易与金融发展,目的是吸引更多的外资,大量产业的进入,助推了当地经济的发展。然而,由此也可能带来对环境保护重视不够的局限。

1. 多力助推自贸试验区的环境保护

改革开放 40 多年来,我国在实现经济高速增长的同时,也面临环境保护等带来的一系列问题。亦即,随着资源、能源消耗量的大增,环境排放与生态维护的压力相应增大,形成了环境保护的紧迫性与现实性问题。自贸试验区与其他各种类型的开发区等的最大不同,是不在区域内进行制造业的生产。因此,有人认为"自贸试验区不搞工业建设,环境保护不重要"等,必须扭转这个观念,且在自贸试验区建设中把环境保护作为重要的规划内容,在立法中得以深入与细化。自贸试验区的自由贸易等特征决定了其环境保护与一般意义上的环境管理有差异,必须多力融合才能发挥生态环境管理的积极功效。为适应国际贸易发展的新趋势及国内生态环境管理的新常态,深化国内各区域的经济改革与开放,拓展经济增长新空间,我国第一个区域性自贸试验区于 2013 年 9 月 19 日由国务院批准在上海正式挂牌设立,第二批和第三批自贸试验区也分别于 2015 年和 2017 年正式挂牌。2019 年又新增 6 个自贸试验区,目前已达 21 个自贸试验区。

自贸试验区是继经济特区、开发区之后,我国政府推出的又一种新型的经济开放模式。从自贸试验区设置的初衷看,其核心是基于自由经贸活动为主体的运行方式,且各地的开放重点及主要对象等均不相同。然而,从这些年的实施情况看,地方政府往往将自贸试验区作为本地区的"制度资源",开展综合性的应用与创新,主要的措施是产业联动,尤其是海南自贸试验区上升为全岛性质的自由贸易港之后,其他自贸试验区改革开放的动力与压力明显上升。实践中,当地政府及生态环境部门对自贸试验区在环境监管等方面放权幅度大,加之自贸试验区存在的制度空白,产业联动中存在的环境保护制度规则不完善。对照高质量发展目标,自贸试验区存在一些累积性与现实性的问题,尤其在生态环境质量和人居环境安全方面,已经演变成为制约地方经济高质量一体化发展的重大瓶颈或短板,亟须多方助力来完善与加强生态环境保护工作。2021 年 5 月,生态环境部等 7 部委颁布《关于加强自由贸易试验区生态环境保护推动高质量发展的指导意见》(以下简称《指导意见》),体现了多力助推自贸试验区环境保护的重要性与必要性。自贸试验区要在该《指导意见》的基础上结合自身情况实施环境保护制度的创新,要积极利用对外开放前沿阵地的优势,对标高标准国际规则中的环境条款,深化生态环境国际合作与交流,使自贸试验区在构建国内国际双循环中发挥引领带动和桥梁纽带作用。

自由贸易试验区是我国统筹沿海沿江沿边和内陆开放的最高水平开放平台,承担着高质量引进来和高水平走出去的历史使命,在贯彻新发展理念、构建新发展格局中肩负着重要责任。生态环境高水平保护是自由贸易试验区建设的重要内涵和必要条件。党的十九届四中全会提出:"坚持和完善生态文明制度体系,促进人与自然和谐共生。"制度型开放对自贸试验区的影响是多方面的,首先,先进的自由贸易协定(FTA)将进入我国,其中的一项重要内容就是环境保护,我们必须加强这方面的工作。2014年8月1日实施的《中国(上海)自由贸易试验区条例》第50条规定:"加强自贸试验区环境保护工作,探索开展环境影响评价分类管理,提高环境保护管理水平和效率。鼓励区内企业申请国际通行的环境和能源管理体系标准认证,采用先进生产工艺和技术,节约能源,减少污染物和温室气体排放。"这一规定对自贸试验区的环境保护起到了区域引领作用。以上海自贸试验区为例,尽管该区域的土地面积仅为浦东的1/10,但其创造的GDP却是浦东的3/4,自贸试验区已成为带动区域发展的重要增长极。

近年来,我国能源消费结构调整加快,2019年煤炭消费量占能源消费总量的比重下降至57.7%,天然气、水电、核电、风电等清洁能源消费量占能源消费总量的比重提高到23.4%,2019年我国单位GDP能耗较2005年下降42.6%,单位GDP二氧化碳排放下降了48.1%,提前完成了2009年我国向国际社会承诺的2020年碳排放强度比2005年下降40%~45%的目标,相当于减少二氧化碳排放约56.2亿吨。自贸试验区要推动解决突出环境问题,开展臭氧污染全过程综合治理,深化固定源、移动源、面源大气污染防治,加强水环境、水生态、水资源系统治理,严格实行进出境环境安全准入管理制度。

自贸试验区要全面落实减污降碳总要求,引导绿色低碳发展,创新发展绿色制造业、绿色服务业、绿色贸易和绿色供应链管理。自贸试验区需要多力合作在环境保护和生态规划方面互通有无。以长三角地区为例,由多方主体联合制定《长三角近岸海域海洋生态环境保护与建设行动计划》《长江口及毗邻海域碧海行动计划》《长三角地区危险废物环境监管联动工作方案》等。这种多方参与的制度探索,为后续的跨区域生态治理提供了制度和政策保障,也是自贸试验区实施环境保护制度创新的重要参考依据。在贯彻实施区域生态环保一体化治理的战略部署中,各级政府必须大胆创新、积极探索,引入市场化手段,化解水资源难题。

实践表明,市场化手段对有效缓解经济发展与水资源短缺的矛盾,实现经济效益与环境效益的双赢格局具有非常明显的作用。强调用高水平的生态环境保护助力建设高水平的自由贸易区,就是要实施更高标准、更严要求的环境治理行动,打造协同推动经济高质量发展和生态环境高水平保护的示范样板,在自贸试验区这一改革开放"试验田"中先行先试,孕育出生态环境保护制度创新的"良种"。以海南自由贸易港建设为例,吸收借鉴国际先进的自由港建设经验,对标国际高标准经贸规则,结合海南特点,体现中国特色,突出贸易自由和投资自由的各项制度性创新举措,形成反映海南自由贸易港特色和发展需求的政策和制度体系。尤其是全面实施市场准入承诺即入制,完善产权保护制度,坚持金融服务实体经济,实施更加开放便利的人员出入境和停居留政策,建立具有国际竞争力的特殊税收制度,建立与国际接轨的监管标准和规范制度。自贸试验区要为我国在全球环境治理中的制度性话语权提供实践依据,构建广泛的环境利益共同体。

我国在参与国际经贸环境规则的重构中要着眼于两个大局:一是要在促进国际经贸发展与全球经济治理结构改革方面发挥积极的引领作用,推动完善国际生态环境保护的规则秩序,造福各国人民,促进全球经济的持续发展,提供自贸试验区良好的制度创新模板。二是要在生态环境部等 7 部委《关于加强自由贸易试验区生态环境保护推动高质量发展的指导意见》的基础上,协调国内的环境法律与法规,促进国内相关管理体制的改革,并主动参与国际贸易规则中的环境规则条款的重构,使国内经贸发展与国际环境治理等取得平衡。同时,为即将到来的 CPTPP 谈判等提供中国的经验或方案,确保我国在贸易规则谈判中占有一席之地。总之,多力助推自贸试验区的环境保护工作,能够促进国内改革开放的协调与总体进程平衡,并在国际贸易规则重塑中准确反映我国的利益诉求。同时,自贸试验区的环境保护将有力支撑国内产业发展,服务于全面深化改革和发展更高层次开放型经济的战略需要。

2. 嵌入国际 FTA 规则特征的自贸试验区环境保护制度

在自贸试验区环境保护制度创新的过程中,主动吸收我国与其他国家和地区签署的自由贸易协定(FTA)。比如,《中国—韩国自由贸易协定》《中国—瑞士自由贸易协定》等双边或区域自由贸易协定中的有关生态环境条款。支持有条件的自贸试验区主动对标和参考国际高标准自贸协定中的环境条款,比如 CPTPP 等,积极探索环境与贸易投资相互支持的规则新模式。CPTPP 环境条款对缔约方国内环境法的实施进行了较为严格的规定。虽然强调各国在制定环境法中的独立性，但增加了许多程序性的规定，体现了以外部压力促进影响缔约方实施本国国内环境法的趋势。在涉及环境的共同利益方面，CPTPP对合作程序、方式、绩效度量方法、指标及评估等进行了非常详细的规定。需要关注CPTPP协定中新的专门性规定的变化，并对合作机制中的程序性规定及其可能对成员国环境问题独立性的影响进行研究，密切注意CPTPP扩容后，是否会实施严格的磋商与解决机制等未来新的变化趋势。亦即，在CPTPP的"合作框架"中明确指出，"各缔约方应指定相关的机关或部门作为国家重要的联络点，负责实施本章的合作，合作与协调活动应当自本协议生效之日起90天内以书面形式通知另一方的联络点方可实施相关合作。合作可以通过对话、讲习班、研讨会、会议、协作规划和项目、技术援助、推动和促进合作和培训、分享实践的最佳政策和程序、与专家交流等各种途径进行。合作各缔约方应定期评审文本的执行和运行情况并通过他们的联络点汇报他们的结论和建议。双方可以通过委员会指定一个实体来定期评估提供行政和支持合作活动运营的必要性。如果双方在自愿的基础上决定建立这样一个实体，各缔约方应当提供资金以支持该实体的操作等。"这些具体合作机制给各缔约方提供了明确的操作指南。

自贸试验区应主动借鉴这种合作机制，通过合作来促进形成相互支持的贸易与环境政策，促进高水平的环境保护，以及环境保护法规的有效实施。上海自贸试验区及相关组织已经在这方面进行了尝试。比如，上海市生态环境保护局根据《上海市环境保护条例》《上海市产业园区危险废物收集储存转运设施管理办法（试行）》的有关规定，经形式审查，同意中国（上海）自贸试验区保税区开展危险废物收集储存工作（沪环保防〔2017〕127号）。它表明，加强环境保护合作和可持续管理自然资源具有十分重要的实践意义。以CPTPP为例，它要求各成员国应根据本国国情，加强环境治理，促进环境可持续发展。内容涉及"贸易和生物多样性"条款，强调各缔约方应当依照法律或政策促进和鼓励生物多样性的保护和可持续发展。以及"海洋渔业捕捞"条款，明确海洋渔业捕捞是国际社会面临的一项紧迫的资源问题，因此各缔约方应根据最科学的管理制度和国际公认的渔业管理和养护做法，以确保海洋物种的可持续使用和保护。此外，在"资源保护和贸易"部分则强调可持续森林管理和野生动植物和植物区系保护。从以上条款的规定可以看出，CPTPP环境规则条款的内容始终贯彻可持续发展的理念，并在此基础上对自然资源的可持续管理和开发利用进行了细化规定。

国际FTA环境规则的另一个重要特征是凸显环境保护信息公开和公众参与

的重要性,要求建立政府与公众之间的互信与协商机制。CPTPP"环境"一章在很多条款中均有涉及信息公开和公众参与等内容,比如"各缔约方要向公众提供环境保护的相关信息,各方应确保司法、准司法或行政诉讼中的环境法律执行程序公平、公正、透明,符合正当法律程序,在这些诉讼中的任何的听证会应当依法向公众开放,除非司法另有规定",并且,要求各缔约方应利用现有的或建立新的协商机构,例如国家顾问委员会,以征求有关这一章节的执行问题的意见,促使公众踊跃参与环境保护。同时,各缔约方应依照国内程序在专门的公共网站提供环境保护相关信息,并收集公众反馈信息。此外,从战略维度视角,强调环境保护的"竞争中性"原则。由于自由贸易协定(FTA)是一个过渡阶段的制度设计,现阶段中国签订的 FTA 协定中的环境与贸易条款不适用于争端解决机制。以中韩 FTA 为例,在第 16 章"环境与贸易"中包括九条,即背景与目标、范围、保护水平、多边环境协定、法律和法规在赔偿损失环境措施的执行、环境影响、双边合作、机构和资金安排,以及争端解决不适用。

环境与贸易的关系是学者争论较多的热点问题。普遍认为,"贸易影响环境,但贸易不是环境退化的根本原因,也并非总是破坏环境。"贸易的环境效应包括结构效应、规模效应、产品效应、技术效应等。要强化环境国际合作,积极探索环境与贸易投资相互支持的新模式,搭建并运行好生态环境合作平台。当前国际上解决环境问题的框架主要有多边环境协定(MEAs)、WTO 和区域一体化协定。最早在区域一体化中将贸易与环境联系起来的是 1994 年签订的 NAFTA(《北美自由贸易协定》),其中包括了详细的、具有约束力的环境条款。大多数 OECD 成员国加入的区域一体化协定中都引入了环境条款。由于全球性的协定在一定程度上难以达成,区域或次区域的环境与贸易合作就显得非常有必要,多边环境协定(MEAs)开始向双边延伸。同时,在区域一体化的深度发展趋势下,成员方通过进行双边环境谈判合作来加强区域内环境合作也变得越来越普遍。在这两方面的有力推动下,通过双边协定解决环境问题成为全球环境合作的新趋势。

二、自贸试验区环境保护的设计思路

以高水平开放带动改革全面深化,自贸试验区承担促进开放升级与体制改革深化的平台功能,核心任务是制度创新。自贸试验区的环境保护路径可以分为三大类,一是以海南为代表的生态环境保护模式;二是以上海为代表的综合环境保护模式;三是内陆区域环境保护模式,以湖北自由贸易试验区为代表。

1. 海南自贸港的环境保护路径：环境监管创新

改革开放以来，我国企业尤其是沿海省份的民营企业参与国外大循环的方式属于一种"双嵌入"的经济发展模式。即，经济发展跟跑全球产业链，通过外资拉动促进本国经济的发展；同时，围绕全球价值链，尤其是其中的中低端领域做大做强，在满足国内就业与经济发展的情境下实现经济效益迅速增长。在这种增长模式下，各项制度安排（包括环境保护制度在内）对中国企业来说并不重要。因为，中国只是全球产业链的一个生产加工的端点，或者说制度的制定权不在中国人手上。"以国内大循环为主体、国内国际双循环相互促进的新发展格局"，是我国政府面对外部环境不确定性与不稳定性情境所采取的主动应对，也是"制度型开放"背景下的一种战略配置。在"双循环"新发展格局下，以国内价值链为依托的产业集群，将成为扩大内需、挖掘市场潜能的重要载体。

当前，自贸试验区（港）必须重点围绕"需求收缩、供给冲击、预期转弱"的现状，继续加大改革开放，不断优化生态环境保护。客观地讲，国家对自贸试验区（港）的环境保护历来很重视。2018年12月，生态环境部与海南省政府签订《全面加强海南生态环境保护战略合作协议》，共同推进生态环境保护顶层设计、绿色经济高质量发展、生态系统保护与修复等9方面合作，提升海南自贸试验区（港）的绿色发展水平。围绕生态环境保护顶层设计，生态环境部将支持海南实施《国家生态文明试验区（海南）实施方案》、开展生态环境中长期规划、建立实现高质量发展的生态环境目标指标体系与行动框架等措施，提供全方位的技术和经验支持。

生态环境部支持海南建立与自贸试验区（港）相适应的环境质量、污染物排放、绿色产品和服务等标准体系。支持海南建设热带雨林国家公园，探索海洋类型国家公园试点，建立有效的热带生态系统和海洋生态系统保护地体系。支持海南加强海岛特殊地貌、特殊自然景观、海岛沙滩等资源保护。生态环境部将支持海南制订包含柴油车污染治理、污染水体治理、重点近岸海域综合治理、农业农村污染防治等内容的污染防治行动计划。生态环境部指导海南完善环保督察的长效机制，包括谋划环保大数据和云平台顶层设计，推进生态环境信息化能力建设，支持海南在环境监测、监察执法、排污许可、危险废物监管、环境应急等领域开展智能化应用试点示范，支持海南建立覆盖水、气、土壤、生态、海洋、辐射等天地一体化监测网络。海南将重点对标国际生态环境质量和资源利用效率一流的国家和地区，全面加强水、大气、土壤污染治理等工作，推进绿色能源岛建设，到2030年全岛基本实现使用清洁能源汽车。① 海南将实行最严格的生态环境保护制度，制定实施严于国家标准的特色行业地方环境标准。全面禁止在海南生产、销售和使用一次性不可降解塑料袋、塑料餐具等。推行产业准入负面清单制度，全面禁止高能耗、高污染、高排放产业和低端制造业发展。积极探索"零碳岛"建设。海南将科学合理开发利用海域海岛，实施严格的围填海总量控制制度。建立海洋资源环境承载能力监测预警机制，构建海洋生态灾害和突发生态环境事件应急体系。

2021年12月3日，国家发改委、商务部、海关总署、交通运输部、财政部、中国人民银行等14个部委积极推进海南自由贸易港建设，涉及全岛封关运作、补短板强弱项，以及积极支持海南数字经济、服务贸易发展和"中国洋浦港"国际船籍港建设等具体工作。对于环境保护，海南自由贸易港要求牢牢把握"管得住"才能"放得开"的原则，紧盯生态环保等重点领域风险隐患，加强监测预警，确保海南自由贸易港健康平稳发展。自由贸易港作为世界最高水平的开放形态之一②，其本质是一个政策规则港，长期以来是最高水平国际经贸规则的策源地和实践基地。自由贸易港是自由度最高的自由贸易区类型。海南将凭借其"境内关外"的特殊地理优势和政策优势，不仅使商品可以实现免税进出，面对全球的区内外人员、资本、交通、服务等生产要素，也可以得到充分自由的流动。海南省全力打造绿色宝岛，让优良的生态环境成为高质量、高标准建设国家生态文明试验区、中国特色自由贸易港的最佳推进器。

从国际经验看，自由贸易港的特性，为企业创新和生产率提高提供了优良土壤，可对一国或地区的外向型经济发展起到重要的推动作用。比如，在遵守所在国有关政策和法令的前提下，外国商品除可享受在进出港口免交关税外，还可在自由贸易港内自由改装、加工、长期储存或销售。自由贸易港在发展初期，产业以货物装卸与转口贸易为主。随着经济贸易全球化的演进，自由贸易港所承载的各国产业与发展功能在不断增强，重要性亦日益凸显。随之，自由贸易港逐渐由早期的转口贸易型发展演变出加工贸易型、工贸结合型乃至综合型等更高级的类型。港区内的产业也从早期纯粹的货物装卸进一步发展出仓储服务、物流服务、进出口加工、临港工业、国际会展、国际金融、技术研发等专业化方向，并逐步成为产业和要素集聚的区域经济中心，通过聚集全球范围的各种生产要素，促进资源优化配置、

---

① 2021年9月16日，国新办就"全面深化改革开放 加快建设美好新海南"举行发布会，中共海南省委副书记、海南省人民政府省长沈晓明表示，海南将从四个方面推进生态文明示范区建设。在推广清洁能源汽车方面，明确了到2030年，海南包括私家车在内的所有领域全部使用清洁能源汽车的目标。

② 目前，全球已有千余个特色自由贸易港，其中较具代表意义的为中国香港、新加坡、韩国釜山、荷兰鹿特丹、阿联酋迪拜等。

产业链延伸完善,有效带动产业升级换代。

要通过全面了解《联合国全程或部分海上国际货物运输合同公约》《国际贸易术语解释通则》等国际海商事规则,吃透RCEP、CPTPP等高水平国际经贸规则,认真研究国际自贸港的产业发展与环境保护的客观规律,提高环境管理政策规则的理论和实践水平(马飒、张二震,2021)。海南自由贸易港建设的实践表明,自由贸易港必须将生态环境保护放在突出的位置,并在全国率先开展国家生态文明试验区建设等多个前沿领域的立法实践,推进生态文明制度集成创新。通过信息化、智能化等手段来提升环境保护效能,建立起产业与产业之间,产业与企业之间,以及人与自然之间等的环境管理防线。

2. 上海自贸试验区的环境保护路径——生态环保一体化

2014年12月28日,全国人大常委会授权国务院在中国(上海)自由贸易试验区扩展区等暂时调整有关法律法规,提高执法的灵活性以及制度创新的主动性。上海作为"长三角"的龙头,围绕区域自贸试验区的发展建立区域内生态风险防范的联防联控机制,通过市场化手段为主的生态治理模式,为区域间生态环境风险综合防范及协同治理提供坚实制度基础。以上海为核心的东部地区自贸试验区应加快推进工业产品生态设计和绿色制造研发应用,推广先进、适用的绿色生产技术和装备,推动生产原辅料、能源的绿色替代。要积极支持自贸试验区龙头企业实施绿色供应链管理,提供符合国际标准的绿色供应链产品。鼓励自贸试验区行政机关和使用财政资金的机构优先采购和使用节能、节水、节材等环保产品、设备和设施。

要积极谋划实施自由贸易试验区生态环境保护的重点任务,强化区域生态命运共同体意识,构建东部地区自贸试验区生态环保一体化的制度体系,加快推进长三角生态环境治理的制度创新。具体的对策是:①成立专门决策机构以提高部门协作程度。决策机构实现统一规划、统一实施和统一管理。明确长三角各地区、不同层级相关行政管理机构的责任,形成刚性约束的制度安排,推动跨部门、跨区域等不同利益主体协调机制完善。②统筹制定区域内的环境保护制度体系或环境规则。通过广泛调研,多方征求意见,科学编制长三角发展总体规划、空间和土地规划以及生态环境治理与风险防范等重点领域规划,并确定区域发展总体规划作为环境专项治理规划的指导性和约束性指导文件。所有涉及生态环境治理规划一定要以全面提升生态环境质量为目标,以实现山水田林湖草协同治理和空间有效管控为"抓手",实施长三角一体化的环境标准。在长三角区域内统筹安排并优化城镇空间、产业空间和生态空间及增长边界,协调处理好环境基础设施尤其是排污口设置、污水处理设施、垃圾处理设施等。对集中式饮用水源地保护要制定严格措施以承担共同保护责任。③以提高治理效率为核心实施跨行政区域的重大生态修复工程。以水资源保护为例,以环太湖区域生态修复和长江口水域生态修复为核心,优化岸线利用,聚焦生态环境保护与修复,实施跨行政区域的重大生态修复工程,特别是河流、湖泊和滩涂湿地生态系统的水生态、水资源管理,重点解决在长三角城市群有共性的损害群众健康的环境问题,确保民众利益。

作为以上海自贸试验区为龙头的"生态环保一体化"的环境保护路径,必须构建生态环境保护的联防联控机制。具体对策包括:①优化产业布局,严格环境准入。由于长期受条块分割和地方保护主义趋势的影响,长三角地区各城市之间生产布局重复,产业结构同化现象较为突出,而且在各省市内部,各行业,尤其是重污染行业布局分散,行业集中度低,中小企业较多,既加大了产业结构调整的难度,又与国际上对重污染行业普遍实行的集中布局、集中整治原则相悖。在这一背景下,长三角区域必须结合不同产业发展规律,所需条件以及对资源环境的影响方式和程度,优化功能分区、空间结构和开发格局。在加强日常监管的基础上,还要划出开发利用红线,积极从源头上避免区域内重大生态风险发生。对于有重大生态环境风险的企业,更要严格规范化管理,实行区域内重点备案制度,探索跨地区的抽检制度。②完善长三角生态环境监测网络体系和数据资料的共享机制。在长三角区域内建立一体化的、覆盖全区域的生态环境监测网络体系,加大对新型污染物监测力度,提升对监测信息综合分析、处理评价及信息表征能力,联合建立生态环境信息空间数据库,实现环境监测信息数据资料的共享机制。③建立生态环境风险预警和应急机制。联手严防突发性生态环境风险、重大环境污染或环境决策及其可能诱发的社会稳定风险。按照就近原则,建立区域内应急队伍,确保面对重大生态风险能快速调动跨行政区域的处置力量。对于重大跨界污染事件,要建立紧急会商机制。

对于自贸试验区主导或重点参与下的"生态环保一体化"环境保护路径,必须更多地采用市场化手段提高区域内的生态环境意识及治理水平。具体对策包括:①合理界定和配置生态环境权利。推进市场化、多元化生态保护补偿机制的前提是界定和配置生态环境权利,这个权利包括水权配置、碳排放权配置、排污权配置等。在长三角区域范围内,首先要结合不同区域生态环境和经济社会发展实际,将水权、碳排放权、排污权等合理界定好并层层配置下去,从而促进生态环境领域引入市场化机制,通过市场化机制提高生态保护和环境治理的效率和效益。②探索实施生态系统服务价值核算制度。生态保护补偿在长三角区域已经实施近7年的时间,在具体的实施过程中,各地虽然通过协商,都出台了相关政策措施,但由于国家还未出台过生态补偿法规,在实际操作过程中,难免缺乏科学的补偿标准体系,不同地区在补偿方式、补偿资金、监督管理等方面存在一定的不协调,最终导致生态补偿的结果与原先的设计可能存在一定的差异。2019年2月,国家发展改革委、财政部、自然资源部、生态环境部等9部门联合印发实施了《建立市场化、多元化生态保护补偿机制行动计划》(以下简称《行动计划》),这一计划为今后如何开展市场化、多元化生态补偿工作做出指引和提供了重要政策保障。针对排污权的配置问题,在满足环境质量改善目标任务的基础上,企业可以通过淘汰落后和过剩产能、清洁生产、清洁化改造、污染治理、技术改造升级等产生的污染物排放削减量,按规定进行市场交易。但是在市场交易时,首先要找到生态环境的对价,生态补偿等需要以此为基础来开展,要能够计算出比如涵养水源、净化环境等行为的价值,这个核算体系应当是和绿色 GDP 相关联。③发展绿色金融和引导社会资本参与生态环境治理。《行动计划》的一大亮点是发展绿色金融,提出鼓励各银行业金融机构针对生态保护地区建立符合绿色企业和项目融资特点的绿色信贷服务体系,支持生态保护项目发展;支持以 PPP 模式规范操作的绿色产业项目;鼓励有条件的非金融企业和金融机构发行绿色债券,鼓励保险机构创新绿色保险产品,探索绿色保险参与生态保护补偿的途径。2018年新安江跨流域生态补偿机制启动第三轮试点,首次提出鼓励通过设立绿色基金、政府和社会资本合作(PPP)模式、融资贴息等方式,引导社会资本加大对新安江流域综合治理和绿色产业投入,这无疑是一种有益尝试。

3.内陆区域自贸试验区的环境保护路径:构建权变的环境保护机制

自贸试验区的环境保护机制是各级政府环境管制的一项重要内容,它通过发挥激励、约束与保障等的管理手段,努力实现自贸试验区的生态和谐与经济发展。灵活自愿机制的重要性在于,各参与方在面对具有共同利益诉求的问题上,开展合作与协商处理,主动寻求补充和使用现有规则的空间和完善的内容。就自贸试验区本身而言,21个自贸试验区(港)之间是一种既竞争又合作的关系,要赋予竞争机制更全面的内容。从制度型开放背景分析,我国自贸试验区存在制度开放下的传导机制。比如,对自贸试验区的环境规则具有公开、透明等的具体要求,涉及制度型开放与高标准自贸试验区环境规则的相关性研究,制度型开放与透明度提升对自贸试验区的环境保护规则建设的研究。同时,制度型开放下的投资活动增加与自贸试验区环境保护之间的内在机制也各具特色,涉及高质量环境标准引进与投资活动变化的相关性研究,制度型开放与自贸区环境保护机制的有效性研究等。此外,制度型开放背景下国际贸易规则中环境标准的有效性,也需要构建权变的环境保护机制。从因果关系视角分析影响高标准国际贸易环境规则有效性的原因并衡量制度型开放的结果,需要从权变性视角思考以下问题:一是影响因素。寻求相关的内生变量和外生变量。二是衡量标准。即通过遵约、履行与高标准环境规则有效性的复杂关系,探讨由于因果关系的紊乱所造成的遵约悖论以及因果关系视角下履约可能的困境等。对于环境保护的激励机制构建,需要注重转向低排放及适应性经济发展的方向,强调通过集体行动,合作处理关乎共同利益的事项,提出重点合作领域。约束机制构建则重点强调具有正向约束的环境保护路径,如效应明显的负面清单管理模式[①]。总之,建设生态型的自贸试验区已有了客观的经济基础。

  自贸试验区的环境保护路径坚持原则性与权变性的结合,对于统筹经济发展与环境保护具有重要的现实意义。亦即,在充分发挥生态环境保护助推自贸试验区高质量发展的同时,积极探索各区域具有自身特色的高质量环境管理模式,让绿色发展成为自贸试验区经贸实践的底色。对于身处内陆区域的湖北等中西部地区,以及辽宁等东北地区自贸试验区,在推进传统优势产业的跨区域兼并重组、技术改造和转型升级的过程中,必须加快搬迁、退出不符合发展定位的工业企业。建立健全绿色认证和评级体系,鼓励创建绿色企业、绿色工厂,发挥龙头引领和辐射带动作用。支持重点行业开展清洁生产审核和清洁生产评价认证,实施清洁生产改造,积极培育"互联网+"的绿色环保产业模式,支持这些区域的企业参与全球生态环境治理。

  以湖北自贸试验区为例。在制度型开放背景下,自贸试验区的环境保护规则的形成过程及运作机理,需要从规则维度与战略维度的共生与协调出发,提高自贸试验区环境保护的决策效率,以及公众对环境法律法规的认识,使自贸试验区的利害关系主体对环境保护法律法规行为拥有自主维护的能力(包括向主管机关申请调查的权利等)。积极探索服务"六稳""六保"新机制新模式,指导自贸试验区深化生态环境领域"放管服"改革,推进排污许可"一证式"管理,加快"互联网+非现场监管"等技术手段应用。充分发挥自贸试验区"试验田"作用,深入推进生态环境领域"放管服"改革,优化提升生态环境公共服务水平,加强生态环境改革举措系统集

[①] 笔者认为,由于我国21个自贸试验区(港)分布范围广,涉及经贸活动的地域特征强,对于环境监管应该注重权变性的机制设计,在总体实施生态环境保护的负面清单的基础上,对于一些项目或环节可以继续坚持正面清单的管理模式。

成,打造生态文明制度创新高地。2017年8月,湖北省环保厅发布《关于支持中国(湖北)自由贸易试验区建设的意见》。即本着支持湖北自贸试验区建设,推动自贸试验区绿色可持续发展,围绕简政放权、深入推进自贸试验区环评审批制度改革、优化自贸试验区环境管理服务、加强自贸试验区环境监管能力建设、强化自贸试验区生态环境硬约束等提出了15条支持自贸试验区发展的环境管理意见。

2020年5月,湖北自贸试验区发布环境控制性详细规划编制的实践指南,对产业转型升级和绿色发展进行具体规范。这项制度创新是中国(湖北)自贸试验区发布的第29项实践案例,是对自贸试验区环境保护机制构建的积极探索。环境控制性详细规划围绕"建立生态环保硬约束机制"的试验任务编制并发布,是国内首部。该规划以城市环境总体规划为基础,通过建立覆盖四大领域的绿色指标体系、生态功能、水及大气环境质量分区管控体系、各地区资源利用上线以及镇(街道)层级的环境规划指引,构建精细化的资源环境生态底线制度,实现对生态环境功能区域系统保护,提高建设项目审批的精准性、科学性、高效性,对维护城区生态环境功能、指导城市国土空间规划科学编制、推进城市绿色高质量发展、助力长江大保护战略实施具有重要意义。

第二节 自贸试验区环境保护路径的推进

随着数字化改革的全面推进,我国许多产业面临数字化转型的机遇。如何结合全球数字贸易的发展趋势,在努力驱动自贸试验区在环境保护的同时,推动产业联动等地方经济的快速发展,是自贸试验区经济与社会融合、产业与贸易协调的有效路径。

一、数字贸易下的自贸试验区环境保护

数字贸易平台正通过数字赋能实现传统贸易产业链"四流合一",并解决供需错配等关键问题。未来,数字贸易平台将推动产业转型与业务细分的持续深化,加快向生态环境型平台升级,最终促进我国经济供给侧与需求侧改革目标的高质量达成,打造新型产业供需关系和生态协同关系。

1. 建立和健全数字贸易的环境保护措施

以数字贸易为代表的自贸试验区制度创新是大势所趋,区域产业的数字化改革不可避免。从世界范围看,美国是最早推出数字化战略的国家。近年来,各国对数字经济发展都下足了功夫,亟须构建全球性的数字贸易等的共同行动,促进全球信息化进程,缩小数字化鸿沟;日本从信息化战略着手推进数字化改革,以实现扩大内需的目的[①];欧洲则以电子化为手段,英国率先成立了内阁领导的电子交易委员会,以积极应对电子欧洲计划实施与扩展;我国政府则明确提出了"十四五"信息化的框架,即以信息化带动工业化,实现国民经济跨越增长,规划选择了符合中国特色的扩大信息产业规模和形成国际竞争力的路径,国家信息化的综合指数要达到90%以上,网络规模和容量同样在未来几年占世界第一位,电话的普及率要从目前的18%上升到35%,信息产业占GDP比重要超过7%,除此以外,还重点策划了完善基础设施、改造传统产业、提高核心制造业竞争力的具体措施,更为重要的是,这个规划明确提出通过制度创新带动技术创新,以推动中国经济的信息化。

自贸试验区要紧紧抓住数字贸易发展的机会窗口期,在全球数字贸易规则框架中赢得主动权。事实表明,数字经济在产业组织格局上正与传统产业的路径相互融合。商业模式正从一些中性的概念中解脱出来,向现实的、可盈利的方向全面调整和发展(Spector,2011)。最近两年,我们经历了ISP、ICP、ASP、B2B、B2C等商业模式。事实表明,以客户价值为核心提供便捷、方便的服务,以及体现实物现金流的模式成为投资者关注的焦点。通过数字经济的发展实现自贸试验区的环境保护,正在成为传统产业数字化改革的关键焦点,要发挥自贸试验区先行先试的特点,明确产业升级转型的方向,不是说数字经济不需要传统产业,而是数字经济改造传统产业具有重要的优势,不仅成本低、延展性强,而且转型速度快。无论是劳动密集型的传统产业,还是化工等具有污染性的行业,增加数字技术的含量不仅是对这些产业的转型升级要求,也是生态环境保护的客观追求。

传统产业与现代产业都需要数字化技术的支撑,传统产业和新产业之间人为的或者说理念上的边界正在不断消失。目前,在资本密集型的产业中,数字技术的含量正在不断上升。数字贸易与全球一体化、WTO重塑等重大课题紧密关联。当我们脱离一个视角,转向另外一个视角之后,发现以数字贸易为代表的新经济所追求的目标和建立市场体制,以及进一步推动的改革目标往往具有高度的一致性。

[①] 日本政府在扩大内需九次失利以后,最近,毅然决然推出了信息化战略。准备大量支出公共预算来强化信息基础设施,得到了企业界、商界、政府界和广大的消费者热烈支持。

数字贸易的发展与传统经贸活动有不同的路径,最核心的特点是,这种商业模式强调以人为本,以人的创造性和对市场的追求为源动力(Zott et al.,2011)。在这种情况下,作为驱动数字贸易创新的自贸试验区,加强环境保护机制的培育与构建具有重要的现实意义。

我国数字贸易高质量发展,以自贸试验区的创新样本,实现由数字贸易大国迈向数字贸易强国,具有重要的示范效应或指导价值。"十四五"期间是我国经济结构调整非常关键的时期,调整的实质是所有制结构的调整和生产关系的互动,或者说,是生产力和生产关系相互的适应,而实质是生产关系的调整,或者说是所有制结构的调整。调整的关键就是以数字经济为代表的新产业与传统产业之间的融合问题。虽然自贸试验区的扩展空间广阔,但是,目前致命的弱点仍然是核心的创新能力严重不足,与这点相关的是地方政府或自贸试验区的管理者的创新理念及治理能力、心理素质和市场感觉尚不成熟(Gary&Wood,2011)。实践中有这样一种现象,即自贸试验区主动配合地方政府实施产业联动,相关各方的积极性也很大。但是,一旦自贸试验区产业联动运行,一些产业的生态环境保护意识,以及环境治理能力、市场感觉和生态亲和力等就显得严重不足,这往往使自贸试验区发展充满风险。

建立和健全数字贸易的环境保护措施有两种路径:一是自贸试验区范围内的环境政策应该对产业联动各方(包括企业或组织机构)的生态环境治理提出更为明确的要求,以期促进自贸试验区更高质量的发展。二是联动的产业一方的公司治理结构的优劣,应该认真加以观察,并且提供在线的数据服务。因此,必须设计数字贸易下的自贸试验区环境保护的有效路径,使产业联动各方及社会各界感受到可识别的环境保护基础设施。在发展数字贸易的过程中,全面提高区域组织之间的信息化功能,将生态环境保护始终放在自贸试验区制度创新的头等地位之上。

2.寻求自贸试验区环境保护机制创新的有效路径

随着数字化改革的全面推进,积极打造数字经济自贸区,主动参与地区数字经济的交流与沟通,形成环境保护的对话机制,是自贸试验区未来环境管理的发展方向。当前,世界各国正围绕发展数字贸易及其规则框架抓紧布局,我国也日益重视数字贸易发展,积极探索数字贸易创新发展的新路径。2019年,《中共中央 国务院关于推进贸易高质量发展的指导意见》首次提出"加快数字贸易发展"。此后,《"十四五"服务贸易发展规划》以及由商务部、中央网信办、工业和信息化部等10部门出台的《关于支持国家数字服务出口基地创新发展若干措施的通知》(以下简称《通知》）等文件相继印发，不仅出台加快服务出口数字化转型、努力将基地打造成我国发展数字贸易的重要载体和数字服务出口集聚区、全力打造数字贸易战略竞争新高地等支持性政策，而且更加注重发挥开放型制度体系优势，依托国家数字服务出口基地打造高水平开放平台，将其作为主动对标并参与数字贸易国际规则的关键路径。

围绕国内国际相互协作"双循环"新格局的形成，自贸试验区主动开展双多边数字经济合作，完善多边数字经济治理机制，是我国经济高质量发展的重要体现。自贸试验区要创新生态环境管理模式和制度，全面提升自贸试验区生态环境保护水平，推动贸易、投资与生态环境和谐发展，促进经济社会发展实现全面的绿色转型，努力将自贸试验区打造成为协同推动经济高质量发展和生态环境高水平保护的示范样板。以国内大市场为主体的"内循环"促进更多企业走向全球价值链的"外循环"，是自贸试验区环境保护机制创新的有效路径之一。亦即，跨境数字贸易推动了全球价值创造要素的重组，帮助传统外贸企业实现转型升级。根据艾瑞咨询统计数据，2020年中国跨境电商规模达6万亿元，随着国家政策对跨境电商的支持力度不断提升，跨境数字贸易将成为外贸强劲增长点，预计2021—2023年中国跨境电商复合增速达28.1%。其中，跨境B2B电商作为跨境电商主体，2020年在中国跨境电商规模中占比为72.7%。艾瑞认为，相较于C端而言，B端交易的有效达成需要的决策链条更复杂、决策周期更长、相关的基础设施及配套服务构建难度更大，所以相较于C端电商渗透率，B端电商渗透率滞后相对明显。未来随着利好跨境出口B2B电商政策的相继出台，B端配套设施服务的持续构建和完善，B2B的主体地位将不断强化。

贸易与环境往往难以协调，经常有人感慨："自由贸易是环境保护的'眼中钉'，环境保护则为自由贸易的'肉中刺'。"自贸试验区要全面进入科学引领的新时期，大规模地科学创新、大规模地科学投入。应当在尖端科学、领先经济领域等方面继续努力，创新推动新科技、新产业、新经济的进一步发展。自贸试验区环境保护机制创新路径之一是构建数字贸易平台。数字贸易平台将通过突破传统贸易产业链的关键痛点，重构传统贸易产业链的供需匹配与产业主体协同模式，以为农业、钢铁、化塑、批发及跨境等产业开拓更加宽广的数字贸易市场空间。数字贸易平台通过提供买卖双方直接沟通与交易的平台服务，以破除供需双方的信息不对称问题，提高上下游供需匹配效率；同时，通过产业链全链条数据的打通与交易数据的应用，数字贸易平台加大交易的数字化、智能化建设力度，解决交易环节的信任、品控、价格评估等交易瓶颈问题。数字贸易平台将加快产品标准化建设以降低仓储成本,强化物流配送全流程的信息监控力以提高物流主体的协同能力以及深化大数据的风险防范能力以提供有效的供应链金融产品。这有利于充分挖掘整个产业供应链攀升的数字化价值,并为中国经济的供给侧高水平转型升级提供"供应链数字力量"的强动力。

新经济推动新社会,新社会推动现代化,必须将自贸试验区创建为生态文明的示范区,积极构建生态环境保护的新机制,抢占文明科技创新资源的主动权(周晓虹,2020)。"长三角"一带的东部自贸试验区应该从管理、科技、产业三方面综合创新的视角寻求自贸试验区环境保护机制的新路径。要具备领航数字经济时代生态环境治理的新趋向,开拓高端生态环境保护的产品和产业的升级路径。具体包括:一是以自贸试验区为载体,创新生态环境保护与产业协同发展的治理体系,关注环境治理、产业联动和企业自主决策的良性互动体系。二是着力推进优质生态环境保护产品的开发,以及产业联动的管理现代化升级。借助于数字化改革的东风,将数字技术嵌入现有的产业结构之中,推动新能源、生命技术、新材料、5G等新技术的广泛应用与普及,为整体产业现代化升级奠定良好基础,尽快建设从产品创新到生产供给这样一个全新的现代化升级体系。三是重塑自贸试验区制度创新的新格局,围绕智能化、智慧化引领生态环境保护机制与路径的维护与拓展。积极构建现代化的信息支持系统,通过生态环境诊断信息和企业生产过程的环境管制信息来支撑自贸试验区生态环境治理目标实现。四是构建生态环境健康标准体系。自贸试验区需要创新生态环境的规范体系,结合国家及所在地方的环境管制政策,积极构建生态环境保护的计量标准与执行流程。要以负面清单管理为主,辅之于正面的环境清单控制,以实现生态环境保护"不留死角"。纠正以往面对污水处理、饮用水处理等表面上达标,但以生态环境健康标准衡量可能都不达标的问题。对此,制定正向的清单环境标准尤其重要,这是一项战略性的重大课题。

二、服务于产业结构转型下的自贸试验区的环境保护

自贸试验区要在优化监管机制、简化制度流程、提升监管效能等方面主动实施创新,推进市场准入制度的进一步改革,构建精简高效、权责明晰、沟通顺畅的自贸试验区多方监管协作机制,不断提升环境保护的能力。

1. 放宽投资准入对产业环境保护的要求

负面清单和准入前国民待遇是新一代贸易协定中服务业开放的主要特征。当

前的《服务贸易总协定》(GATs)以正面清单为主,而 CPTPP、EPA 以及 USMCA 在服务贸易和投资领域均采用了负面清单模式,并在服务业部门实行准入前国民待遇。一方面,负面清单促进了外商投资企业的快速进入;另一方面,给自贸试验区的环境保护等监管带来挑战。对此,自贸试验区要树立环境保护的产业生态意识。各类产业,高新技术产业、传统产业以及产业链的高中低环节都很重要,技术、资金、劳动密集型产业都要发展。传统产业不是落后产业,低端环节不是低级环节,都是产业生态的重要组成部分,关键要实现转型,实现智慧化和绿色化。比如江浙自贸试验区要抓紧各类创新平台建设,促进传统产业转型升级,大力推进长江生态安全示范区建设。要围绕"长三角"经验的创造精神,主动向绿色发展转型,推进自贸试验区环境保护机制与路径的升级。

在自贸试验区的产业联动中严格规范制造业的环境保护要求,以生态环境健康标准体系引导产业联动企业的绿色生产,大力发展新能源、新材料、节能环保等战略性新兴产业,建设国际一流的绿色再制造基地。上海等东部地区自贸试验区要加快推进工业产品生态设计和绿色制造研发应用,推广先进、适用的绿色生产技术和装备,推动生产原辅料、能源的绿色替代。湖北等中西部地区、辽宁等东北地区自贸试验区推进传统优势产业的跨区域兼并重组、技术改造和转型升级,加快搬迁退出不符合发展定位的工业企业。推动沿海沿河自贸试验区大宗货物集疏港运输向铁路和水路转移,有条件的自贸试验区新建或改扩建铁路专用线。实施多式联运示范工程,支持全程冷链运输、电商快递班列等多式联运试点示范创建。鼓励将老旧车辆和非道路移动机械替换为清洁能源车辆。公共交通、物流配送等领域新增或更新车辆,鼓励使用新能源或清洁能源汽车。同时,积极推广应用电动和天然气动力船舶。

自贸试验区要围绕产业环境保护的要求,开展生态环境风险评估,严守生态保护红线。沿海沿河自贸试验区要积极参与"美丽河湖""美丽海湾"建设,加强岸线生态保护修复,有序推进疏浚土综合利用,探索海洋绿色发展新模式。海南自贸港要主动参与建设热带雨林国家公园,构建以国家公园为主体的自然保护地体系。加强海洋生态系统和海洋生物多样性保护,开展海洋生物多样性调查与观测,保护修复红树林、海草床、珊瑚礁等典型生态系统,加强各类海洋保护地建设和规范管理(孟广文等,2018)。自贸试验区要服务于城市现代化建设,加强城市生态修复,推进公园绿地和绿化隔离带建设,完善绿色生态网络。全面推行"双随机、一公开"监管,实施生态环境监督执法正面清单,强化监督定点帮扶,推进生态环境"互联网+监管""大数据+监管",依法推动联合监管、动态监管、信用监管和失信惩戒。

注重"柔性"执法,指导地方适时研究制定生态环境轻微违法违规行为免罚清单。地方生态环境管理部门要实施环评审批正面清单,支持依法依规开展环境影响评价制度改革试点。对依法合规、满足生态环境保护要求的基础设施、重点产业布局等项目开辟"绿色通道",支持自贸试验区重大项目建设。自贸试验区要主动协助地方生态环境监管组织建设重大生态环保改革的试点示范区域,强化环境保护制度创新。各级生态环境监管组织要积极服务于自贸试验区的发展需求,深入推进环境信息依法披露、排污口监督管理、危险废物监管和利用处置、生态环境损害赔偿、环境污染强制责任保险等制度改革,指导支持自贸试验区开展生态文明建设示范创建。

2. 产业结构转型促进自贸试验区环境保护机制有效运行

从产业组织的内部结构考察,传统制造业在陆续达到环境保护峰值后其管理管制能力逐渐降低,嵌入数字化技术对传统产业实施转型升级是环境保护的重要路径之一。目前,高技术制造业和战略性新兴产业占比已经实现持续提升,大数据、物联网、人工智能等数字技术广泛应用,互联网支撑的水平分工和跨产业链融合继续深化,要素精细化配置和产业数字化、智能化转型加快,移动支付、电子商务、平台经济、工业互联网等新技术、新产业、新业态、新模式快速发展,将为提升生态环境保护现代化水平和迈向全球价值链中高端创造条件。推动发展现代绿色服务业,强化绿色冷链物流标准化建设,打造绿色低碳货运冷链等成为产业结构调整的重要手段或基础支撑。

产业结构的全链条生态环境保护是自贸试验区制度创新的关键,要鼓励发展网络平台道路货运等新业态、新模式,开展绿色货运配送示范工程;发展绿色仓储,鼓励支持大型仓储设施应用绿色材料、节能技术装备以及合同能源管理等节能管理模式;加强快递物流包装绿色治理,加大绿色循环共用标准化周转箱推广应用力度。自贸试验区产业联动,支持综合保税区内企业开展高技术、高附加值、符合环保要求的产品维修业务,研究扩大维修产品目录;支持自贸试验区内企业按照综合保税区维修产品目录开展保税维修业务;鼓励自贸试验区积极扩大先进生态环境治理与低碳技术进口,以及研发设计、环境服务等生产性服务进口。同时,推动新型储能产业化、规模化示范,促进储能技术装备和商业模式创新;支持海南自由贸易港建设清洁能源岛。此外,坚决遏制"两高"项目盲目发展,开展绿色能源供应模式试点,在确保安全的前提下,研究试点建设一批兼具天然气、储能、氢能、快速充换电等功能的综合站点,积极探索开展规模化、全链条碳捕集利用和封存试验示范工程建设。

通过构建环境监管指标体系,强化自贸试验区创新生态环境保护的制度体系,加快建设环境质量和污染源在线监测监控网络,督促排污企业落实自行监测责任。加强污水、生活垃圾、固体废物等集中处理处置设施以及配套管网、收运储体系建设。健全危险废物收运体系,提升小微企业危险废物收集转运能力。强化油气输运、重化工储运等高环境风险片区环境应急能力建设,健全生态产品价值实现机制。生态环境管理组织要鼓励培育发展排污权交易市场,积极探索建立跨区域排污权交易机制,且鼓励开展环境综合治理托管服务。政府要服务于自贸试验区创新发展的需求,探索绿色债券、绿色股权投融资业务,支持生态环境治理和节能减排。

自贸试验区生态环境保护路径需要多样化,尝试不同的环境保护模式。比如,开展生态产品价值核算试点,总结安徽自贸试验区创建的生态产品价值实现机制的经验与做法,以及推动湖南等自贸试验区完善异地开发生态保护补偿机制。自贸试验区要加强生态环境科技创新应用,加强生态环境信息化与智慧环保建设,推进建立全领域、全要素智慧环保和决策支撑平台。鼓励跨国公司在自贸试验区设立环境技术研发中心,支持自贸试验区开展绿色技术创新转移转化示范。自贸试验区要与国家或地方生态环境部门协力同行,做好环境监控的试点与示范。目前,安徽自贸试验区的大气环境立体探测等重大科技研究,以及江苏自贸试验区完善长江"生态眼"的多源感知系统等,正在数字技术的辅助下提高区域环境保护的效率与效益。

三、从需求侧入手实现自贸试验区的环境保护

如果把供给侧结构性改革中的环境保护问题看成是一种"自上而下"的机制探讨的话,那么,需求侧管理强调的自贸试验区环境保护的"自下而上"情境。

1. 环境保护需求对自贸试验区建设的促进

2020年12月11日,中共中央政治局召开会议,分析研究2021年经济工作。在这次会议上,提出了"需求侧改革"的具体要求,并强调要"强化国家战略科技力量,增强产业链供应链自主可控能力"。自贸试验区作为改革的最前沿,服务于国家战略发展是题中之意。从2019年提出的"提升科技实力和创新能力",到2020

年提出的"强化国家战略科技力量",对科技发展的要求更加具体、更加可量化。从以往"要提高产业链供应链稳定性和竞争力"到"增强产业链供应链自主可控能力",表明"自主可控能力"已被视为实现产业链供应链稳定和升级的一把"钥匙"。这些新观点与新要求,都是围绕需求侧来强化供给侧结构性改革,其中环境保护内含其中。从中期来看,"双碳"政策背景下,利润分配将由下游向上游转移,同时下游行业也将转型去适应新的环境、资源成本,相关的新产业、新技术的应用将会受益(Acemoglu et al.,2018)。因此,如何寻求需求侧视角的自贸试验区环境保护路径就变得十分迫切,也极为重要。

中国明确将力争在2030年前实现"碳达峰",2060年前实现"碳中和"。进一步提升节能环保领域对外开放水平,鼓励外资投资节能环保项目。自贸试验区必须做好生态环境领域外商投资安全审查工作。目前,联合国气候变化大会一百多个缔约方2021年陆续公布其碳达峰碳中和时间表,全球绿色转型正如火如荼进行。中国碳达峰、碳中和各项工作在有序部署,"1+N"的政策体系在逐步完善。我国以"人类命运共同体"理念为引导,实施全面绿色转型,对于自贸试验区发展来说是挑战,更是机遇。即提供了制度创新的空间,以及引领区域经济健康发展的政策依据。从总体来看,我国到2035年将达到中等发达国家水平,人均GDP要从当前的1万美元提高到3万美元左右。因此,不仅要实现经济中速增长,还要尽量少地进行碳排放。

从自贸试验区的发展来看,实施生态环境保护,强化绿色转型,我国的转型成本会更低。当前,我国经济以5%～6%的速度增长,国内大市场的发展有一个基本的支撑环境,当逐步将市场规模扩张到一定程度后,商业模式的创新会加快,绿色技术的推广应用速度也自然会加速。经过改革开放40多年的积累,我国科技创新能力或水平有了明显的提高,不仅绿色技术有一定的积累,部分科技领域我国处于并跑阶段,少部分科技领域我国则属于领跑环节,如5G技术等(Teece,2010;安同良等,2020)。因此,在绿色转型的推动下,由这些并跑与领跑的技术加持,我国部分产业或企业能够形成新的竞争优势。我国已经全方位推进数字化改革,国内的原生型数字化企业已经主动将技术平台承让给中小企业使用,目前来看,我国的数字技术有明显的扩张优势。从自贸试验区的环境保护视角看,数字技术本身的绿色制造等特征,对于促进企业绿色转型和区域经济的绿色发展而言,相互支撑,能够形成一个良好的共生、共享的新发展环境。

促进自贸试验区环境保护与绿色发展,是一项长期的艰巨任务,需要重点围绕以下工作加以谋划：一是要形成降碳、减污、增绿、增长相互协同的环境保护机制。自贸试验区不能为了环境保护而环境保护，要发挥综合性的杠杆作用。比如，在减碳的同时，针对不同区域的实际情况，探索环境保护的有效路径。即在实现减碳的同时，实现经济快速增长，并且对污染治理、保护生态等提出有效的应对策略。"双碳"目标与自贸试验区环境保护必须遵循绿色转型的客观规律和市场经济的发展规律，千万不能搞"运动式"减碳，否则不但自贸试验区发展受到影响，地方经济发展也会产生负面效果。自贸试验区通过产业联动实现区域经济或产业的绿色转型，必须坚持"先立后破"的指导思想，不能操之过急。换言之，只有在绿色技术支撑下形成了新的供给能力与需要侧管理意愿，才能在供给侧结构性的生态安全的前提下实现环境保护的行稳致远。二是以数字化改革为外在驱动，以技术创新为内在动力。通过数字技术与清洁生产、环境经营等的结合，实现"双碳"任务下的分解目标。可以结合自贸试验区特征及相关产业的环境保护要求，有步骤地推进数字技术的应用，有效地推动绿色技术的产业嫁接及其企业的自愿应用。产业联动的前提是实行大规模、系统性的绿色技术更新，选择什么样的绿色技术，需要考虑产业或企业的经济与技术应用的环境条件，比如，通过提高数字技术的嵌入实现智能制造与智能管理，在提高技术含量的同时，实现生产效率的大大提升。同时，以企业的少排放直至零排放为前置进行限制，大力宣传绿色技术应用的好处，并在实践中体现出其优于传统产业的更低成本的具象。三是发挥自贸试验区先行先试、制度创新的优势。将"双碳"目标与环境保护的规则有机地融合起来，借助于制度创新，充分发挥市场的作用。

当前，一些自贸试验区或相关的产业联动区，为了实现减排，以运动的方式加以推进。比如，以由上而下、层层分解的行政手段下达拟完成的目标，这种行政性的做法，暂时可能收益明显，执行效率高。但是，自贸试验区的生态环境保护是一项系统工程，"双碳"的达成必须与经济和社会发展紧密协调，强行采取行政方式进行指标分解，搞搭配的执行办法，往往会有失公平，不仅持久性会受到质疑，同时，还会因为制度设计中的激励不足，产生各种错配或不良动机。比如，成本的结构性不合理、搭便车现象普遍、社会或组织间的平衡性不理想等（Tsai，2000）。从这个意义上讲，自贸试验区可以借鉴指标体系的形式进行环境管制，但必须始终将市场配置的关键作用或决定性作用放在绿色发展的首位，发挥产业或企业的微观主体作用，形成一种自觉、自愿实施环境保护的制度基础。

由于"双碳"是一种新任务，自贸试验区制度创新又处处是空白，具体的工作内容很多。以"双碳"目标为例,需要在碳账户的建立、生态环境账户、绿色责任账户等方面做好基础工作,借鉴国际经贸规则与国际会计准则做好碳会计的核算和生态环境会计的核算等事项。环境保护需求对自贸试验区会计规则建设带来了新的机遇,一套科学系统的会计核算体系,对于现行的行政监管办法也好,还是市场自主行为也好,环境保护及"双碳"目标的账目清楚,才能有效协调自贸试验区与政府生态环境管理部门的关系,也才能够有效注重落实产业联动中的企业、个人的减排等环境保护责任。权责明确的环境会计账户是自贸试验区环境保护的一项重要路径。"在绿色转型这个问题上,我们依然要摸着石头过河,因为这是一条从没有走过的绿色发展之河,很多事情还搞不清楚,需要试错。应该给各地区、企业甚至个人有较大的自选动作空间,鼓励他们去探索实现的战略和策略,形成可供推广的经验和做法"(刘世锦,2021)。

2. 以"人类命运共同体"为指导开辟自贸试验区环境保护的新路径

我国提出"人类命运共同体",致力于各国合作,强调求同存异,在维护多边贸易体制、促进国际贸易规则不断完善方面发挥着积极作用(唐世平,2019)。"人类命运共同体"理念中的"合作共赢""共同安全""共享发展"等论述为全球治理提供了全新的思路与模式(张辉,2018)。我国在参与全球经济治理上要努力实现由遵守、适应国际经贸规则为主向主动参与国际经贸规则制定转型。人类命运共同体旨在追求本国利益时兼顾他国合理关切,在谋求本国发展中促进各国共同发展。2013年3月23日,习近平主席在俄罗斯莫斯科国际关系学院首次向世界提出"人类命运共同体"重大倡议,之后在国际场合多次诠释这一理念(高望来,2019)。2018年3月,该理念写入我国《宪法》序言。国际社会对"人类命运共同体"的理解已逐渐超越国别和议题范畴,进入"全球治理新方案"和"国际关系新准则"层面(周宗敏,2019)。倡导或构建"人类命运共同体"的贸易体制是一种战略性的长远发展目标,我们在国际经贸规则重构上除了坚持"非歧视性原则"外,更要强调贸易壁垒削减的"共同但有区别责任原则(CBDR)"(胡涛、杨迪,2018)。

"人类命运共同体"有助于自贸试验区环境保护探索新的发展路径,比如,在中美竞争的大背景下,提升中国的创新竞争力是当前的重中之重。一方面,反垄断将有助于全社会创新,带来各行各业"多点开花"的格局;另一方面,"卡脖子"相关领域的投资也将是政策引导的大方向,也会带来相应的投资机会。未来,中国经济可能将回归到一个新的增长中枢。在这个过程中,经济增长的质量上升,数量因素弱化。同时,经济结构也会再次发生变化,"人类命运共同体"有助于自贸试验区内部结构的改革与创新,在鼓励产业投资的同时,优化环境保护的生态结构,更多地体现"绿水青山就是金山银山"的产业发展趋势,未来的自贸试验区结构变化将在"人类命运共同体"理念下做出更细的制度设计,很多行业或产业的底层逻辑将会被重塑。

人类命运共同体理念使当前国际经贸规则在方法论上从个体主义转向整体主义的正当性得到了支持(张辉,2018)。发达经济体与新兴经济体对国际经贸规则的不同需求以及规则供给能力的不同,会导致国际经贸规则发生确切但缓慢的路径变迁。在国际经贸规则的重构博弈中,贸易规则尤其是货物贸易规则是中国路径选择应当优先考虑的领域。RCEP的正式实施正好说明了这一点。2021年1月1日,RCEP协定正式实施,中国将积极全面地履行所有承诺和义务,包括对大量产品立即实施零关税。亦即,在市场开放方面,我国与东盟、澳大利亚和新西兰之间的立即零关税比例均超过65%;我国与日本是新建立自贸关系,相互间的立即零关税比例也分别达到25%和57%。这对于货物贸易来说,是给相关企业的一种巨大的利好,也是降成本的一项重要手段。自贸试验区在抓住这一利好的同时,主动将其列入环境保护新路径之中,加快自由贸易协定(FTA)的环境规则研究及制度创新。

可以说,在不同规则领域里重视多边路径,综合利用区域和一定程度的单边实践路径,以及强化利用主导或主要参与的国际组织等平台,表明人类命运共同体理念指引下的国际经贸规则更新具有重要的理论价值和积极的现实意义。比如,重视与周边国家发展贸易关系,并通过开放国内市场而让周边国家分享中国发展的机会。通过平缓而非激进的制度学习过程管制风险、降低成本。探索服务"六稳""六保"新机制新模式,指导自由贸易试验区深化生态环境领域"放管服"改革,推进排污许可"一证式"管理,加快"互联网+非现场监管"等技术手段应用。健全生态环境分区管控体系,加强"三线一单"(生态保护红线、环境质量底线、资源利用上线、生态环境准入清单)和能耗双控在产业布局、环境准入等方面的应用,引导自贸试验区优化调整产业结构。自贸试验区应当对有关开发利用RCEP规则进行环境影响评价,加强生态系统保护与修复。并且,开展生态环境风险评估,严守生态保护红线。沿海沿河自贸试验区要积极参与"双碳"目标建设,加强岸线生态保护修复,有序推进疏浚土综合利用,探索海洋绿色发展新模式。同时,加强城市生态修复,推进公园绿地和绿化隔离带建设,完善绿色生态网络。

第三节　自贸试验区环境保护的对策选择

通过搭建对外投资服务平台，宣传和落实国家重大战略，完善自贸试验区外经贸发展环境，扩大中外企业交流合作，以"一带一路"为依托助力中国企业参与对外投资、工程承包等经贸合作，支持企业"走出去"。

一、推进建设"一带一路"国家环境保护示范区

通过高质量的自贸试验区建设、运营和管理，增强我国国际竞争力，在国际规则制定中发出更多中国声音，注入更多中国元素，维护和拓展我国发展利益，是我国外经贸发展必须时刻关注的重要课题。我国自贸试验区建设发展要对标国际高水平，建设一流营商环境，及时总结经验，通过复制推广，推动形成全面开放新格局。

1. "一带一路"对接自贸试验区的环境保护路径

自贸试验区积极搭建生态环境合作平台，开展环境技术交流与合作，支持共建绿色"一带一路"，这是以内促外对接自贸试验区环境保护的有效路径选择。在我国改革开放的新版图中，如果把"一带一路"看作横向铺开的话，那么，自贸试验区的意义就在于纵向深入。当"一带一路"在开辟对外开放新通道时，作为传统开放起点的沿海，在尝试着把改革开放"掘"得更深。"一带一路"的核心要点则在于东西互济、陆海统筹，要连续成线、发展成带（吕越等，2019）。以"一带一路"为纲，自贸试验区为目，纲举目张，共同深化对外开放的载体。要在相互协作中共赢发展，并在生态和谐框架下推进自贸试验区与"一带一路"的对接融合。当前，中国的要素双向流动下的环境保护呈现出两种路径：一是以"一带一路"倡议为导向，企业在"走出去"过程中强化环境保护；二是以自贸试验区的扩容为契机，吸引外资"引进来"，通过国外的绿色投资带动环境保护。对此，要积极谋划自贸试验区与"一带一路"在产业和要素流动中产生的各种制度创新，追求互补的发展机遇，避免"一哄而上"和生态环境遭受破坏等现象的发生（吕诚伦、王学凯，2019）。

要发挥政府在环境监管中的正向引领作用,政府通过对外政策的实施强化沟通协调,营造良好的合作环境,并在国内市场展开环境保护的统筹布局,为企业绿色经营与发展搭好平台。同时,要突出微观主体的作用。比如,依托企业不断探索自贸试验区发展的商业模式创新需求。换言之,自贸试验区最大的功能变迁在于从优惠政策的谋取转向制度创新。国内各区域的自贸试验区制度创新要自觉服从于国家的重大战略,环境管理要先行先试。主动引导产业或相关企业,特别是民营企业在自贸试验区构建绿色发展的协调机制,并使各方深度参与到环境保护的活动之中去。并且,应用制度规范的市场化手段引导企业绿色经营,积极矫正中国企业在快速"走出去"过程中的"粗放"现象。要借助于自贸试验区负面清单的管理模式,加强事中、事后监管,创造可复制、可推广的自贸试验区生态保护发展的制度路径依赖,使"一带一路"沿途的生产、流通、市场规模效应等得到综合发力,共同展现绿色发展的"人类命运共同体"理念。

要围绕生态环保的总体要求,探索区域开发开放与"一带一路"沿线相结合的互利共赢合作新模式、新机制、新办法。加大与沿线国家与地方政府、社会组织的沟通交往,努力形成"共益共生"的合作网络,搭建"一带一路"经贸合作的服务平台。自贸试验区要在环境保护战略规划中,加强与国内"一带一路"节点地区的环境会计核算,明确各自的责任,通过对外贸易发展的相互衔接与合作,使利益相关方均获得相应的收益。自贸试验区是我国对外开放的升级版,是继经济特区、新区之后的第三个开放"高地","一带一路"则是已经开展的形式中范围最大、开放水平更高、更深层次区域合作的发展倡议。一定意义上讲,国内国际相互协作的"双循环"新发展格局下,自贸试验区的预期目标落实效果如何,取决于自贸试验区如何对接"一带一路",能否体现"人类命运共同体"的"共益共生"要求。换言之,在"一带一路"建设中,企业是主体,政府可以为企业提供更好的管理、信息、融资等服务。特别是随着"一带一路"沿线自由贸易协定数量的增加,意味着有可能出现各种规则、标准的重叠与交叉。

政府应加大生态环境保护的宣传与培训力度,积极推进"互联网+"等数字化技术在自贸试验区产业联动中的应用,通过电子通关方式,推动"单一窗口"建设,帮助广大企业了解和掌握与不同国家之间的规则条款的应用特征,加强环境保护在内的各种贸易规则与措施在自贸试验区的先行先试,尤其要积极利用好"一带一路"沿线国家或地区已经达成的自由贸易协定。通过大力推动我国外贸由规模速度型向质量效益型转变,努力实现五个转变:一是推动出口由货物为主向货物、服务、技术、资本输出相结合转变;二是推动竞争优势由价格优势为主向技术、品牌、质量、服务为核心的综合竞争优势转变;三是推动增长动力由要素驱动向创新驱动转变;四是推动营商环境由政策引导为主向制度规范和营造法治化国际化营商环境转变;五是推动全球经济治理地位由遵守、适应国际经贸规则为主向主动参与国际经贸规则制定转变。

2."一带一路"绿色投资的经验推广

加强对我国企业对外投资布局的引导,鼓励企业利用新国际经贸协定中的原产地规则,合理调整产业布局。从1980年到2012年,30多年累计"走出去"投资5000亿美元左右,"十八大"以后到现在不到十年的时间,"走出去"投资已经达到5000亿美元。这背后,一方面是高质量共建"一带一路"需要更多中国企业走出国门,由贸易相通逐渐带动中国资本"走出去",在当地投资企业满足当地市场;另一方面,一些新经济从一诞生就具备全球化的基因,有"走出去"的需要,比如说数字经济的代表抖音、腾讯、阿里等,这些企业从一开始就要考虑国际化,不"走出去"竞争力就会天生不足,就等于把市场送给别人,就会在全球竞争中处于下风。"一带一路"国家经贸合作示范区是国内部分地区针对"一带一路"沿线特定国家或地区、综合承载具有"一带一路"特色的经贸合作项目、集中展示具有"一带一路"特色的经贸合作成果的对外开放新平台,是各地积极服务"一带一路"建设、充分体现地方担当的具体体现。

未来,自贸试验区会主动与"一带一路"绿色投资相挂钩,一方面,主动争取国家支持并批复设立"一带一路"国家经贸合作示范区。对现有中国—中东欧(宁波)国家经贸合作示范区、中国—中东欧(辽宁)国际经贸合作示范区、新疆巴州中巴经济走廊国家经贸合作示范区等各地经贸活动加强建设,将绿色理念与"人类命运共同体"理念有机融入具有一定发展基础的"一带一路"国家经贸合作示范区之中,争取国家支持并批复其制定的更灵活有效的实施方案。亦即,结合自贸试验区产业联动的特征,制定既能服务国家战略,又切合当地实际的实施方案,打造集中承载"一带一路"经贸合作项目、集中展示"一带一路"经贸合作成果的平台,为我国其他地区在"一带一路"建设中寻求地方担当、开展经贸合作发挥示范作用。另一方面,支持更多地区设立"一带一路"国家经贸合作示范区。借鉴浙江(宁波)、辽宁和新疆(巴州)等的经验,在较短的时间内,围绕六大经济走廊以及东亚、东盟、西亚、南亚、中亚、独联体、中东欧等"一带一路"沿线重点国家或地区,建设若干各具特色的"一带一路"国家经贸合作示范区。此外,赋予"一带一路"国家经贸合作示范区更加开放的政策措施。比如,对自由贸易试验区的产业联动,以及相关联的服务业进一步扩大开放综合试点的政策,尤其是国家层面的各项试点与试验。将自贸试验区先行先试的制度优势延展到各示范区,同时通过签署协议,在示范区内实行针对特定国家和地区的更加开放的政策措施。

"一带一路"是新时期中国基于全方位开放、地区和全球发展需要提出的具有开放性、包容性的国际倡议,也是重要的国际合作平台和全球公共产品。在"双循环"新发展格局下,结合自贸试验区产业联动特征,"一带一路"绿色投资以东南亚作为国家层面的合作重点与发展方向比较符合当前实际的路径选择。在过去8年,中国和138个国家签署了"一带一路"合作协议,东盟是极为重要的合作伙伴。"双循环"也必然会选择东盟或者部分东盟国家,这是我国与东盟的地缘关系决定的(福山,2015)。将东南亚地区作为"一带一路"绿色投资的首选,能够使"一带一路"与"双循环"有机衔接。2021年1月实施的RCEP很多缔约的成员国也是东盟国家。可以说,中国推进"一带一路"最大的亮点就是东盟。东盟已经成为中国第一大贸易伙伴,从1991年到现在,中国和东盟一直在发展伙伴关系,形成了非常好的基础,双方贸易每年都有非常大的增长,高峰时曾达到每年20%~30%的增长。中国与东盟在技术上具有很好的互补功效。

随着欧盟的重大变化,比如英国脱欧,英国与中国的贸易,不能算到欧盟里,所以欧盟与中国的贸易下降较快。东盟在一定程度上弥补了西方国家的空缺,美国、欧洲一旦出现问题,我们还有一个广阔的空间可以做支撑。2013年以来,中国发展"一带一路",与更多的发展中国家去做贸易,实施制度型开放,进口与出口相互促进,打开我们双向的市场,自贸试验区的重大意义能够更好地展现出来。自贸试验区对外开放高地引领作用突出,外商投资负面清单、境外投资管理模式改革、新型国际贸易和跨境投融资便利化等创新举措的实施,将自贸试验区打造成为了区域"引进来""走出去"的重要基地、区域国际贸易大通道和跨境投融资枢纽平台,显著提升区域对外开放水平,为建设世界级城市群提供了重要支撑。自贸试验区的制度创新极大地激发了市场活力,促进了区域经济发展转型升级和高质量发展。以天津自贸试验区为例,融资租赁、商业保理、平行进口汽车、航空制造维修等主导产业长期保持全国领先,生物医药、智能制造、创新金融等新动能加快推进,对所在地区经济的高质量发展起到了明显促进作用。

二、大力发展跨境电子商务与数字服务贸易

中国要实现从贸易大国向贸易强国转变,必须坚持供给侧结构性改革,推进高

质量发展,从劳动力、生产要素开放向制度型开放迈进。顺应世界各国对数字化改革的推动趋势,自贸试验区应在巩固电子商务的基础上,大力发展数字贸易,为国内经贸发展树立样板效应。

1. 总结国际经贸活动中的成功经验

近年来的国际经贸规则规制,其规范的重点从货物贸易转向服务贸易和服务业开放,集中反映了发达国家服务业参与国际竞争和拓展海外市场的利益诉求,因而未来的制度环境将有利于具有国际竞争优势的服务业。当前,我国服务业国内生产总值占比已经超过50%,但整体大而不强。为培育未来国际产业竞争新优势,要深化服务业改革,打破国内服务行业垄断,促进信息技术服务、金融业、专业商务服务业等高附加值服务业的发展,促进服务业国际竞争力的提升。自贸试验区要围绕贸易多元化,通过产业联动等措施寻求新的发展路径,同时这也是生态环境保护的内在需要。目前,新兴国家和发展中国家的经济总量已占到世界经济总量的40%,对世界经济增长的贡献更是高达80%(刘世强,2019)。

深化服务业改革,尤其是生产服务业的发展,需要多头并进,要巩固我国电子商务国际领先的优势地位,借助于电子商务的蓬勃发展使我国成为全球数字贸易的"领跑者"。对此,我们必须紧紧抓住机遇,认真研究国际电子商务和数字贸易的规则,自贸试验区在生态环境保护的基础上主动参与跨境电子商务等的联动服务,努力提升我国在数字贸易规则制定方面的话语权。以CPTPP为例,该协定的"电子商务"章节中提出了21世纪数字贸易发展的新规则框架,其标准比美韩FTA的电子商务章节有更大的进步。比如,将在线消费者保护和商业信息自由跨境传输条款由非强制性条款提升为强制性条款。在国内电子交易监管框架、个人信息保护、计算机设备的位置、垃圾商业电子信息、源代码等方面进行了规范。该标准远高于中澳FTA和中韩FTA中电子商务的标准。鉴于世界互联网基础设施和IT技术的快速发展,以及互联网用户迅速增加,人们已经意识到电子商务的巨大潜力和其可能给经济增长、就业和创新带来的重要影响。或者说,得益于数字技术在全球的广泛应用,数字贸易在服务贸易中主导地位逐步显现。2020年在全球服务贸易受到严重冲击的背景下,数字服务贸易几乎未受到影响,占服务贸易的比重在一年内提升11.5个百分点,涨幅超过过去10年总和。推动数字服务贸易便利化已成为世界各国促进经济发展的共识。

2021年11月1日,中国向《数字经济伙伴关系协定》(DEPA)保存方新西兰正式提出申请加入DEPA,符合中国进一步深化国内改革和扩大高水平对外开放的方向,有助于中国在新发展格局下加强与各国在数字经济领域的合作,促进数字经济创新和可持续发展。中国主动申请加入 DEPA,并与其他国家加强合作,通过吸收 CPTPP 等电子商务规则等的贸易规则条款,共同维护多边贸易体制。自贸试验区环境保护的路径之一,是通过电子商务与数字贸易联动机制着力培养一批具有"种子"效应的国际跨国公司,扩大在"一带一路"沿线国家和地区"朋友圈"的影响力,为推动自贸试验区所在地的区域经济发展,以及实现全球经济的可持续发展持续贡献力量。当务之急,是加快形成立足周边、辐射"一带一路"、面向全球的高标准自由贸易试验区环境保护规则,以及产业联动的网络体系。

凭借跨境电商的迅猛发展,我国已成为全球数字贸易大国,应重点支持大数据、人工智能、物联网、移动 5G 技术、云计算等核心数字技术的研发以及数字贸易模式的创新,提升我国在全球数字贸易和电子商务规则制定方面的话语权。大力发展服务贸易、数字贸易、保税业务、跨境电子商务等新业态,并积极开展开放式创新、互联网定制、网格化研发等新型国际合作模式。即,通过自贸试验区与国际上的其他园区的相互合作,主动嵌入国际贸易规则中的相关规则条款,推动国际社会跨境电子商务协作平台的构建,实现以多边形式引领跨境电子商务规则的建立。在制度型开放背景下,自贸试验区环境保护的路径之一,还需要依赖于商品贸易规则的国际化,以高标准、严要求进行规范,使自贸试验区发挥制度创新与引领的功效。

作为制度型开放的重要平台,上海进口博览会是助推国内大循环的重要的手段,通过进口带动出口,运用大数据等信息技术明确扩大进口的重点和产品目录方向,并积极发展离岸贸易,提升进口对经济发展和服务业转型的升级作用。同时,借助于自贸试验区外资产业或企业的经验,优化贸易便利化的程度或水平,持续减少进出口环节的审批监管事项,深化通关一体化改革,降低贸易环节服务型收费,加强和其他国家在检验检疫结果、报关单据格式等领域的互认工作,有效降低我国与合作方相应的非关税壁垒。目前,我国在签署的 FTA 中所涉及的议题范围明显低于美国、日本,且相关条款往往是对美、日、韩等签署的类似 FTA 文本进行适度修改或删减,原始创设的条款比较少。借助于自贸试验区的制度创新机制,探讨多边体制下的环境保护下的电子商务与数字贸易规则与路径,将是未来参与 FTA 规则制定的一个重点。换言之,国际经贸规则的重构不能将重心放在区域化的 FTA 构建上,需要将数字贸易与货物贸易结合起来进行规范。自贸试验区积极总结国际经贸活动中的经验与教训,选择制度创新的空间,将理论机制操作化,更好地与既有经贸实践进行对话。或者,运用面板数据,把自贸试验区环境保护与产业联动的样本纳入国际贸易规则的环境条款中来,从而一定程度上避免由于未观测部分而产生的选择性偏误,为自贸试验区环境保护路径的研究提供更为扎实的经验证据。

2. 推动各区域自贸试验区自主创新

从各区域自贸试验区的创新实践观察,各区域的自主创新的积极性与能动性都十分高涨。比如,山东自贸试验区通过做大做强"链上自贸"形式的数字化贸易平台,充分发挥"链上自贸实验室"的创新优势,加强技术攻关和标准制定,推动"链上自贸"与全球标识解析结合,向境外延伸监管链条。上线运行的"链上自贸"2.0版,借助于中检集团、国际贸易单一窗口等国内外资源,探索链上自贸海外数据延伸和应用,打通产品国际国内数据链。同时,以人力资本、生物医药、文化贸易、产业金融为重点,突出制度系统创新,整合产业发展促进政策,形成服务链、创新链、产业链的融合,打造片区特色产业发展集群。其中,在文化产业培育方面,主动申建文旅部"国家对外文化贸易基地"和商务部"国家对外文化出口基地",打造服务黄河流域的文化企业出海公共平台,构建文化产品研发设计、制作、出口、海外仓及海外分销等对外文化产业全生态链,提升区域对外文化贸易和文化产业发展水平,培育中国文化公共外交名片。同时,加大对自贸试验区差别化探索的支持力度,在特定领域开展更多系统集成制度创新。实施开放压力测试力度检测,对标高标准经贸规则,进一步压减自贸试验区外商投资准入负面清单,在自贸试验区探索建立跨境服务贸易负面清单管理制度,在推动规则、规制、管理、标准等制度型开放方面加大探索(何晓清,2013)。

从天津自贸试验区来看,该区通过鼓励与沿线的民间组织开展以海洋为主题的电影节、海洋文化年等形式多样的文化艺术交流活动,共同制作体现沿线多国文化、多语种的文艺作品和媒介宣传。融资租赁产业的发展是天津自贸试验区制度创新的一个缩影。五年来,从我国第一单保税租赁业务落地,到东疆成为全球第二大飞机租赁聚集地,租赁标的物从飞机,拓展到船舶、海工平台、航空发动机等,这背后正是强大创新能力和服务能力的支撑。天津自贸试验区东疆片区正力求在投资、贸易、航运、金融以及放管服方面做全方位立体化的改革,目标是向世界一流港口和自由贸易港转型,努力为全国深化改革和扩大开放探索新的路径,积累新的经验。

自贸试验区通过制度创新,不断优化营商环境,以江苏自贸区为例。2019年3月,江苏自贸试验区提出:"在自贸试验区探索实施国际船舶登记制度,争取交通运输部海事局批准设立'江苏南京'船籍港,放开船舶所有人注册资本限制","开放国际船舶登记业务,设立'江苏南京'船籍港,对于江苏自贸试验区以及南京区域性航运物流中心建设有着重要意义"。比如,江苏自贸试验区在7区域范围内,船舶企业不再受船舶所有人注册资本结构中的中资不得低于50%的限制。

江苏自贸试验区主动争取交通运输部海事局授权,在自贸试验区设立外国船舶检验机构开展中国籍船舶入级检验业务,并逐步放开船舶法定检验业务,方便船东选择船级社进行船舶检验,形成高端航运服务集聚效应。作为中国全面深化改革和扩大开放"试验田""排头兵",自贸试验区必须在生态环境保护的前提下,继续加快推动制度创新、优化营商环境。云南自贸试验区提出,试行动植物及其产品检疫审批负面清单制度,优化生物医药全球协同研发的试验用特殊物品的检疫查验流程;广西自贸试验区提出,依照自由贸易协定安排,推动实施原产地自主声明制度和原产地预裁定制度,等等。在中国与东盟卓有成效的贸易往来中,跨境电商功不可没,广西自贸试验区正在这方面发力并实施制度创新。中国和东南亚的数字经济合作比较早,也比较快,发展层次比较高。中国与东南亚的数字贸易分几个层次:一是跨境数字贸易。比如,疫情期间进口的东亚水果,出口的中国北方水果等。二是新一轮的数字经济合作。目前,正在制定相关的新政策,广西自贸试验区正在参与这些政策的制定之中。此外,广西每年召开的中国东盟博览会,泛北部湾经济合作,以及中国和东盟数字贸易中心等,都为自贸试验区的创新发展提供着重要的合作基础。受地缘政治的挑战,尤其是中美关系的影响,发展数字经济更加迫切。

从当前的现实情况看,东南亚是美国和中国竞争数字经济影响力或者是数字治理影响力的一个关键"战场",因为在这方面,使用谁的数字基础设施,将会形成相应的规则,这都会影响到中美在这个地区的影响力。加之,东南亚区域的法律、风俗习惯等对于我国来说更容易适应。广西自贸试验区在这方面可以说是顺风顺水。总之,越开放,越能倒逼改革。以海南自由贸易港为例,海南自由贸易港体现了需求侧管理的客观需求。我国在自贸试验区供给侧结构改革取得成效基础上,走向自由贸易港这种大开放格局,表现出的是借助于外部推动所聚集的内部动力。海南抓住历史发展的机遇,集中力量发展现代服务业、旅游业和高新技术,稳步推进中国特色自由贸易港建设。建设海南自由贸易港就是要对标世界最高水平的开放形态,学习新加坡、迪拜等国的经验,完善环境保护的运作机制。海南自由贸易港既是制度型开放的佐证,也是对标世界上最高水平的内在要求,成为中国联系东盟、联系泛南海、联系亚太区域的一个真正的桥梁。

第四节 本章小结

　　自贸试验区环境保护路径的设计应以区域经济社会效益整体最优为出发点，引导要素自由流动。要重视环境保护的重要性，自贸试验区在产业联动的过程中要结合产业内上、下游关联度较高的企业，或产业间互动性强的企业，进行领跑布局，促进同类企业、同类产业集聚，在实现规模经济效应的同时，多力助推自贸试验区的环境保护，按照绿色发展理念，科学构建自贸试验区的生态环境保护格局，合理设置产业联动"准入门槛"，加快外迁高污染企业和改造传统产业，促进产业发展与生态环境建设互促共进。及时梳理总结自贸试验区的环境保护经验，形成更多高质量的制度创新成果，在更大范围复制推广，向全国释放深化改革和扩大开放的制度红利，带动我国营商环境不断优化。此外，支持各自贸试验区落实各项稳外贸稳外资政策，培育壮大外向型经济，激发市场主体活力，更好发挥外贸外资企业在自贸试验区的集聚效应。不仅要重视既有规则下的路径变化，更要关注规则变化下的新路径选择。人类命运共同体理念虽然超越了利润共同体，但各国的发展共同利益仍然是人类命运共同体的重要组成部分，也是总体路径中"发展"维度的体现。要探索嵌入国际FTA规则特征的自贸试验区环境保护制度，基于"人类命运共同体"理念引导国际社会重构更加公正、合理的国际经贸规则体系，是对全球经济治理的重要贡献。要认真总结我国各区域的自贸试验区的环境保护经验与路径选择。总体来看，主要有三种路径：一是以环境监管创新为特征的海南自贸港发展路径；二是以生态环保一体化为特征的上海自贸试验区的环境保护路径——生态环保一体化；三是以湖北等自贸试验区为代表的内陆区域自贸试验区的环境保护路径。

　　数字化改革已经成为全球经济发展的新情境，我国许多产业面临数字化转型的机遇(Liu et al., 2011)。要围绕数字贸易探讨自贸试验区的环境保护路径选择，自贸试验区要在优化监管机制、简化制度流程、提升监管效能等方面主动实施创新。要建立和健全数字贸易的环境保护措施，在具有优势同时也存在不足的领域，如电子商务规则领域，借助于多边/区域以及一定程度的国家实践路径，服务于产业结构转型，实现自贸试验区的环境保护。通过通畅的自贸试验区多方监管协作机制，放宽投资准入对产业环境保护的要求。并且，主动从需求侧入手实现自贸试验区的环境保护，以"人类命运共同体"为指导开辟自贸试验区环境保护的新路径。同时，从发展中国家或者第三世界国家经贸活动的利益出发，为国际社会提供中国自贸试验区探索的数字贸易等实践经验。即，通过贯彻"人类命运共同体"理念，在作为核心的国际货物贸易规则领域牢牢抓住并利用环境保护规则实现社会的可持续发展，自贸试验区重视以规则解释更新规则的路径，通过搭建对外投资服务平台，宣传和落实国家重大战略，完善自贸试验区外经贸发展环境，推进建设"一带一路"国家环境保护示范区，总结和提炼并推广绿色投资的经验。进一步强化中国与东盟各国的联系，紧紧抓住 RCEP 实施的有利时机，大力发展中国与东盟的跨境电子商务与数字服务贸易，推动各区域自贸试验区自主创新。自贸试验区的发展，从根本上讲，还是要加快我国产业转型升级步伐，降低加工贸易比重，支持企业依靠技术进步提高产品附加值，提升在国际市场中的竞争力。

第七章
自贸试验区环境保护的实施机制

　　自贸试验区环境保护路径的选择与应用离不开环境保护机制的构建与实施。从自贸试验区成立初期到发展成现在分布全国各地的21个自贸试验区(港),生态环境保护与环境规则构建一直是制度设计的焦点,始终受到各级政府的关心及高度重视。从理论上讲,构建自贸试验区的环境保护机制重点应放在约束机制上,而许多地区的自贸试验区环境保护实践表明,应当在约束为主的基础上强化激励机制的构建,注重包括经贸活动中的投资负面清单管理等在内的保障机制的有效配合。只有在各项机制有序推进的前提下强化自贸试验区的环境规则建设,区域内各企业或单位积极履行生态环境保护责任的期望值才能最大化,环境保护才能真正落到实处。或者说,自贸试验区环境保护实施机制必须与各地的经济发展规划与实施路径密切配合,主动开展适应性的制度创新,通过制度创新与先行先试等优势功能引导区域经济发展,使自贸试验区环境保护真正发挥其正向的价值促进作用。

第一节　自贸试验区协同视角的环境保护机制

　　我国自贸试验区的建设是制度型开放条件下的国家发展战略,自贸试验区环境保护机制是区域经济发展服务于国家战略要求的内在体现,也是处理国际经贸关系的环境管理样本。自贸试验区的环境保护机制必须坚持自主的制度创新原则,积极营造法治化、市场化、国际化的营商环境。

一、负面清单管理与信任机制构建

目前,调整自贸试验区改革的制度规范体系已经初步确立,针对环境保护等方面的制度创新需要进一步推进改革,要结合法治建设的总体要求进行完善,促进自贸试验区自身及其利益相关者共同构建环境保护的治理体系。

1. 负面清单对环境保护机制建设的影响

负面清单主要是针对投资行为实施规范的一种管理手段,目的是建立更具开放度和透明度的投资监管体制。借鉴FTA的负面清单制度,实施投资规则下的开放投资准入权,不仅是对外投资监管的重大挑战,更是对外投资的高水平透明度的严格要求。即,不仅需要按照规则条款进行环境保护等内容的信息审核,即查看有无不符合环境生态要求的详细资料证据,同时在实施这些活动过程中,必须保持高标准的透明度。负面清单的实施表明我国制度型开放的坚定信心,即使对国内尚不存在的产业,在我国自贸易试验区同样也实施全面开放。这里面的风险很多,对于环境保护来说,同样存在极大的风险因素,为了减少海关监管带来的压力[①],可以考虑在自贸试验区建立全新高效的政府监管为主与行业协会等自律组织补充的多元市场监管网络,比如环境保护协会、环境会计协会等组织的参与等,进一步适应制度型开放下对内对外相互协作的"双循环"新发展格局的客观需求。

自贸试验区的环境保护机制是各级政府环境监管的一项重要内容,它通过激励与约束机制和保障措施等的管理手段,努力实现自贸试验区的生态和谐与经济发展。目前的21个自贸试验区(港)之间是一种既竞争又合作的关系,必须通过制度创新引导自贸试验区向低排放及适应性经济转型,构建具有正面环境保护效应的负面清单管理模式,如图7-1所示。

图7-1表明,在负面清单的产业选择及特别管理措施上应鼓励开放发展现代服务业、先进制造业,从产业结构上助力生态环保型自贸试验区的建设。加强自贸试验区环保法规政策制定,完善具有"正面清单"性质的环境规则和环境审批制度,

---

① 我国海关针对自贸试验区负面清单管理的现实情况,采取"一线放开、二线管住、区内自由"的监管模式,从形式上看,实现了制度上自贸试验区与外部世界的完全开放和一体化。但是,对于自贸试验区的管理,比如环境与生态管理而言,受各种外部经济冲击与技术因素等的影响,仍然面临着严峻的环境保护考验。

图 7-1 正向的负面清单管理模式

构建有助于生态文明建设的内外资公平的"国民待遇"环境,从环保法规制度配套体系上助力生态环保型自贸试验区的建设。同时,规范事中、事后的环保监管体制,促进自由贸易对环境保护的正面效应或效果。

从宏观层面上看,必须依据基本实现社会主义现代化远景目标要求,理顺市场配置资源与政府宏观调控之间的辩证关系(周小亮,2021)。同时,大力发展数字化经济,重视工业互联网的改造及其与流通、配送领域的融合,促进企业资金良性循环,资本周转持续加速。将负面清单管理嵌入自贸试验区环境保护机制之中是国内各个区域自贸试验区的内在需求,但由于国内自贸试验区分布的广泛性,以及产业及政策规范的不一致性,在负面清单与环境保护结合方面需要具有权变性特征。即,充分考虑国内产业的特点,并且与现有的法律法规相互衔接。

由于负面清单需要对国内产业进行复杂的评估,如果某一产业因评估不当而没有列入清单中,则会导致该产业发展因外资冲击而受阻。考虑到目前我国产业国际竞争力不强,在金融、航运、信息传输、软件和信息技术服务等行业,扩大开放预计会带来一定冲击。因此,充分考虑目前我国的产业结构特点,对列入负面清单的竞争力较弱的产业进行适当保护,比如可以实施环境监管的"正面清单"等。这方面日本的经验值得借鉴,日本通过对国内产业进行归类,对竞争力不强需要大力保护的行业部门适度保护,而关系到国计民生的产业部门则不开放。同时,清单的内容还需要考虑与现有法律法规的衔接。国家相应地暂时调整"外资三法"中有关"审批"的内容,为审批改为备案提供法律保障。

2. 信任是制度型开放条件下环境保护机制的"润滑剂"

信任问题是影响贸易障碍和交易成本的重要因素,信任有助于降低交易成本,创造贸易机会,进而促进贸易增长。在制度型开放条件下,良好的信任能够消除各国间存在的误解、矛盾和冲突,加强和巩固国家间的经贸关系,为自贸试验区创造更多的合作机会。或者说,在国内自贸试验区管理体制需要完善,以及贸易摩擦日益严峻的关键时期,信任对制度型开放条件下的区域经济发展尤为重要。信任是环境保护机制构建和有效运行的"润滑剂"。信任深刻反映了自贸试验区相关区域的社会制度和道德规范,对经济行为和环境保护效率产生着深远影响,是继实物资本、人力资本、技术进步之后影响制度型开放的关键要素。

当前,中国大力融入全球经贸规则的协调与制定之中,发挥"双循环"在参与全球资源配置中的积极作用,必须建立健全信用体系,提高以自贸试验区为代表的中国经贸活动的信任水平。与此同时,随着中国面临的贸易保护主义持续增强、贸易摩擦日益加剧,"信任、合作和自由贸易"已成为中国深化对外开放进程中的重要主题(曾燕萍,2019)。信任通过降低交易成本、减少不确定性促进国际贸易发展。信任的定量测度是经济学领域进一步深化环境保护机制的关键课题(黄少安,2021)。从微观企业层面考察,自贸试验区的营商环境,或者将信任博弈实验拓展到环境保护领域,考察区域内组织的信用体系建设,具有十分重要的基础作用和积极的现实意义。信任除了通过促进经济增长和贸易往来直接影响自贸试验区经济发展外,还对投资等生产投入产生深刻影响,进而间接地作用于经济发展(Grossman,1995)。在高信任水平的社会制度下,一国的贸易商与其他国家的贸易商进行交流合作的自主性和可能性更大,也更容易达成贸易协定。自贸试验区构建高水平的信任机制有助于促进贸易交流、扩大外商直接投资以及增进国际投资组合的可能性,同时更好地展现生态与环境保护的决心与信心。

自贸试验区需要抓住进一步改革和转型的有利时机,国际经贸形势和新发展格局也处于大变革大调整的关键时期,中国经济增长面临着日益加剧和复杂的国内外挑战。在此过程中,关注非正式制度、社会资本、文化因素对经济增长的影响,努力提升中国自贸试验区整体的社会信任水平以及中国与贸易伙伴间的双边信任,以降低交易成本、提高经济运行效率、促进贸易投资发展等,发挥积极功效。环境保护及其他商业法规等的应用需要结合各地自贸试验区的发展情况展开分析,并加以修订与完善。在区域社会环境优化的基础上增进整个社会的信用体系建设,通过自贸试验区合作伙伴之间的契约精神培养并促进中国经济的长期增长,使环境生态保护在一个重要的地位之上具有实际的操作意义。良好的信任水平可以降低交易成本从而促进自贸试验区的发展,但过度的信任可能会导致盲目投资,扰乱区域环境保护政策,进而抑制自贸试验区各有关组织的发展。

二、全球产业链重构与完善环境保护机制

全球产业链重构注重弹性和韧性,加速全球经济秩序的重新"洗牌"。产业链的发展,既要政府管控,也要充分调动市场积极性;不仅要注重发展经济,又要强化

社会管理的中心功能,保证社会经济平稳有序运行。

1. 全球产业链重构的特征

2000年以来,全球经贸格局发生了重大改变,伴随着东亚各国融入全球价值链分工体系的程度不断加深,东亚地区在整个世界分工体系中的地位日渐提升。前些年,以美国为核心的亚太区块和以德国为核心的欧洲区块所构成的"双极结构"逐渐演变为"北美—欧洲—亚洲"的三足鼎立区块格局(鞠建东等,2020),全球生产网络形成了分别以中国、美国与德国为中心的亚洲、北美与欧洲三个区块。经济全球化从贸易的全球化逐渐演变为投资的全球化,以直接投资为载体的生产要素跨国流动成为世界经济的主要特征(张幼文,2020),跨国生产网络、全球价值链替代单一国家的本地生产成为主要生产模式,由此也对全球经贸治理提出了新的要求,投资壁垒、服务贸易壁垒、边境内措施等议题的重要性日益凸显。然而,现有的多边贸易体制是以民族国家本地化生产为基础加以构建的,由于没能跟上现实的产业链发展,从而依靠制定相关的管理贸易、投资、知识产权和服务的一整套新规则来加以约束(鲍德温等,2015)。然而,这些补救措施远不能满足基于全球价值链的经济全球化治理的内在诉求,各国纷纷诉诸区域性的诸边治理体系以消除全球价值链分工发展中面临的制度障碍,CPTPP、RCEP等贸易规则就是在这种背景下形成的产物。

近年来,随着商品和要素的流动型开放向规则等制度型开放转变,中国的全面开放政策已成为全球经济持续增长的引擎。加快构建国内国际相互协作的"双循环"新发展格局,是中国经济新情境下的战略选择(李旭红,2020)。以国内大市场为主体,体现出的是一种开放合作的"双循环",不仅中国的国内市场成为了世界的市场、共享的市场,相关的政策安排也全面实行开放,鼓励并吸引国外的投资者来中国进行发展。同时,中国也以积极的姿态展示全球治理的决心,突出的表现是在国际贸易规则等的重塑过程中,中国由过去全球参与者转变为现在的全球化推动者和引领者。

传统以来,以"两头在外,大进大出"为特征的沿海经济"双嵌入"模型,虽然符合当时的中国经济情境,但随着中国体量的增大以及经济速度的加快,再维系这种"双嵌入"模式已经不合时宜,即该模式已完成其发展的历史使命。我国政府在坚持供给侧结构性改革,努力发挥中国经济规模大、效率高等优势的同时,果断地实施国内国际互相协作的"双循环"经济新模式。一方面,通过"双循环"战略促进内需的挖潜和高质量技术等的创新;另一方面,结合自贸试验区发展,在进口博览会等手段的辅助下,以进口带动出口,使中国经济进入新的发展格局。全球产业链的重构彰显出自贸试验区的重要性,其传统的"窗口"和"制度特征"在环境保护政策的支持下,正在实施产业联动,带动区域经济的发展,促进产业链焕发出新的面貌。在保护生态与环境前提下促进经济发展是产业链、供应链稳定性和竞争力的保证,并对"双循环"带来积极的促进作用。

近年来,我国在全球产业链体系中的位势明显提升,很多产业本地化程度提高,但产业链不稳、不强、不安全的问题仍然突出。过去几年,由于要素成本提高,加上中美经贸摩擦冲击,我国经历了两轮产业外移压力。新冠肺炎疫情又带来了国际上所谓供应链"去中国化"问题,这对我国产业链稳定性带来新的挑战。我国产业链整体上处于价值链中低端,在产品质量和性能上,核心零部件、高端装备的精度、稳定性、可靠性和使用寿命等方面与发达国家差距仍然较大,对全球资源的整合和控制能力不足,一些具有国际竞争力的产业仍处于产业链不完整状态,存在短板和风险,迫切要求补链强链,增强抵御风险能力(Maas et al.,2016)。

2021年12月的中央经济工作会议指出,在充分肯定成绩的同时,必须看到我国经济发展面临需求收缩、供给冲击、预期转弱三重压力。在扩大内需方面,当地政府要与自贸试验区相互协作,通过减税降费、惠企纾困、适度超前支持关键项目建设、尽快形成实物工作量,对结构性货币政策和金融机构支持实体经济特别是小微企业、科技创新、绿色发展的力度和效能予以充分保证。在保供给方面,要先立后破,深化供给侧结构性改革,突破供给约束堵点、痛点、难点,打通生产、分配、流通、消费各环节,抓好要素市场化配置综合改革试点,扎实解决供给端约束对经济增长的限制和阻碍。要保障能源、电力和初级产品供给,同时推进生产领域的核心竞争力提升、产业升级、数字化改造以及资源全面节约、集约、循环利用和消费领域的全民节约意识以及简约适度、绿色低碳的生活方式。在稳预期方面,要依靠微观主体和市场主体的稳定和发展,继续坚持在多予、少取两方面下功夫;落实好支持制造业、中小企业的助企纾困政策,通过分类指导,精准服务,从体制、机制、法制等各方面为企业创造良好的经营环境;更加重视结构调整,多用市场化和法治化措施,通过持续激发市场主体活力来增强企业和经济发展自身的活力。

2. 完善环境保护机制是自贸试验区制度创新的客观需要

宏观经济采取"内循环为主,内外双循环协作"的发展方针,是我国政府在内外部环境发生重大变化情况下对以往经济所作出的一次战略调整。这种主动转方式、调结构、换动能的目标变迁是化被动为主动,积极应对新冠肺炎疫情以及世界经济动荡和保护主义盛行等对企业利益冲击的有效举措。自贸试验区的开发及产业联动等举措必须严格遵守生态环境保护的相关法律法规,符合相关政府规划的要求。

进一步健全生态环境分区管控体系,加强"三线一单"(生态保护红线、环境质量底线、资源利用上线、生态环境准入清单)和能耗双控在产业布局、环境准入等方面的应用,引导自贸试验区优化调整产业结构。自贸试验区应当对有关组织的开发利用规划展开环境影响评价。迅速提升自贸试验区制造业整体的绿色化水平,大力发展新能源、新材料、节能环保等战略性新兴产业,建设国际一流的绿色再制造基地。从理论角度观察,通过"双循环"转换中国经济的发展动力,优化发展的结构与方向,是经济全球化理论在"人类命运共同体"理念下的一种创新实践。通过内向化的产业集约发展,尽快恢复全球产业链活力,形成以中国市场为引擎的全球供应链、产业链的新体系,是宏观经济新格局下推动我国产业迈上全球价值链中高端的必由之路。

为了发挥我国自贸试验区在"双循环"中的积极作用,在引导高端技术向自主可控方向转变的微观主体背景下,必须将环境保护机制嵌入引进外资及促进产业发展的政策措施上,促进全球产业链重塑以生态环境保护为重点考虑事项。从自贸试验区环境保护的内在动机着眼,产业集群及区域产业联动是促进区域价值创造的内生动力与外在行为,需要国家宏观层面的环境与生态政策的呵护,这也是区域经济长远发展的战略体现。强化自贸试验区的环境保护,有助于推动我国产业整体水平的提升。制度型开放是"双循环"的基础,是一种以"放"促"开"的外在具象,有助于进一步打破创新资源与创新要素配置形成的组织壁垒和组织边界,减少企业和产业运行的交易成本。在"双循环"的宏观经济新格局下,自贸试验区处理好外需和内需之间的内在联系、出口和进口之间的平衡发展关系,强化贸易政策和产业政策协调,有助于主动抢占先机,发挥先行先试、制度创新的优势地位。亦即,面对错综复杂的国际国内新形势,必须加快自贸试验区的产业扶持政策,进一步挖掘降本增效的潜力。即在扩大内需和稳定外需的同时,自贸试验区在不断扩大经营范围的同时必须注重环境保护,实现区域内经济的良性互动和生态平衡,提高我国经济的可持续发展动力和能力。

在"双循环"时代产业群体的作用可能更加强大,要发挥产业集群中龙头企业的带头作用。比如,鼓励本土企业以抱团集群的方式参与跨国经营,组合资本、技术等布局跨境产业链与价值链。即在不断吸引外资进行合资经营的同时,本土企业则向外合资,拓展全球价值链的空间布局。要结合自贸试验区制度创新的特征,关注环境保护机制的更新方式,通过自贸试验区制度创新来平衡经贸活动中各类企业之间交易成本的和谐利益关系,为环境保护的信用制度建设提供微观层面的基础支撑。同时,需要结合法律手段嵌入环境监管的基本要求,尽快形成自贸试验区环境保护的工具方法创新。必须顺应科技全球化发展的新趋势,通过自贸试验区的制度创新平台,促进经贸活动中的企业或组织,强化数字产业化与产业数字化的深度融合,推动经营模式创新,通过扩展环境保护机制的有效性为自贸试验区数字化转型保驾护航,促进生产性服务业与制造业的协同发展,加快促进自贸试验区产业领域向数字化、网络化、智能化的方向转变,从而实现产业结构转型升级。

在"中国制造"向"中国智造"转型过程中,中国外贸产品的竞争力和科技含量正在不断提升,境外对中国商品和服务的认可度持续提高,中国产业链的韧性得到充分验证,高水平、高质量、高科技产品以及服务贸易的进出口将有望加速增长。RCEP已经在2022年1月1日正式生效实施,成员国之间的对外贸易创新发展等政策体系日益完善,随着我国多轮稳外贸促外贸政策措施的有效落地,我国对外贸易在国际市场布局(尤其是对发展中国家和新兴经济体贸易)、国内区域布局、贸易方式、民营企业进出口提速等方面的优化势头正在有效延续。自贸试验区要大力鼓励科技创新、绿色发展,技术进步将带来全要素生产率的提高;要对绿色制造业、新兴产业、高技术企业、"专精特新"中小企业等加大投资;当前,产业链自主可控和"卡脖子"领域仍是我国经济发展亟须解决的问题。

中国经济已由高速增长阶段转向高质量发展阶段,需要加快转换发展动力,依靠更深层次的改革、更高水平的开放和更加融合、高效的创新,提高经济效率、竞争力、生产率和资源配置效率,通过健全机制体制,推进制度改革和治理改革。或者说,我国经济增长的动力源泉将主要来自于科技创新为核心的制造业投资和基建投资的加速增长,以及消费复苏和出口的持续向好,积极的财政政策将成为助力经济增长的主要着力点和托底经济的主要手段,对中高端制造业、科技发展和绿色投资的政策支持将成为稳定经济增长和优化经济结构的"平衡器"。

第二节 基于产业结构完善的环境保护机制构建

加强自贸试验区之间、区内外之间、省市之间、政府部门之间、政策法规之间的协调关系,实现产城融合发展。近年来,企业集群变迁向环境产品转型的现象很多,如转向光伏产业,太阳能、大气治理等环境产品的产业,治理污染改善环境的产业已成为中国当前新兴的市场领域。对于处于东南沿海地区的企业集群变迁来说,环境保护不仅仅是一般层面企业集群中的环境问题,还必须关注自由贸易协定的环境问题。亦即,环境保护与自由贸易往往不是一帆风顺的,无论是哪一种自由贸易协定(FTA),都会对环境因素有所规范。

一、自贸试验区产业政策中的环境保护机制

完善自贸试验区环境保护机制,加强产业政策与贸易政策的衔接与配合。根据环保标准、社会责任等具体要求,依法完善商品进出口管理。通过产业引导,强化环境保护的事中事后监管,优化自贸试验区的产业政策目标,加快海关监管区域整合优化。

1. 环境保护机制要主动服务于产业生态建设

生态文明建设是自贸试验区环境保护理念的重要体现,以牺牲环境为代价换取一时的经济增长的时代已经一去不复返了。产业发展只有走生态优先、绿色可持续发展的道路,才能实现区域经济的繁荣,促进成员企业的和谐共生,成就更加美好的未来。环境保护机制就是要遵循可持续发展原则,从减量化、无害化和再资源化入手强化自贸试验区的环境保护。国内外的许多研究成果表明,产业政策离不开环境保护和物料资源等环境管理工具的有效利用。比如,环境保护机制在产业集群区域中的渗透,生态环保理念嵌入外贸企业供产销及售后服务的产品周期,以及开展生产环节中投入产出视角的物料流量成本核算和环境资源消耗成本的核算与控制等。要加强自贸试验区贸易政策与产业政策的协调,适时修订产业结构调整指导目录和外商投资产业指导目录,促进优化贸易结构和国内各区域的布局,推动创新发展、品牌培育、产品和服务质量提升及国际营销网络、境外服务机构建设。完善支持环境保护的经贸发展政策,进一步优化进出口减税结构,完善税收政策。在产业集群的优化过程中,可以分区域进行不同层次的设计,照顾不同地区经济发展水平,使区域资源整合消除制度性障碍,实现产业要素共享、产业生态和谐。

自贸试验区要围绕战略性新兴产业发展,积极吸收并借鉴应用 CPTPP、RCEP 中的环境管理规则与条款,密切跟踪世界科技和产业发展方向,通过产业联动等方式,突破一批关键核心技术,加快形成先导性、支柱性产业。现阶段,我国是世界唯一拥有联合国产业分类中全部工业门类的国家,产业体系完备,并且在通信技术、

航天、交通、电力、装备制造等领域具有较强国际竞争力。此外,新型举国体制在聚焦国家战略和科技前沿、集中力量协同攻关等方面的优势更加显著。要结合我国经济体制的情境特征,强化自贸试验区制度创新的主动性,鼓励优势产业产能向外拓展发展空间。加快产业布局调整,推进区域协调发展,注重产业生态的建设。同时,结合国内国际相互协作的"双循环"的要求,立足国内大市场,拓展国际大舞台。鼓励自贸试验区产业联动中的相关企业深化国际合作,提高国际竞争力。无论是从"提升科技实力和创新能力"转向"强化国家战略科技力量",还是强调产业链与供应链的自主可控,体现的是国家主动面向未来的战略意图,是我国现代经济高质量发展的客观需要。要进一步发挥产业生态中的环境保护建设,发挥东部尤其是东南沿海区域自贸试验区(以上海自贸试验区为龙头)开放先行和技术辐射的引领作用,促进华北、东北和西北等各个自贸试验区加大开放力度,鼓励龙头企业在条件允许的情况下向内地延伸经营领域,扩大"老少边"等地区因地制宜的投资与开放。

2. 结合数字化产业发展促进环境保护机制的完善

传统的产业转型升级往往借助于外部市场驱动,倡导"走出去"为先的路径安排。自贸试验区要在国内国际相互协作的"双循环"背景下,通过国内消费挖潜,借助于环境保护机制建立与健全数字化产业集群,促进产业体系来提升全球经济的活力与动力。即遵循的是"人类命运共同体"的理念,倡导的是经济的高质量发展。2021年12月,工信部联合国家发展改革委、教育部、科技部等部门发布了《"十四五"智能制造发展规划》,提出到2025年,70%的规模以上制造业企业基本实现数字化网络化,建成500个以上引领行业发展的智能制造示范工厂。制造业企业生产效率、产品良品率、能源资源利用率等显著提升,智能制造能力成熟度水平明显提升。此外,自贸试验区要支持跨境电子商务、经贸综合服务平台、市场采购贸易等新型贸易方式发展。

要增强前瞻性思维,主动面向未来,调整企业与经济社会和生态环境之间的关系,探索包容性的绿色发展路径。要响应国家数字化建设的号召,加强大数据、人工智能、区块链与物联网等技术在自贸试验区环境保护中的应用力度。比如,借助于大数据技术获取量大、信息全、价值高等的有用数据,使自贸试验区环境保护更加系统、全面、高效。在自贸试验区环境与生态管理的执行环节,大数据技术可以帮助企业适时掌握市场信息,迅速调整管理手段,优化环境生态的动态控制(Mikalef & Pateli,2017)。大数据与人工智能等的综合应用,还可以使环境保护智能化,或者形成智能化环境保护机制。即借助于数字化技术手段能够使自贸试验区快速、准确地把握市场动态,高效的创新环境管理制度,为自贸试验区管理当局明智决策提供科学手段的支撑。

当前,数字化改革已经成为自贸试验区建设的一个重要方向,自贸试验区要进一步完善国际贸易"单一窗口"、公共信用信息服务平台、事中事后监管平台等。跟踪了解我国外经贸运行态势,深入研究经济全球化新趋势,聚焦重点行业、重点市场、重点国别,分析国际贸易和投资热点问题,就境内外贸易投资的法律法规、汇率、利率、税率调整及有关国家和地区的投资贸易政策环境变化等,组织开展前瞻性、针对性研究,做到科学预判,避免信息碎片化。深入行业企业调研,积极宣传自贸试验区优惠政策,广泛收集反映自贸试验区规则实施过程中存在的问题和不足,积极主动推进贸易便利化工作,实施世界贸易组织《贸易便利化协定》。顺应跨境电商等外贸新业态的发展,加快应用无纸化、电子化手段,不断提升原产地证书、货物暂准进口单证等的签发效率,加大国际物流基础设施建设和运营力度(如"中欧班列"、空港物流),为企业提供便捷高效的融资、通关、退税、物流、保险等综合服务。

客观地说,自贸试验区为产业集群打造共生共赢的市场生态和技术生态提供着环境保护的强有力支撑。产业数字化是数字经济的重要载体,即对数字资产进行整合与重组。2020年10月,中国信息通信研究院发布报告,"2019年,全球数字经济规模达到31.8万亿美元,占全球经济总量比重已经达到41.5%;在经合组织(OECD)36个成员国的商业研发投入中,用于数字经济研发投入占比33%,很多国家用于研发数字经济的投入已经超过了本国GDP的0.5%。"①数字经济体系框架包括"四化",即数字产业化、产业数字化,以及数字化治理与数据价值化。从我国的现实情况看,产业数字化一项重要内容是对制造业进行转型升级,对于广大的中小制造业企业而言,借助于大数据与人工智能进行转型升级,产品质量肯定能够获得更大的提升,但技术与资金可能受限。自贸试验区实施产业联动应当将重点放在环境产品与贸易服务条款质量的提升上面,通过开拓更大的市场空间,推动贸易成员与企业集群之间实现环境产品和服务的贸易自由化,以及扩大出口和提高企业集群区域的环境成本管理能力。

自贸试验区产业联动中的环境成本约束,需要借助于"溢出效应"反作用于FTA,对国际经贸规则的制定产生积极影响。我国作为贸易出口世界第一、对外投资世界第二位的国家,产业集群绿色转型是符合国家政策方向及其整体的环境利

---

① 参考网页:https://weibo.com/ttarticle/p/show?id=2309404564650426761311。

益的,通过集群变迁的环境成本约束构建区域性的环境高标准,是区域经济发展的战略要求(张其仔,2008)。以"环境成本"为尺度对产业联动中的相关企业进行绿色测试与评估,客观、系统、全面地对集群转型进行环境分析,能够依据"环境成本约束"对集群变迁传导出规则效应与环境效应,促进环保产业向集群变迁的方向靠拢,使更多的环保企业"走出去",参与国际竞争。要通过产业联动影响地方政府以及国家的政策和制度建设,如适时修改《对外贸易法》,将环境目标加入到贸易谈判和投资谈判等活动之中,通过环境成本约束加大集群企业的参与意识,使产业联动区域的企业群体突出环境保护的理念,增加社会对环境问题的普遍关切。

二、构建产业集群与自贸试验区的"共益共生"机制

以互利共赢、共同发展的"人类命运共同体"理念为指导,构建开放型的、以我为主的全球大市场,是我国一直以来所倡导的国际化价值责任观的体现,也是习近平等中央领导人提出的"共益共生"思想在产业集群发展中的实践映射。

1. 借助于自贸试验区平台优化产业集群的环境经营

随着新一轮科技革命和产业变革的深化,数字化、智能化与网络化等科技进步将对产业结构产生深远影响,同时也揭示出中国产业结构,尤其是制造业企业转型升级的基本方向。根据工信部等部委的《"十四五"智能制造发展规划》,发展智能制造对于加快发展现代产业体系,巩固壮大实体经济根基,建设数字中国具有重要作用。当前,我国智能制造发展已由理念普及、试点示范转向系统创新、深化应用的新阶段。但与制造业高质量发展的要求相比,仍存在供给体系适配性不高、创新能力不强等问题。

突出的表现是,产业集群相关政策的协调度不够。主要表现在:一是省、市之间协调不够,地区的部门和载体之间协调不畅。总体上看,职能部门推进集群工作的有效"抓手"不多,当前主要是以指标考核的方式,指导区域集群工作模式,略显简单,条块之间政策协调为集群赋能的管理机制亟待构建。二是地区共同建设集群的协调不够。部分产业集群是两个或三个市联合推进集群建设,比如,江苏省的海工装备和高技术船舶是南通、泰州、扬州联合推进,生物医药和医疗器械是泰州、连云港、无锡联合推进,但由于缺乏顶层体制机制设计,市与市之间明显缺乏互动协调。三是现有促进机构大多数难以胜任角色。工信部将集群促进机构作为以市场化方式推进集群的重要生态组成,过去以行业协会作为促进机构的模式在实践中

感到明显力量薄弱,目前各个集群的促进机构建设普遍面临两难困境:市场化的机构缺乏推进抓手,政府性背景的机构又回到职能部门主导的旧模式,亟待以市场化导向创新制度设计。根据规划,我国将分"两步走"来推动生产方式变革:一是到2025年,规模以上制造业企业大部分实现数字化网络化,重点行业骨干企业初步应用智能化;二是到2035年,规模以上制造业企业全面普及数字化网络化,重点行业骨干企业基本实现智能化。同时,《"十四五"智能制造发展规划》还提出了2025年三项具体目标,即转型升级成效显著、供给能力明显增强、基础支撑更加坚实。

产业集群变迁过程中必须考虑贸易协定中的环境因素。即自贸试验区产业联动要注重研究驱动经济的"包容性"增长体制机制以及相关政策选择问题。包容性绿色发展追求公平与效率、发展与环境的内在一致性,致力于实现经济、社会、生态的高质量同步发展。我国未来制造业数字化转型政策的制定,应从加大以鼓励创新为导向的供给型政策工具的推动力度、强化以完善机制为导向的环境型政策工具的影响作用、增强以分担风险为导向的需求型政策工具的拉动效应等方面予以完善,强调各类政策工具组合的整体协调性,加快构建完备的制造业数字化转型政策框架体系。诚然,FTA中提及的"环境标准",与产业集群变迁中习惯所称的环境质量标准或污染物排放标准不同,它是一个更为宽泛的概念,涉及环境议题的范围维度、义务维度和约束维度的综合程度。更进一步讲,就是将环境管理和行为措施、国际环境义务与贸易争端解决机制相互挂钩,以此种方式来强化协定缔约方对环境措施、国际环境公约的执行力度(赵文军、于津平,2012)。由于经济全球化的推进,产业集群的产品生产必须考虑我国与世界其他国家或组织签订的FTA,以促进产业集群贸易与环境的协调发展(Runge et al.,1995)。

从国家宏观层面看,提高环境部门的权威性,加强环保执法,积极履行多边环境协定的贸易条款等,是提升产业集群环境治理水平、处理好集群内外企业发展中环境问题的关键。同时,要提高产业集群变迁的环境成本约束,发挥集群企业的环境经营对产业结构调整和技术升级的引导作用,有利于环境产品的创新和出口竞争力的培育(胡卫东、周毅,2008)。从当前的情况看,自贸试验区的产业联动要引导相关企业主动实施环境保护,要纠正以往对环境管制出于被动应付的观念,要围绕国际贸易规则中的环境条款,将绿色标志、ISO 14000标准等技术要求嵌入产业联动的企业群体之中,通过外在驱动转化为企业的内在行动。因此,要通过构建自贸试验区的绿色制度体系,实现产业集群相关企业产品的优化升级,提高企业出口产品的国际竞争力,突破国外的环境贸易壁垒,这也是环境成本管理的重要内容之一。

2. 通过数字化手段强化产业生态下的环境保护机制

随着"大智物移云区"等数字技术的应用,自贸试验区数字化改革也步入快车道。从社会整体考察,数字经济已经成为全球经济发展的新引擎,企业数字化转型也面临着新的机遇和挑战。产业生态下的制造业作为国民经济的支柱产业和经济增长的发动机,通过数字化改造提升环境保护的自觉性与能动性,不仅是自贸试验区发展的内在需求,也是各国经济发展新的增长点。

从世界范围看,数字化转型是一种客观必然。从制度层面的驱动机制观察,2013年德国提出"工业4.0",并在2016年,由德国联邦经济与能源部发布《数字化战略2025》,明确了数字化转型的基本路径(李舒沁,2020);随后的2018年,德国内阁又通过了联邦教研部的《高技术战略2025》,提出了智能化的数字化转型方向。美国于2014年提出《振兴美国制造业和创新法案》,随后提出"工业互联网"在企业数字化转型中的应用。并且,先后发布了《美国数字经济议程》《电子复兴计划》《国家人工智能研究和发展战略规划》等;2018年又相继发布《数字科学战略计划》《美国国家网络战略》和《美国先进制造业领导力战略》等(陈晓红,2018),明确提出了数字经济时代的发展规划。我国在2015年提出"中国制造2025"。2020年5月13日,国家发改委发布《数字化转型伙伴行动》,为企业数字化转型提供了政策依据。2021年5月22日,李克强总理在《政府工作报告》中明确指出,"加快数字化发展,打造数字经济新优势,协同推进数字产业化和产业数字化转型……"2021年6月,国家统计局首次发布《数字经济及其核心产业统计分类(2021)》,从"数字产业化"和"产业数字化"两个方面确定了数字经济的基本范围,为我国数字经济核算提供了统一可比的标准。

数字化正在成为当代社会发展的主要方向,在国内国际"双循环"的新发展格局下,企业数字化转型必须在坚持供给侧结构性改革的同时,围绕需求侧管理强化成本驱动的执行性动因管理。亦即,为避免链条过长、分工过度的全球化所带来的断链风险,再加上国家主权意识的崛起,国家和企业会尽量降低对单一经济体的依赖,逐步向母国靠拢,产业链朝更短、更本地化的趋势调整(王德培,2020)。世界正在颠覆以传统比较优势为基础的贸易形态,由竞争导向更多地转变为合作导向,这甚至加剧了产业集群区域化和次区域化的崛起。为应对"普遍开放贸易"存在的很大不确定性,供应链及贸易"一定程度的区域化几乎不可避免"。在全球引力与斥力的相互对冲之下,以区域互助、各类产业"抱团取暖"为特征的产业"区域集群"或将照进现实。这也是许多自贸试验区探索产业联动的基本动因之一,世界产业链断裂后的修复,核心在"生态",谁能率先建立起完整的产业生态系统,谁就能抓住产业未来。

自贸试验区以产业数字化转型来引领产业联动的实践活动,不仅有助于生态环境的平衡与发展,也有助于宏观层面减税降费等成本驱动机制的贯彻执行。为了发挥数字经济所具有的低成本、低消耗及广覆盖等的内在优势,自贸试验区从成本驱动视角寻求企业数字化转型的运作机制,不仅可以提高企业成本管理的自觉与自信,也为企业数字技术的应用增强内生动力,促进企业从成本效益原则入手探寻数字化转型的客观规律(易露霞等,2021)。换言之,基于国际贸易新形势,强化自贸试验区产业联动过程中的环境成本管理,是环境保护机制的客观需要、内在反应。我国已经加入《巴黎协定》,向全世界发出了"气候承诺",这对自贸试验区产业联动的相关企业开展环境成本管理提供了机遇,也带来一定的挑战。随着以美国为首的多国对我国经贸活动的围堵或设置的障碍,全球贸易格局将发生新的变化。

自贸试验区产业联动等创新形式的企业绿色转型必须与我国贸易政策的走向保持一致,在集群区域的产业转型过程中,增强环境成本的约束范围,制定集群区域环境成本管理的目标、一般义务、与外部交易对象的环境协定相关的义务等制度内容,提高产业联动内部企业或组织的参与度和透明度,在产品生产、相互服务以及争端解决等方面提高覆盖比率(Damanpour,1991)。自贸试验区的产业联动要发挥内置的环境委员会在环境保护中的积极作用,在注重环境成本管理的原则性的同时,增加操作性的义务内容,提高争端解决中的执行力,建立产业区域内外部交易中的环境合作实施保障性的措施与机制,通过自贸试验区范围内的环境文化等"软"约束与环境成本的"硬"约束的结合,增强产业联动中的绿色化形象。

在新的经贸环境下,全球范围内将不可避免地形成一种新的利益格局,使国与国之间、贸易组织之间、国家与贸易组织之间的利益博弈加剧。自贸试验区的产业联动需要在国际贸易的环境规则等条款适用度上率先试行,主动顺应各种规则条款的变化趋势,通过环境成本与交易成本、生产成本的有机融合提高国际贸易活动中的竞争优势。随着 CPTPP 与 RCEP 的实施,未来国与国之间的双边关系将会成为 FTA 建设的趋势与重点。无论是何种形式的 FTA,其在环境标准上应该都是以"高质量""高标准"为原则要求的,我国也会以此为原则,并要求产业结构在不断优化升级中提升自贸试验区中的国际形象,对于产业联动范围内的企业而言,可能会带来对贸易环境压力的担忧。随着我国制度型开放的不断深入,自贸试验区的先行先试的制度创新优势,将会主动弥补这些危机或不利影响。可以肯定的是,未来的贸易政策与规则趋向于务实。

第三节 自贸试验区扩容中的环境保护机制

自贸试验区建设除了复制以往的经验与做法外,通过扩容机制的延展也会形成一些具有区域特色的环境保护经验与做法。若从广义角度考察,这种扩容机制可以包括现有模式的延展,以及国别性质的,诸如中美自贸试验区的建设等。然而,无论是哪种层面的扩展,都需要强化环境保护机制的建设。

一、国家层面的扩容:宏观环境保护机制构建

从国家层面的绿色转型考察,企业个体层面的社会责任是积极履行国际贸易环境标准的基础,自贸试验区的环境承诺往往通过环境保护机制加以体现,它使自贸试验区内利益主体明确应该做什么、如何实现环境标准的要求等,具有指向明确、可操作性强等特征。

1. 现有模式的扩展:嵌入环境保护内容

针对现有的环境保护政策或制度规范,可以从以下几个方面加完善与发展:①国际先进的 FTA 规则对自贸试验区环境保护提出的新要求。比如,结合 CPTPP 规则与国内的自贸试验区环境制度进行比较研究等。②制度型开放背景下,重新思考并认真规划中国自贸区制度创新的方向和目标设定。③分析制度型开放带来的进出口变化规律及其对环境规则发挥的积极效用。

当前,结合宏观层面的环境管制要求,自贸试验区需要对相关的环境保护数据进行比较研究,以便对现有模式的发展做出正确决策。具体包括:①有关自贸试验区进出口环境保护指标调整的动态测度,涉及商品种类、商品转换以及进出口波动。进出口波动研究方面,比较有代表性的诸如 Vannoorenberghe 等(2012)以及 Giovanni(2014)等测度出口波动的方法,可以拿来加以借鉴应用。同时,以企业进口增长率方差来度量企业进口波动水平,并且,对不同区域的自贸试验区开展调研,进行动态的生态环境效果以及环境成本的计量等。②对自贸试验区的环境规

则进行测度,通过问卷调查(抽样等)等方式来计量环境保护效果。当前,需要重点关注国内外的经贸形势的变化。总体看,中国经济发展存在结构性矛盾,即"外需明显好于内需,上游产业明显好于下游,大中企业明显好于小微企业"(杨伟民,2021)。

自贸试验区的发展要紧密结合"十四五"规划的要求,即围绕三个"新"思考未来的战略部署。自贸试验区要在新阶段、新理念、新格局下,"加快构建新发展格局,全面深化改革开放,坚持创新驱动发展,推动高质量发展,坚持以供给侧结构性改革为主线,统筹疫情防控和经济社会发展,统筹发展和安全,继续做好'六稳''六保'工作"。新发展阶段是开启全面建设社会主义现代化国家的时代要求,"新发展理念"就是要贯彻创新、协调、绿色、开放、共享的新发展理念,"新发展格局"则是要构建以国内大循环为主体,国内国际双循环相互促进的新发展格局。

自贸试验区产业联动应当在宏观政策层面上融入我国的扩大内需战略、区域重大战略和区域协调发展战略,设计并制定区域产业发展的经贸新规则,并制定具体的适应国际贸易规则中环境规则等的环境成本战略及绿色转型路线图,并根据产业联动区域的变迁管理和利益诉求提出国际贸易规则方面的环境保护新规范,比如,可以将中国具有优势的电子商务等产业联动渗透到区域企业产品制造区域的产业结构转型升级之中,并结合产业发展的利益维护需要重新考虑环境承受能力和环境成本约束条件。

要在绿色转型发展进程中提高自贸试验区范围内企业产品生产的经济附加值,加强生态文明建设的自觉性和能动性。一直以来,我国对FTA中的环境议题都高度重视,《中共中央关于全面深化改革若干重大问题的决定》提出"加快自由贸易区建设……加快环境保护、投资保护、政府采购、电子商务等新议题谈判,形成面向全球的高标准自由贸易区网络"。换言之,环境议题已经成为中国构建面向全球的高标准自贸试验区网络中的重要组成部分,是落实生态文明建设与经济建设、政治建设、文化建设、社会建设"五位一体"总体布局的具体体现。自贸试验区产业联动过程中的绿色转型,要有助于推动高水平环境保护和环境法律的有效执行,促进产业联动区域企业组织通过包括合作在内的方式处理贸易活动中相关环境问题的能力提升。同时,要注重产业联动区域企业对环境保护的参与,加强自贸试验区环境保护和国际贸易标准的衔接,促进各项环境法律法规的有效实施。

嵌入国际贸易规则中的产业联动区域企业的环境成本约束,需要在环境保护领域加强国与国、企业或组织之间的相互合作,以环境成本为计量手段来解决面临的问题。FTA往往会在贸易条款中对环境成本等信息作出具体的规定,如在单独的程序事务、公众参与机制、公众意见提交等条款中对环境信息公开及公众参与做出详细的规定,此外,还会在具体环境义务条款,如合作条款、贸易和生物多样性条款、保护和贸易条款中强调利益相关者对环境成本等信息的知情权。即通过承诺及诸如单独条款等强化环境责任。国际贸易中的环境成本约束,除了上述范围维度上的扩展外,还通过义务维度强化环境责任的约束力,如提高环境影响评价及环境能力的体系建设等。自贸试验区的制度创新除了要考虑多边环境公约(MEA)的法律义务外,还需要在各领域加强合作,使其落实到具体行动上去,并对产业联动区域企业的参与程序进行明确的规定,定期或不定期地围绕环境成本情况进行评估,加强贸易协定内部机制的相互协调。比如,前面所述的在产业联动区域成立环境委员会,通过"环境成本"尺度实施评价与考核。产业联动区域企业内部与外部贸易组织或机构,对于一些有环境争议的问题,可以通过贸易争端解决机制来实现环境义务,并对合作各方起到实质性的约束作用,即以贸易的手段解决自贸试验区绿色转型过程中可能遇到的各种外部交易活动中的环境问题。

2. 特色自贸试验区建设中的环境保护机制:以生态环境保护为主

自贸试验区要进一步增强投资促进功能,积极推动双向投资协调发展。同时,鼓励有条件的组织或机构在我国合作开发构建海外自由贸易区、产业园区、经贸园区,并进行投资、贸易和生产合作。一方面,自贸试验区要大力推动引进外资。建立国内投资环境信息采集监测体系,发布投资环境评价报告,配合政府部门复制推广自贸试验区改革试点经验,及时反映和征询境内外企业、商会、行业协会的合理诉求及政策建议,推动打造更具国际竞争力的投资环境,密切与政府主管部门、行业组织的合作,广泛收集、及时发布招商引资优惠政策和投资项目信息,组织开展项目对接,推动有比较优势的重点产业园区和产业集聚能力建设,促进创新孵化,引导更多外资流向先进制造、高新技术、节能环保、现代服务业、绿色发展等实体经济领域。另一方面,积极促进对外投资健康有序发展。加强国别投资环境研究,积极向企业发布有关国家和地区法律法规、产业政策、市场特点、风险预警等资讯,帮助企业有序合规"走出去",防范和化解投资风险。支持有实力的自贸试验区产业联动企业开展对外投资、国际产能和装备制造合作,实施海外并购,推动企业探索与境外自由贸易区合作,促进我国装备、技术、标准、服务"走出去"。鼓励境内自贸试验区与境外形成跨境电商、多式联运和国际物流战略合作(如河南自贸试验区与林德物流在德国帕希姆机场的合作),鼓励企业参与特色产业型、技术创新型等各类境外经贸合作园区建设,实现集群式"走出去"。此外,自贸试验区应加强与有关金融、保险机构合作,促进银企对接,帮助企业解决融资难、融资贵问题。

自贸试验区将主动将"生态环境"保护机构嵌入全球价值链的环境管理之中,提高全球治理中生态环境维护的功能作用。当前,国际经贸活动面临的挑战具有很强的不确定性,陆续发生的中美等国的贸易摩擦等将使全球价值链竞争变得更趋激烈。一方面,基于工序剥离的原有价值链环境,在低利润、低附加值的环节上进一步跌入"陷阱",使后工业国向价值链上游攀升的空间大大缩小(梅述恩、聂鸣,2007);另一方面,先进制造业回流美国等发达国家,落后的工业(如纺织等)则进入越南等东南亚国家,严重影响和冲击我国的制造业发展。就价值链中的企业个体而言,其显著的表现是成本大幅增加而收益明显减少。自贸试验区的产业联动组织要充分认识这一新的形势,加快经营模式的创新与发展,增强联动区域企业可持续发展的意识与理念,将环境成本约束作为国际贸易环境评估的一项重要内容,通过全面和系统的评估,引导自贸试验区产业联动向绿色转型方向变迁,主动采取环境经营等新的经营模式,并通过产业联动的企业将这种模式"带出去",尤其是让环保产业率先将自身的价值链延伸至国外,加强国际间的环境合作,使中国企业在全球价值链中冲破阻碍并获得收益。此外,要发挥环境成本约束的市场决定作用,通过经贸手段引导自贸试验区产业联动企业强化环境管理。

自贸试验区产业联动过程中要主动与"一带一路"对接,加强国内自贸试验区的环境规章制度建设,比如通过制定示范文本,加强实验,开展试点,总结经验和问题。融入变化中的全球价值链,必须充分发挥市场化手段。"环境成本约束"作为自贸试验区产业联动企业变迁的市场化手段之一,在积极适应国家出口目录调整以及对环境产业支持等的政策条件下,可以在出口退税和补贴等方面获得绿色经营的最大收益。从环境成本约束的制度层面上讲,要客观反映自贸试验区产业联动企业的特征和区域企业的具体要求,深入分析和讨论国际贸易对环境的影响,引导区域企业重视环境成本管理。

二、地方政府借助于自贸试验区建设的扩容:区域经济协调中的环保机制建设

以"内循环为主,内外双循环共同协作"的新发展格局,体现了我国经济可持续发展的强劲韧性。在信息技术突飞猛进的情境下,"数据互通,信息共享"使信息获取成本大大降低,能够对数据进行高效整合与多维度利用,进而形成数字资产。构建区域经济协调中的环保机制,不仅能够促进自贸试验区管理效率的提升,还可以

第七章
自贸试验区环境保护的实施机制

在为区域经济协调提供完善、准确决策的同时,提高环境保护机制的效率与效益。

1. 长三角地区自贸试验区环境保护机制的经验与做法

2013年成立的上海自贸试验区,不仅成立时间最早,且对区域经济的带动作用最大。以上海为中心的长三角区域自贸试验区,上海自贸试验区的环境保护机制或制度对江、浙、皖来说,示范意义重大。当前,面对复杂的国内国外形势,各国已经开始注重本国产业的自主化发展,提出产业链、供应链回迁国内或在本国区域内进行重组,促进全球产业分工体系向本土化、区域化方向调整,这对我国自贸试验区主动参与全球产业链分工带来一定的机会,同时也面临制度建设等方面的挑战。在这一背景下,国内的一些跨国企业开始回归国内或搬迁至周边国家。从区域经济发展角度讲,如何吸纳和有效发挥这些企业的作用,已经成为一项急迫的课题。

自贸试验区实施产业联动,形成绿色高效的产业集群,有助于配合国家区域经济政策,对这些回归企业加以引导。比如,有助于扩张或做强"长三角"等区域的产业集群规模与优化产业的配置结构等。客观地讲,要实现自贸试验区产业联动区域经济质量、规模、结构与效益的平衡,面临各种新的成本及资金来源等问题。即企业回归后,客观上会影响原有产业区域的集群经济平衡,带来交易成本的增加。虽然说,我国只有形成了具有国际竞争力的先进制造业产业集群,才能真正推动国内与国际的"双循环"。然而,在面对现有的产业集群对回归企业的吸纳机制构建,以及集群内部原有企业与回归企业之间如何相互协调等问题,还是需要做很多工作。但是,有一点是明确的,即借助于自贸试验区的环境保护机制,对于绿色制造的产品生产企业等组织而言,可以全部纳入自贸试验区产业联动的范围之内,通过政府与企业联手实现产业联动区域的共生、共享与共赢。

上海自贸试验区通过加快建立与国际通行规则相衔接的制度体系,研究提出具有较强国际竞争力的开放政策和制度,更好地满足由商品和要素流动型开放向规则等制度型开放转变的要求,为对外开放进入制度型开放新阶段探路前行,也为全国积累更多可复制、可推广的经验。比如,上海自贸试验区临港新片区的推出,绝不是简单的空间扩大,也不是简单的政策平移,而是要形成对外开放的新体制、新功能、新产业、新经济,打造全球经济网络的新枢纽。相较于上海自贸试验区的原区域,临港新片区的"新"和"特",不仅仅表现在其参照经济特区管理,还表现在新片区在制度设计上有不少创新和提升,主要包括:①战略定位更高。明确打造"更具国际市场影响力和竞争力的特殊经济功能区"的目标。②战略任务更丰富。

增加"加强与长三角协同创新发展""带动长三角新一轮改革开放"等内容。③产业发展更突出。将"建设具有国际市场竞争力的开放型产业体系"放在更加突出和重要的位置。④监管方式上创新。将建设洋山特殊综合保税区,作为海关特殊监管区域的一种新的类型,探索实施以安全监管为主、更高水平贸易自由化便利化监管政策。由此可以看出,上海自贸试验区临港新片区是一种有中国特色的区域经济发展的新样板。

从上海自贸试验区新片区的建设标准上看,它对标的是国际上公认的竞争力最强的自由贸易园区,实施具有较强国际市场竞争力的开放政策和制度,更好地服务我国对外开放总体战略布局。正如该片区的宣传资料上所揭示的,"加快中国(上海)自由贸易试验区新片区建设,以投资自由、贸易自由、资金自由、运输自由、人员从业自由等为重点,推进投资贸易自由化便利化,打造与国际通行规则相衔接、更具国际市场影响力和竞争力的特殊经济功能区"。目前,上海自贸试验区新老区域,正在主动对接长三角经济一体化发展。2019年12月1日,国务院印发《长江三角洲区域一体化发展规划纲要》(以下简称《规划纲要》),在《规划纲要》中,有关生态环境保护及自贸试验区的内容,涉及三章。即,"第六章强化生态环境共保联治",由三节构成:第一节共同加强生态保护,第二节推进环境协同防治,第三节推动生态环境协同监管。第十章"高水平建设长三角生态绿色一体化发展示范区",由四节构成,第一节打造生态友好型一体化发展样板,第二节创新重点领域一体化发展制度,第三节加强改革举措集成创新,第四节引领长三角一体化发展。第十一章"高标准建设上海自由贸易试验区新片区",由四节构成:第一节打造更高水平自由贸易试验区,第二节推进投资贸易自由化便利化,第三节完善配套制度和监管体系,第四节带动长三角新一轮改革开放。

《规划纲要》明确提出:①长三角地区既要实现有速度的增长,又要实现有质量的发展,提升长三角参与全球资源配置和竞争能力,增强对全国经济发展的影响力和带动力。促进长三角经济高质量发展,其中对生态环境和自由贸易试验区发展尤为重视。提出:"以上海青浦、江苏吴江、浙江嘉善为长三角生态绿色一体化发展示范区(面积约2 300平方公里),示范引领长三角地区更高质量一体化发展。以上海临港等地区为中国(上海)自由贸易试验区新片区,打造与国际通行规则相衔接、更具国际市场影响力和竞争力的特殊经济功能区。"②探索建立污染赔偿机制。建立长江、淮河等干流跨省联防联控机制,全面加强水污染治理协作。建立健全开发地区、受益地区与保护地区横向生态补偿机制,探索建立污染赔偿机制。在太湖流域建立生态补偿机制,在长江流域开展污染赔偿机制试点。

2. 其他区域自贸区环境保护机制的实践

从上海的经验中可以看出来,自贸试验区的发展将重点聚焦"生物医药、集成电路、工业互联网、高端装备制造业"等前沿产业的发展,开展大宗商品、金融服务、数字贸易等新型国际贸易活动,推动统筹国际业务、跨境金融服务、前沿科技研发、跨境服务贸易等,强化开放型经济集聚功能。同时,积极对标国际上公认的竞争力最强的自由贸易园区,选择国家战略需要、国际市场需求大、对开放度要求高但其他地区尚不具备实施条件的重点领域,实施具有较强国际市场竞争力的开放政策和制度,加大开放型经济的风险压力测试。推进投资贸易自由化便利化,实现区内与境外之间的投资经营便利、货物自由进出、资金流动便利、运输高度开放、人员自由执业、信息快捷联通。其他区域的自贸试验区建设也要注重高质量发展,要"赋予自由贸易试验区更大改革自主权,探索建设自由贸易港"。

目前,我国自贸试验区已经成为吸引世界目光的经济概念,成为中国改革开放的"新名片",是习近平新时代中国特色社会主义经济思想关于构建开放型经济新体制的重要"试验田"。为了推进新一轮更高水平对外开放,实现高质量发展。要坚持"新发展"理念,深入推进政府职能转变,大力推进制度创新和科技创新。紧紧牵住转变政府职能这个"牛鼻子",加强事中事后监管。通过制度创新,"大胆试,大胆闯,自主改",实现对市场"放得更活、管得更好、服得更优"。适应推进更深层次、更高水平对外开放的新要求,统筹国内国际两个市场、两种资源,加快健全对外工作渠道,推动国际国内自由贸易区规则衔接,深度参与全球经济治理和国际经贸规则制定,主动分析和应对贸易纠纷、摩擦,抵制贸易保护主义,减小多边贸易失衡,助力企业拓展符合国家战略的国际合作空间,提高对外贸易的安全边际。

自贸试验区要配合生态环境部门对环评审批的正面清单制度,支持依法依规开展环境影响评价制度改革试点。环境监管部门对依法合规、满足生态环境保护要求的基础设施、重点产业布局等项目开辟"绿色通道",支持自贸试验区重大项目建设。推动重大生态环保改革举措优先在自贸试验区试点示范,深入推进环境信息依法披露、排污口监督管理、危险废物监管和利用处置、生态环境损害赔偿、环境污染强制责任保险等制度改革。自贸试验区要主动与环境监管部门协作与配合,开展生态文明建设示范创建,积极推进科技创新。自贸试验区要根据自身产业特点和比较优势,提升企业在国际产业链和全球价值链中的地位,增强国际竞争优势。

自贸试验区在产业联动的实践中,要着重以下几个方面的工作:一是明确产业联动区域的产业链范畴、产业集群的区域统计范围,在全国率先科学建立产业集群的统计框架。二是精准建立产业集群规模以上的企业库,通过企业直报建立集群培育和发展"台账",实现精确统计、动态管理和精准考核。要主动引导产业联动区域进行跨地区产业集群的联合发展,在全国自贸试验区一体化的大背景下,产业联动发展可以实现跨区域合作,也可以形成新的产业联盟种类,比如,在地方层面上建立跨区域的产业集群建设协调机构,为各地区联合建设的产业集群提供协调的联系平台。借助于"长三角一体化"这一大背景建设地理上毗邻的产业联动企业集群,尤其重视江浙一带相互毗邻地区的产业天然联盟优势,形成跨区域的产业或企业集群,防止机械地因为集群"称号"的分布而忽视区域之间的产业联系。

第四节 本章小结

自贸试验区环境保护机制是建立在多维度共同协作的政府、企业及其他机构或组织基础上的内在运行逻辑,它是制度型开放条件下的区域经济发展的重要保障,也是处理国际经贸关系的环境管理样本。如何通过高质量的自贸试验区建设、运营和管理,增强我国产业或企业的国际竞争力,并且,在国际贸易规则制定中发出更多中国声音、注入更多的中国元素,是我国贸易高质量发展的客观体现,也是维护和拓展我国产业或企业发展利益,促进我国外经贸稳定发展的重要基础。自贸试验区环境保护机制离不开信任制度的保障,信任作为制度型开放条件下的环境保护"润滑剂",能够促进环境保护机制的进一步完善与发展,产业链的发展,既要政府管控,也要充分调动市场积极性。全球产业链重构与完善环境保护机制,在主动借鉴国际通行的负面清单管理制度的同时,要权变性地协调并处理好与地方政府生态环境监管机构的关系。尽管我国自贸试验区建设与发展要对标国际高标准,建设一流营商环境,但面对广大不同区域的自贸试验区,要有环境保护的整体意识。不仅要注重当地经济的发展,还要兼顾国家整体的经济社会发展需要,并保持社会经济的平稳有序运行。因此,一方面要结合自贸试验区的环境保护实践及时总结经验,通过复制推广,推动形成全面开放新格局;另一方面,要对生态环境部门的正面清单进行认真贯彻,防范并避免重大生态环境风险的发生。

我国是产业链最完整的工业制造大国,在全球产业链重构中具有很强的弹性和韧性，面对全球经济秩序的重新洗牌，应当从全球产业链的特征入手，谋划生态环境的新体系。要结合自贸易试验区的制度创新特征，进一步完善环境保护的实施机制。在产业联动等区域创新实践中，要注重对产业结构的完善，借助于数字化改革，通过发展跨境电子商务等具体手段，构建主动服务于产业生态的环境保护机制，探索一种既促进产业集群发展，又有助于自贸试验区创新发展的"共益共生"机制。制度型开放背景下自贸试验区发展，必须坚守互利共赢、共同发展的"人类命运共同体"理念，倡导国际公认的价值责任观。比如，优化自贸试验区产业联动中的产业区域环境经营，积极推动智能制造与智能管理，强化产业生态下的环境保护机制。自贸试验区的扩容是制度型开放的题中之意，以环境保护机制为核心的模式延展，除了复制以往的经验与做法外，还需要结合扩容的模式特征进行具体的分析与判断，无论采取什么形式的自贸试验区制度创新，强化环境保护机制的建设都是一项值得推进的工作。实践中，往往从国家和地方政府层面综合施策，借助于自贸试验区建设的扩容，推进我国经济发展形成国内国际相互促进的新格局。

第八章
自贸试验区环境规则与中国特色

自贸试验区是我国开放型经济发展的先行区、实体经济创新发展和产业转型升级的示范区,肩负着建设新时代改革开放新高地的使命,并在对标国际环境规则、构建高水平开放型经济新体制中发挥引领的积极作用。数字贸易作为数字经济的新业态,自贸试验区在应用过程中能够充分体现出中国的特色。高科技的区域运作模式与业态创新是自贸试验区生态环境保护的内在要求。当前,自贸试验区数字经济与实体经济融合的服务业进展速度较快。面对产业联动,产业发展与环境保护成为相互促进的新课题。通过自贸试验区的产业联动发展,针对不同产业特性提出相应的环境保护措施,克服环境法律法规滞后于自贸试验区制度创新需求等的障碍,加快推动区域内产业和企业数字化改造或数字化转型,对于形成具有中国特色的自贸试验区环境规则及其相关制度创新等,具有重要的理论价值和积极的现实意义。

第一节 制度型开放与环境保护主动性

随着制度型开放,我国在积极扩大高质量产品进口规模的同时,利用市场机制配置相关产业或企业产品在国内市场竞争的结构动因,倒逼国内企业进行转型升级,提高供给产品的质量,增加产品的供给种类等,是"双循环"这一大逻辑下经济新格局的发展需求。或者说,借助于自贸试验区促进内循环的有效运转,间接服务国内消费升级。

一、制度型开放下的自贸试验区功能定位

自贸试验区要在规则、规制和法制等方面打造具有全球影响力和国际竞争力的支撑体系和生态环境,仅仅依靠自身发展是不够的,必须依托产业之间的联动创新,促使自贸试验区在更大范围内形成整体效应。

1. 产业联动发展探索自贸试验区的"全域自贸"

自贸试验区作为经济特区、开发区等的升级版,如何协调某一地区或区域的经济发展,是地方政府极为重视的课题。即面对不同领域的差别化制度安排,如何开展互补需要对比试验,进而激发地区或区域经济高质量发展的内生动力。因此,必须借助于制度型开放政策,在更大范围、更广领域、更高层次上推进对外开放。目前,一种实践探索是产业联动(韩剑,2021),即打造产业与贸易相互融合的新平台。

从江苏省自贸试验区的发展情况看,本着从"开放大省"走向"开放强省",江苏正在打造各具特色的自贸试验区联动创新机制。江苏省"十四五"规划提出,要推进自贸试验区等重大平台更高水平开放,推动江苏自贸试验区联动发展创新区建设。根据《中国(江苏)自由贸易试验区联动创新发展区工作方案》,2021年共有43家国家级开发区(26家国家级经开区,17家国家级高新区)入选自贸试验区联创区建设主体名单。这种"全域自贸"的探索,对于加快其他创新区、开发区的转型升级,加快这些区域的体制机制创新是一次重大机遇。然而,从环境保护视角观察,各种区域制度、政策的交叉应用,对于自贸试验区传统贸易职能带来挑战,并使环境监管面临压力。这是因为,科学技术的飞速发展,技术范式以更高频、快速变迁对传统产业进行改造,新旧产业之间的边界更趋模糊(Das&Teng,2000)。比如,传统的纺织产业运用高性能纤维变成新兴的新材料产业,传统的汽车产业采用清洁能源作为动力、无人驾驶技术变成新兴的新能源汽车产业、智能汽车产业等。这种转变促进了产业或企业的经营创新,实现了商品或服务业态的多元化,对于地区经济的发展无疑是有积极意义的。但是,这对于负面清单管理的自贸试验区在环境保护方面就带来了技术手段等方面的监管难度。

在贸易联动方面,以进口博览会为平台的产品市场开放,体现了中国高水平开放的姿态,也是基于主动权的一种开放。这种高质量的开放对于"双循环"新格局

下的经济高质量发展,以及满足人民美好生活需要等方面展现了"人类命运共同体"的经贸价值理念。自贸试验区以"进口"带动"出口",实现国内国际相互促进的"双循环"新发展格局。以江苏省为例,通过调动开发区、合作园区以及其他开放平台的经济发展主力军作用,围绕自贸试验区的联动机制,实施相互之间的创新与发展。即,依托江苏的区域资源优势,推动高端生产要素集聚,提升营商环境国际化水平。

通过将自贸试验区的先行先试与制度创新等的内在机制辐射带动相关区域的经济发展,形成了改革试验和协同开放的整体效应,引领江苏省进入高质量发展和现代化建设的快车道(韩剑,2021)。比如,借鉴自贸试验区最新制度创新成果,着力在"加快转变政府职能""投资自由化便利化""贸易转型升级""推动创新驱动发展""服务国家战略"等方面进行对接与自主创新,制定可梯度开展的改革试点政策清单,由同质竞争向差异化发展转变,由硬环境见长向软环境取胜转变。自贸试验区的负面清单所秉承的"法无禁止皆可为"的先行先试精神,由产业或企业去对接自贸试验区的"必选动作"和"自选动作",实现复制推广的集成改革和再创新。短期来看,区域内或地方经济得到了发展,但环境污染问题的隐藏性与滞后性,可能要在一个很长的时期反映出来。对于自贸试验区来说,环境保护的任务更加艰巨。

客观地说,我国对生态环境历来十分重视,尤其是党的十八大以来,自贸试验区在生态环境领域进一步深化改革、简政放权,生态环境保护力度不断加大。党的十九大以来的各次会议均将生态环境与人类命运共同体作为主要议题,彰显中国政府对环境保护的主动性与积极性。客观的现实是,自贸试验区的贸易功能和非贸易功能的深度对接,可能会促进地方经济的发展,但对环境保护会带来严峻的挑战。比如,围绕自贸试验区保税研发、保税维修、现代物流等功能,放大自贸区服务贸易溢出效应,采取所谓的区内研发、区外生产,区内维修、区外服务,区内配送、区外加工,区内展示、区外销售等多形态相互协作的功能联动,实现贸易与生产衔接,即自贸试验区与联动发展创新区上下游合作,保税与非保税产业深度融合,生活与生产互动促进。并且,提高了区域或地方政府的产业效率。

借助于各地方政府生态环境部门的放权政策,从区内区外打造"全产业链",主动寻求和创造产贸联动,通过区内区外的产业和价值链的对接和互动,实现产业迅速发展。事实上,这对生态环境部门来说也是一个挑战。比如,对自贸试验区环境监管的放权边界如何界定。从产业生态来看,各种高、中、低端产业和价值链条只有相互匹配与有效合作,才能集聚各类要素资源,产业高端化才能有发展的基础。必须充分认识到,现在的产业联动或者现代化产业生态体系的构建,不仅仅以经济发展作为标准,绿色发展才是根本所在。在自贸试验区尚缺乏环境保护制度或制度不完善的情境下,大力推广"产业联动"的现代产业示范区,环境监管风险巨大。① 正是因此,生态环境部联合商务部、国家发展和改革委员会等7部委在2021年5月发布了《关于加强自由贸易试验区生态环境保护推动高质量发展的指导意见》,它对于引导自贸试验区加强生态环境保护,破解生态环境保护难题,推动经济社会发展全面绿色转型提供了政策依据。

2. 自贸试验区的功能现状与改进对策

围绕制度型开放政策寻求完善自贸试验区的功能定位,必须对现行状况进行客观分析与理性梳理。目前,各地政府提振经济的内在动力都非常高昂,各种联动方式都在尝试。客观地讲,地方政府要求各产业生产区域要密切关注并积极主动对标自贸试验区可能形成的高水平环境保护规则,在全面改善经营环境,完善生态环境保护体系建设,强化环境监管等方面,尽量做到与自贸试验区的制度优化和改革机制无缝对接。在税收政策方面,目前一些自贸试验区的政策效应已经发挥得十分充分。

以江苏自贸试验区苏州片区内的产业新区或开发区为例,它们采取"保税检测内外联动",对综保区服务贸易保税创新监管进行优化升级。推动集成电路产业税收制度优化,将集成电路产业链上的设计企业、芯片制造企业、封装测试企业等全部纳入加工贸易保税监管的范围进行全程保税监管,实质性扩大创新探索的地理区域。但是,这种改革创新对于绿色发展,以及自贸试验区发展初衷的环境保护设想可能产生偏离。究其原因,主要表现在两个方面:一是经济增长在地方政府官员的政绩中依然占据相当大的权重。所谓的产业联动,对于一些地方政府来说就是扩大GDP,绿色发展思维"多思寡行"。或者说,地方官员在一些学者的"蛊惑"下,将自贸试验区看成是一种经济功能区,与其他的经济特区、开发区没有两样,目的就是要通过投资拉动等成为经济增长的工具和引擎。这样,对于生态环境保护等的规则效果就会产生阻碍,或者说,是对自贸试验区先行先试与制度创新功能初衷的背离。二是对自贸试验区的管理缺乏新的制度安排,借用开发区管理模式的居多,导致自贸试验区把相当一部分精力用于招商引资,而围绕环境保护等的制度创新思考与探索得较少,为了完成自贸试验区的考核要求,加上政府的产业联动等

---

① 我国自贸试验区片区的人员编制多在20人左右,但由于片区的工作任务非常繁重,往往缺乏人手专门进行环境监管以及落实生态环境保护权限。比如,河南省一次性下放了455项权限,光研究这些权限就需要大量精力,更别说环境保护问题的落实了。

政策的助力,各种产业相互交叉,生态环境部门放权过大,导致自贸试验区生态环境丛生,如为了追求招商引资规模,有的放松环境管制要求,有的腾挪企业,即区外进行企业注销,自贸试验区重新注册等,以增加引资成果。

目前,国家已经对自贸试验区的制度创新进行了更大范围放权①,给予了更大的自主权。以往,一些自贸试验区反映的部委放权强度、意愿与地方所需之间的匹配性不强等,进而造成协调成本过高等现象,现在基本得到了解决。然而,对于自贸试验区来说,这种权限也带来了压力,比如自贸试验区的制度创新能够真的突破现有的各种法律法规及部门规章的刚性约束吗?正如某些部委所担忧的,自贸试验区的放权效应会叠加当地政府的放权行为,各地政府的 GDP 增长思维惯性,比如简单的产业联动,会产生生态环境等的监管风险。正如,生态环境部等 7 部委的《关于加强自由贸易试验区生态环境保护推动高质量发展的指导意见》,强调环境监管的"正面清单"举措,就是要避免放权的力度与自贸试验区环境保护的期望存在过大差异,这增加了自贸试验区制度创新的摩擦成本。此外,为了促进地方政府与自贸试验区的环境保护责任的"落地",以及权责分明,需要进一步完善自贸试验区的管理体制与机制,努力优化各地自贸试验区的行政定位②,以及自贸试验区与当地经济功能区配套关系③,突出环境保护制度创新的重要性。此外,各级政府结合自贸试验区的情境特征,以及国际贸易规则发展的趋势,实施相应的放权,以提高自贸试验区与相关产业区域或组织的协调能力。

当前,以信息技术为代表的新科技革命迅速推进,针对技术制高点的竞争日趋激烈,需要强化并支持自贸试验区先行先试、探索经验,孕育出新产业新技术。除了上述 7 部委的《指导意见》外,国家层面也出台了一系列有关自贸试验区绿色贸易发展的政策。比如,《国务院关于加快建立健全绿色低碳循环发展经济体系的指导意见》《中共中央国务院关于推进贸易高质量发展的指导意见》等文件。现阶段,

---

① 早期,人大常委会授权国务院在上海、广东、天津、福建自贸试验区具有暂时调整有关法律规定的行政审批的决定权,其他自贸试验区没有获得这种授权。从部委角度来讲,对自贸试验区进行放权,一方面由于信息不对称,会产生不少监管风险;另一方面,有些核心权力的下放,会导致相关部委在这方面的权力萎缩。

② 目前呈现两种形式:第一种以上海自贸办为代表,定位为协调中央部委及省级相关厅委局办;第二种定位为自贸片区的管理和考核机构。比较而言,上述第二种定位模式由于自贸片区的级别低,难以协调省直机关,更难以协调中央部委,增加了自贸片区制度创新的协调成本。

③ 现在主要有两种方式:一种采取"一套人马、两个牌子"的套合模式,但会在原有经济功能区架构的基础上,增加少数几个与自贸试验区相关的局委;另一种则另起炉灶,成立独立的自贸片区管委会。后一种虽然看似比较重视制度创新,但实践中发现,一方面由于自贸片区管委会自身的机构配置不齐全,另一方面也难以协调当地政府的相关局委,导致制度创新举步维艰。

已经有部分自贸试验区通过自身立法来确保发展绿色贸易,如《中国(天津)自由贸易试验区条例》提出:"支持建设亚太经济合作组织绿色供应链合作网络天津示范中心,探索建立绿色供应链管理体系,实施绿色产品清单制度,鼓励开展绿色贸易。"此外,自贸试验区还主动对标国际绿色贸易规则,参照国际通行商事和生态环境管理规则,积极参与制定投资准入负面清单等实施规则。[①] 2021 年版全国和自贸试验区外资准入负面清单进一步缩减至 31 条、27 条,压减比例分别为 6.1%、10%。具体变化包括:进一步深化制造业开放,自贸试验区探索放宽服务业准入,提高外资准入负面清单精准度,以及优化外资准入负面清单管理。《自贸试验区负面清单》之外的领域,按照内外资一致原则实施管理。境内外投资者统一适用《市场准入负面清单》的有关规定。

二、制度型开放下的自贸试验区环境保护新特征

构建自贸试验区环境保护的制度规范,需要借助于宏观政府的管理体制和机制改革,激活科技创新对生态环境要素的内在动力,以更高水平的开放实现国际创新要素的集聚。制度型开放条件下的自贸试验区环境保护是我国主动应对国际经贸的环境规则挑战、自觉运用对外开放的内在逻辑所体现出的实际行动。

1. 自贸试验区的环境制度创新正在起步

自贸试验区的一项重要特征,就是实施制度创新。目前,自贸试验区与高新区的合作研发平台成为制度型开放条件下自贸试验区主动实施生态环境保护的"研发联盟"。要以自贸试验区为龙头强化科技研发与创新能力,同时坚持多边主义,主动对标高标准国际经贸的环境规则等标准,以高水平开放促进深层次改革、推动高质量发展。即,在环境保护前提下增强区域政策对经济发展的平衡性作用,通过共建公共研发、设计、实验、检测等科创平台,加强科创领域的沟通及相互之间的协调。比如,结合自贸试验区的环境保护政策,权变性地配置"研发联盟"的边界,明确主要方向和重点领域。自贸试验区在直接复制适用的开发区等政策时,要注重实效性与有用性。当前,以自贸协定为框架蓝本,对标 RCEP、中韩 FTA、中瑞

[①] 经党中央、国务院同意,国家发展改革委、商务部于 2021 年 12 月 27 日发布第 47 号令和第 48 号令,分别发布了《外商投资准入特别管理措施(负面清单)(2021 年版)》和《自由贸易试验区外商投资准入特别管理措施(负面清单)(2021 年版)》,自 2022 年 1 月 1 日起施行。《外商投资准入特别管理措施(负面清单)(2020 年版)》和《自由贸易试验区外商投资准入特别管理措施(负面清单)(2020 年版)》同时废止。

FTA、中欧 CAI 的环境标准和政策(Nambisan et al.,2017),在自贸试验区内构建环境保护的政策并加以推广复制和先试先行。同时,通过建立与高标准国际贸易投资规则相适应的管理方式,高质量"引进来"和"走出去",成为区域制度性开放和国际合作的示范窗口。

面对全球价值链、产业链、供应链呈现出的数字化、绿色化、安全化发展趋势,自贸试验区既要实现高水平开放,也要合理规划产业安全和自主可控的激励机制。换言之,随着全球治理体系的加速演变,自贸试验区必须主动对接诸如环境规则等的新经贸规则。自贸试验区要成为规则开放的引领者,"如何调整、如何应对新的经贸规则,自贸试验区要进行压力测试,同时有容错机制"。2021 年 1 月 1 日 RCEP 已经正式实施,对我国企业来说,相当于加入了一个新的"WTO"。必须加快对 RCEP 等高水平国际经贸规则的研究,自贸试验区在加快发展新经济新业态发展的同时,注重环境制度的创新,通过数字贸易、绿色产业等成为区域产业高质量发展的示范者和区域联动创新的先行者。

自贸试验区的制度创新空间很大,许多争议地区还是空白。充分发挥自贸试验区先行先试的制度创新特征是自贸试验区存在的根本。对于地方政府来说,如何借助于自贸试验区拉动经济增长成为在任期间的一项重要任务,其中的一项对策就是"自贸区联动创新"。就制度创新而言,这是一种好的思路,但在执行中需要贯彻生态环境保护的理念。未来,自贸试验区的创新与改革,需要在坚守《国务院关于加快建立健全绿色低碳循环发展经济体系的指导意见》,以及《中共中央国务院关于推进贸易高质量发展的指导意见》的基础上,始终以 7 部委的《关于加强自由贸易试验区生态环境保护推动高质量发展的指导意见》为底线,强化源于自贸试验区改革的制度创新,要注重将绿色贸易与经济发展作为自贸试验区联动发展的政策依据。自贸试验区要在探索自身高质量发展同时,为国家重大战略进行探路,主动借鉴国际合作园区绿色环保的制度规则,并在此基础通过产业联动推进互利共赢的国际合作。国内国际相互协作的"双循环"离不开自贸试验区的成功实践,依据国内大市场带动国际合作向上攀升,促进两国园区一体化发展,推动实现两国园区之间在通关、检验检疫、物流体系、标准之间的对接和互认,促进生态环境领域和可持续发展的国际合作,争取在双方园区之间率先实现贸易和投资领域的更高自由化水平。

自贸试验区环境保护制度正在不断完善,这与"绿水青山"与"金山银山"的理念是高度一致的。各地区对环境保护制度创新的动力不足,是担忧自贸试验区环境规则的高标准与严要求等影响地方经济来之不易的自贸试验区运行资源的获得。从风险收益原则着眼,自贸试验区自身若积极推行环境保护制度的创新需要承担地区经济受阻等的高风险,同时,各级自贸试验区官员本身也得不到"好处",加之普遍认为自贸试验区是贸易试验区,持有生态环境保护之类的制度建设似乎与己"不搭界"的观念等,也助长了自贸试验区环境制度创新的不积极与不主动。从现有的自贸试验区职责权限及区域经济发展平衡角度思考,环保制度创新的推进可能会触及既有的利益格局,国家对自贸试验区又没有明确的环境保护制度的要求,贸然开展高标准环境保护规则的制定也面临许多不确定性。随着生态环境部等7部门《关于加强自由贸易试验区生态环境保护推动高质量发展的指导意见》的颁布与执行,这些问题将得到解决。目前的重点是清理各区域产业联动存在的环境保护漏洞,预先防范各种可能存在的风险。通常情况下,"自贸试验区在放宽市场主体的准入门槛时(如企业注册资本由验资制变成备案制、监管方式由事前监管变成事中事后监管),会面临放开容易监管难的问题,在监管过程中难免会出现各种风险"。如果不加强生态环境保护的制度建设,可能会对自贸试验区的深化改革探索造成不利影响。

2. 环境保护是自贸试验区高质量发展的内在要求

自贸试验区高质量发展必须坚持以制度集成创新为核心、以市场主体需求为导向、以培育新经济新支柱产业为重点、以发展新业态新模式为突破、以生态环境等风险防控为底线。自贸试验区是地方政府的一张"王牌",肩负着培育壮大地方新经济、新支柱产业的重任,通过数字贸易抢占跨境电商、离岸贸易、保税检测维修等新业态的新高地。在这种地方政府的"重任"下,自贸试验区的环境保护规则制定与产贸协同变得十分迫切。必须探索推进环境等标准规则的制度型开放,主动对标 RCEP、CAI、CPTPP 等高标准国际经贸规则,加强服务贸易、数字贸易、离岸贸易等重点领域政策研究。

当前,面对需求收缩、供给冲击与预期减弱的压力,自贸试验区要客观评价经贸形势,针对国内国际"双循环"新发展格局,认真研究全球化演进规律和发展方向,正确处理好商品要素流动型开放与制度型开放、进出口贸易和资本双向流动、国家治理现代化与全球治理能力增强之间的关系。通过产业联动,增强国内外园区之间的交流与沟通,培育自贸试验区的国际竞争新优势,把国内主战场的主导地位发挥出来,使国内大市场更好地吸引国外投资,借助于进口博览会等形式体现越开越大的开放之势,以高质量贸易发展为动力,推动自贸试验区在环境保护与生态文明建设等现代化强国之路上走得更加稳健。

"稳字当头",以稳定求发展。自贸试验区必须高度重视生态环境的保护工作,这也是地方经济高质量发展行稳致远的法宝。自贸试验区要积极主动地配合地方政府的改革开放,促进区域科技创新、服务业开放、数字经济等领域的发展,在生态环境保护的前提下强化相关的制度与政策创新,形成更高层次的跨境融合的开放创新格局。结合国际自由贸易协定文本,围绕生态环境保护,坚持对标国际视野,顺应全球创新网络深化和创新要素跨境流动的要求,积极探索自贸试验区制度创新的发展规律和前进方向。目前,国内专家提出聚焦几大领域。一是聚焦数字经济领域,建立数据的产权界定规则,探索建立数据要素市场制度。二是聚焦知识产权领域,健全职务科技成果产权制度,探索通过天使投资、创业投资、知识产权证券化、科技保险等方式推动科技成果资本化。三是聚焦金融科技领域,积极打造"金融科技+"新业态,促进人工智能、大数据、云计算、区块链等新技术与金融业务深度融合,并构建金融风险识别与预警平台强化金融机构风险识别能力。四是聚焦营商环境领域,更加注重培育创新创业的人才生态,更加注重包容审慎监管的产业生态,更加注重绿色普惠的金融生态,发挥营商环境在产业协同创新和系统生态培育中的支撑引领作用。五是聚焦产业集群领域。应该说,自贸试验区实施产业联动是一个好的思路,但要注重生态环境的保护,以及在具体环境监督过程中的协同。产业链集群是体现中国产业优势的产业组织形式,其实质是让全球最优秀的企业聚集到最适合产业发展的特定区域,通过产业创新优势与区域集聚优势的叠加,通过全球化水平分工与产业垂直整合机制的有机结合,使组织获得对环境的利用能力和抗风险能力,构成具有区域特色的竞争优势。疫情之后,产业链重构要坚持产业链集群的合理方向,积极培育能够参与国际竞争的世界级产业链集群,增强中国产业的国际竞争能力。

三、构建制度型开放条件下的环境保护驱动机制

党的十八大以来,自贸试验区在生态环境领域进一步深化改革、简政放权,生态环境保护力度不断加大。为此,结合制度型开放政策,通过"进口"带动"出口",促进国内需求提升,借助于产业联动应对供给冲击带来的挑战,在环境保护机制的驱动下实现高质量的贸易发展。

1.制度型开放激活服务贸易新动能

从国际视野考察,世界主要经济体的发展格局均表现出以国内循环为主体的

双循环特征,这似乎是进入后工业化时期一个成熟经济体转入内生性增长范式的必然结果(葛扬、尹紫翔,2021)。进一步比较各国内外循环的发展程度则可以发现,随着最终需求在国内、附加值中占比不断提高,中国制造业的内循环已经达到相当高的水平,甚至超过美国、欧盟、日本等主要发达国家和地区,而在国际循环方面,以出口的国内增加值衡量,中国仍与发达国家和地区有一定的差距,意味着今后中国实体部门强化自循环的难度较大。必须始终将双循环作为中长期的目标方向,促使"可贸易的产品更可贸易"成为内外循环的共同机制(杨盼盼、崔晓敏,2021),这里的政策含义指向了在国内、国际两个市场上都应通过更充分彻底地开放,切实降低交易成本,减少要素配置的障碍。

一个比较好的迹象是,承载服务贸易的电子商务发展势头很猛。近年来,跨境电商登上风口,不仅国内企业和品牌出海成为大势,国内的海淘平台也纷纷涌现,而国外电商、品牌也看中了中国市场的消费力,迅速进入中国淘金。在如今经济全球化以及电子商务快速发展的大趋势下,全球市场的跨境网购需求在不断释放,随着云计算、大数据、人工智能等新兴数字技术广泛运用于跨境贸易服务、生产、物流和支付环节,中国跨境电商行业有望迎来新的发展契机。当前的重点是生产服务与自贸试验区的联动创新,即立足更大国际视野,站在更高发展起点,自贸试验区和联动创新区主动融入"一带一路"、长江经济带、长三角一体化等国家战略。从生态环境保护来看,目前,长三角生态绿色一体化发展示范区等承载的就是环境保护的规则创新功能,推动相关区域与自贸试验区的联动发展,有助于集中力量,针对国家的重大改革任务和创新需求,集中攻坚、联合发力,强化叠加放大自贸试验区效应,提升自贸试验区对外和对内开放的双能级。

借助于自贸试验区的环境保护规则建设,全面深化服务贸易体制创新,能够稳步推进我国经济的发展,增强广大中小企业对未来的预期。目前,各地已经陆续推出支持特色服务出口基地高质量发展的政策措施。2021年,多重利好精准发力,"专精特新"中小企业不断发展壮大,自贸试验区要结合"专精特新"企业发展的特征,在生态环境保护的前提下支持并加大培育力度,为"专精特新"中小企业发展壮大蓄势添能,这也是自贸试验区主动作为的体现。2021年,商务部等24个部门印发《"十四五"服务贸易发展规划》(以下简称《规则》),明确了未来一段时间我国服务贸易发展的重点任务和路径。《规划》在推动贸易高质量发展和建设贸易强国,进一步发挥好试点和其他发展平台载体作用,进一步提升服务贸易开放水平和竞争能力,明确服务贸易在新发展格局中的定位与发展方向等方面具有重要意义。

各区域自贸试验区,尤其是长三角区域自贸试验区要围绕国际进口博览会,扩大进口,展现中国生态环境保护的自觉性与自信心,以不断开放的主动作为践行制度型开放的决心。中国将增强国内消费对经济发展的基础性作用,积极建设更加活跃的国内市场,为中国经济发展提供支撑,为世界经济增长扩大空间。"中国将张开双臂,为各国提供更多市场机遇、投资机遇、增长机遇,实现共同发展"。目前我国服务贸易规模稳步增长、结构显著优化、改革创新深入推进,服务贸易日益成为对外贸易发展的新引擎。从有利因素看,全球价值链加速重构,以研发、金融、物流、营销、品牌为代表的服务环节在全球价值链中的地位愈加凸显。进入新发展阶段,我国国内大循环大市场的韧性、活力与潜能,对服务贸易的升级扩容构成坚强支撑。以数字技术为引领的新一代技术革命,为服务贸易的创新发展释放巨大活力。

2. 以制度型开放促进环境保护机制的稳健运行

传统以来,我国出口是以国外需求为导向的,因此处于相对"被动"的状态,国内往往以牺牲环境来换取暂时的一些利益,比如就业等。近年来,在制度型开放背景下,数字贸易的迅速发展使自贸试验区的生态环境保护进入稳健运行的良性状态。国内以电子商务为代表的数字服务贸易呈现不断增长的势头。从跨境电商进出口总额看,2020年我国跨境电商进出口总额达1.69万亿元,同比增长了31.1%。其中,出口额占66.27%,进口额占33.73%,其中出口同比增长率高达40.10%。业内人士分析,未来三年跨境电商红利依旧。在国际竞争优势显著提高的背景下,中国跨境电商出口品牌建设成效显著,越来越多的中国产品"走出去",并经由电商平台输出至世界各国。

中国的跨境电商,无论是在政府政策、法律法规层面,还是在企业的基础设施建设层面,都处于世界比较领先的水平,为世界跨境电商发展探索出了一条比较坚实的道路。这对自贸试验区的环境保护机制建设也起到了积极的促进作用。目前,跨境电商零售进口试点扩大至所有自贸试验区,以及其他的跨境电商综试区、综合保税区、进口贸易促进创新示范区、保税物流中心(B型)所在城市(及区域)等。这对自贸试验区的产业联动增强了后备力量,跨境电商的大范围扩张,为共同加强生态环境保护提供了合作的平台。面对以美国为代表的"逆全球化"思潮,中国政府的进口跨境试点传达出积极的开放信号。中国作为全球最大的消费市场,欢迎国际优质产品进入中国市场,并以一种非常便利化的通道放行。国家继续鼓

第八章
自贸试验区环境规则与中国特色

励进口跨境电商新业态,不仅是自贸试验区环境保护机制改革的需要,也是符合贸易高质量发展的内在特征的举措。在当前工业制造领域,跨境电商几乎还是空白。和消费品跨境电商相比,工业品跨境电商具有交付链条非常长、决策链条复杂的特点,采购行为包括物流交付、票据交付、数据交付等多方面。未来,要积极推进跨境电商服务体系,努力形成工业品领域集聚效应。

加强自贸试验区环境保护机制建设,不仅是制度型开放的需要,也是营商环境的内在主题之一。营商环境是社会主义市场经济的培土,也是市场主体蓬勃发展的养分。制度型开放最根本的要求就是着眼于规制层面,促进区域内的规则制度与国际通行的规则制度相衔接,体现监管一致性。从环境保护角度讲,就是要密切跟踪国际贸易协定中的环境规则,以高标准、严要求的姿态推进制度型开放,倒逼境内相关部门的内部改革,率先建立和系统推进与国际经贸规则相衔接的内部改革机制。市场准入负面清单制度和外商投资负面清单制度,既是发挥市场在资源配置中的决定性作用的重要基础,也是加快建立与国际通行规则接轨的现代市场体系的必由之路。

中国多年来一直是利用全球对外直接投资的最大发展中国家,在转向规则等制度型开放过程中,更需要给各类企业创造公平竞争的市场环境,需要在进一步放宽市场准入、进一步促进投资便利化等方面做出更大努力,实行更大程度的开放。作为制度型开放的关键影响因素之一,国内营商环境扮演着十分重要的角色。为此,自贸试验区必须着力打造国际化、法治化、市场化、便利化的一流营商环境,尤其是需要对标国际贸易规则,通过包括环境保护评价指标体系在内等国际标准的系统衔接,在营商环境方面进一步进行规制变化和制度优化。这不仅是吸引和集聚全球高端和创新生产要素的依托所在,也是激活市场微观经济主体的重要机制所在,更是促进环境保护机制的稳健有效的关键所在。自贸试验区所在的各级政府,一方面要进一步简政放权,减少不必要的事前审批,把制度创新权交给自贸试验区的管理组织,集中精力办好生态环境保护与产业联动的"更有效"大事,加强环境保护的事中、事后监管,提高对自贸试验区建设的科学性和有效性指导。另一方面,要加强政府服务能力,以"互联网+政务服务"为关键抓手,全力打造简单便利的集成创新体系。同时,对于规则等制度型开放下的自贸试验区要优化评价体系,重点考察规则和制度体系建设的科学性和有效性。为此,主动对标国际先进和通行的环境保护规则体系,建立适应规则等制度型开放发展要求的环境保护新机制等,是自贸试验区健康发展的客观反映。

第二节 中国特色的自贸试验区环境规则

以进口带动出口,以严格的高标准要求自己,以宽容的态度对待周边各国,这是中国特色高质量贸易发展的客观追求。中国举办国际进口博览会,不仅是新一轮高水平对外开放的重大决策,也是主动向世界开放市场的积极举措,其根本目的是通过"进口"这个平台,带动经济整合的效应,更好地体现"人类命运共同体"理念下人们对美好生活的追求。

一、自贸试验区环境保护的中国特色

自贸试验区通过主动对接 RCEP、CPTPP 等环境规则,围绕数字贸易,尤其是数字服务业贸易的发展,通过跨境电子商务等手段促进区域产业联动,完善生态环境的保护体制与机制,体现出中国作为一个贸易大国的风范。

1. 自贸试验区环境保护的地域特征

国家通过布局自由贸易试验区,不仅可以促进经济增长和全面开放,也有利于实现各类要素的优化配置,提升我国在国际经贸规则制定中的主导权,进而以"放管服"为横轴,以金融、投资、贸易等领域的改革为纵轴,构建我国新一轮改革开放与经济增长新坐标系。在当前需求收缩、供给冲击、预期减弱的大背景下,进一步加大改革开放力度,借助于自贸试验区的事权配置激发地方政府产业联动的积极性,通过区域块状分权与链式分权的结合,将市场经济配置资源的主动权让位给产业联动的主体。由于分布于国内不同区域的自贸试验区在定位与功能上均不尽相同,正常运转过程中的基础设施类事权还是需要由上级直接执行,尤其是关系到生态环境保护等的全局性与长远性的利益问题,必须加强上级的监管力度。然而,对于地方经济发展等事项,只要符合环境管制要求的经营活动可以放手让地方去干,同时维持常态性的考核监督。同时,在地方事权范围内,中央应减少细节监督。生态环境部门要主动对环境监管政策进行协调和完善,持续优化对服务贸易的"事中事后"监管改革,不能对自贸试验区有下放相关权力就"完事"的想法与做法。同时,强化自贸试验区与海关等的协作,加快对海关特殊监管区内与服务相关业务的开展,打造保税检测集聚区,促进高端服务贸易要素的集聚。对产业链中关联度高的企业实施整体监管、全程保税、便利流转,通过叠加保税政策,降低企业运营成本,加速提升全产业链的竞争优势。

为了提高自贸试验区改革与制度创新的效应,自贸试验区应注重以下几方面的进一步优化:一是突出各区域自贸试验区建设的特色,加快开放与发展。当前,我国的自贸易试验区已有 21 个之多。为了更加突出自贸试验区的引领作用,要认真总结和提炼各地结合本地资源禀赋和要素特征进行的制度创新。通过特色的总结,相互借鉴,融合发展,杜绝"潮流式"的盲目攀比与产业联动,要自觉维护环境保护与生态文明建设结合的发展模式,摒弃传统的开发区发展模式,要围绕"双循环"新格局的特征,强化自贸试验区的环境保护战略定位,通过对内改革与对外开放相结合,探索各地适宜的发展模式及制度建设,为全面改革开放提供先行先试的样本。二是自贸试验区要强化顶层设计。从环境保护现状来看,必须在国务院有关建立健全绿色低碳循环发展经济体系指导意见,以及推进贸易高质量发展的指导意见的基础上,以生态环境部等 7 部委《关于加强自由贸易试验区生态环境保护推动高质量发展的指导意见》为依据进行环境规则的建设。必须在全国自贸试验区环境保护情境的调研基础上,做出具有针对性的深层次改革方案,促进自贸试验区建设与深化改革的有效融合。并且,处理好自贸试验区制度创新与固有模式革新的关系,处理好自贸试验区创新与推进难度大的关系,并以壮士断腕的雄心破除现有发展中的各种人为障碍和利益,使自贸试验区建设更加具有深度和力度。

要结合地域特征,进一步扩大改革开放的自主权。以海南自贸港建设为例,海南紧抓时代机遇,通过推动高新技术产业跨越式发展来构建海南自由贸易港。海南自由贸易港建设围绕高新技术产业展开,坚持高质量发展这一重要基石,对海南"三区一中心"和自由贸易港建设发挥支柱的作用。"十四五"时期,海南以高质量、高标准建设作为构建中国特色自由贸易港的标准,并且已经进入关键阶段。当前,海南高新技术产业正在凝力发展,牢牢抓住这一战略机遇期。截至 2020 年年底,全省高新技术企业总数达到 838 家,"十三五"期间,每年增长幅度约为 40%,占海南省经济总量的 6.5%,比"十二五"期末提高了 4.1 个百分点。2021 年前三季度,全省高新技术企业总数达到 1027 家,实现营收 1524 亿元,同比增长 35.9%;实现利润 122.2 亿元,同比增长 154%。推动海南高新技术产业跨越式发展,从夯实产业基础、加强产业培育、完善产业链条、深化开放合作出发,强化企业创新主体地位,推进产学研用深度融合,在生态环境保护等各项政策制度创新的基础上,严控风险,且留足发展空间(李雨薇、魏彦杰,2018)。此外,扩大"零关税""一园一策"适用范围,完善金融市场体系,突出发挥信贷主渠道作用,更好发挥政府产业引导基金的杠杆作用。并在优质的政务服务、要素保障水平下,大力加快企业、项目的高质量发展和落地水平。海南省政府从自贸试验区建设初期就十分重视环境保护,其生态环境制度建设一直领跑全国各地的自贸试验区。目前,随着海南自由贸易港建设的深入推进,人流、物流、资金流将更加畅通,经济体量将加快膨胀,势必为企业发展创造更多机会,企业对海南的发展前景变得更有信心。

2. 自贸试验区环境规则的因地制宜特征

进入新发展阶段,中国经济由高速增长转为中高速平稳增长,从速度数量型发展转向创新驱动型发展(Baker at el,2016)。面对新环境,中国经济的韧性以及产业体系的弹性和活力充分彰显出制度型开放政策的重要性与必要性。在国内外风险挑战增多的复杂局面下,积极构建新发展格局下因地制宜的自贸试验区制度体系是中国经济高质量发展的客观需要。比如,上海自贸试验区推出一系列旨在建立自贸试验区"引领区"的措施,总部经济、金融产业实现了较快发展(项后军、何康,2016);天津自贸试验区开展了进口租赁飞机跨关区监管、企业设立登记备案限时办结等试点,已成为全球第二大飞机租赁聚集地;四川自贸试验区全方位联动航空、铁路、公路、水运交通网络,持续融入"一带一路"建设;海南自由贸易港政策制度框架初步建立,率先推出了全国第一张跨境服务贸易负面清单等。这些中国特色的经贸活动探索,为自贸试验区生态环境保护提供了坚实的支撑。客观地说,自贸试验区距离建设生态环境质量一流、辐射带动作用突出的高标准高质量自由贸易试验区的要求还有较大的差距。

加强自贸试验区生态环境管理是国际普遍共识,目前自由贸易试验区加强环境管理、推动环境与贸易相互支持的趋势非常突出。自贸试验区要结合自身的区域定位、发展战略等重视环境立法,切实保障生态环境管理工作落实落细。从全球范围看,国外的自贸区往往采用双多边协定、国内立法等方式来规范生态环境的管理工作,并使自贸区的生态环境管理工作有了直接的法理依据。我国应加强顶层设计,通过自贸试验区立法等细化生态环境部等7部委《关于加强自由贸易试验区生态环境保护推动高质量发展的指导意见》中的相关要求,主动创新管理方式,平衡环境与贸易的利益关系。

要树立全国"一盘棋"的思想,在各自优势的基础上加强协作。具体的方式有:一是"借力"。即在地理位置、功能定位上相互协同,发挥"1+1>2"的效果。以长三角区域的自贸试验区为例,通过充分利用地理相邻、产业互补的便利条件,在战略理念、制度政策、承载功能、基础设施、产业项目、人才技术、具体行动等方面形成有效对接,释放相互促进的潜力和动能。二是"助力"。即,通过其他自贸试验区的创新经验移植或方法普及等,推动本自贸试验区范围的创新驱动。比如,在制度创新、改革试点、招商引资、科技创新、开放合作、要素流动等领域与自贸片区实行双向互动,进行对比互补试验。三是形成"合力"。通过定期与不定期的交流与沟通,互通有无,制度互认,协同创新。

以长三角为例,各自贸试验区(包括片区)共同开展改革创新实践,利用"一带一路""长三角一体化""长江经济带"等国家重大战略平台开展协同合作,打造各有特色的自贸试验区联动创新机制。在聚力自主创新、深化科技体制机制改革、打造国际重要创新策源地、建设具有国际影响力的自主创新先导区方面率先寻求突破口。探索改革高新技术企业和技术先进型服务企业认定流程和方式,重点鼓励中小企业加大研发力度,完善创新创业生态。探索创新科技成果转化和技术产权交易机制,建立健全科技成果市场定价机制,打造完整的技术转移服务链。同时,探索生态环境保护的合作新模式,打造高水平的环境保护规则,形成"绿水青山,就是金山银山"的生态文明建设富集区,通过集聚高端、低污染或无污染产业的创新资源,主动加强服务。探索创新知识产权保护和运用机制,推进职务发明创造所有权、处置权和收益权改革,促进创新链、产业链、资金链、政策链深度融合。

二、自贸试验区环境保护与"链长制"的协同

自贸试验区环境保护要与"双循环"新发展格局相协调,并从这个大逻辑出发,超前谋划、主动布局,在国内大市场主导下积极推进"一带一路"建设,深化与周边国家之间的产业分工与合作,把产业链的回缩转化为产业能力的主动"溢出",加快形成本土化的完善产业生态,拓展本土产业发展的空间(李雪松、衣保中,2014)。"链长制"是全球产业链块状化条件下本土产业更紧密分工合作的组织创新产物,它对自贸试验区的环境保护具有制度执行主体的功能,是生态文明建设的责任者,也是本土产业链生命周期安全和实现可持续盈利能力的保证。

1. 自贸试验区环境规则与"链长制"的培育

"链长制"与"河长制""湖长制"一样,是一种组织模式的创新,浙江省最早在全省范围内系统化普遍化地推进这种"链长制"。浙江省率先在全国推行"链长制"是

与其区域块状经济的特色紧密关联的,本着做大做强产业,使产业方向更集聚、更聚焦,规避复杂国际经贸形势对国内产业链的冲击,浙江省商务厅在2019年发布了《浙江省商务厅关于开展开发区产业链"链长制"试点进一步推进开发区创新提升工作的意见》。根据这一文件的精神,各开发区需要确定一条特色明显、有较强国际竞争力、配套体系较为完善的产业链作为试点,"链长"则建议由该开发区所在市(县、区)的主要领导担任。

  自贸试验区产业联动必须进行组织创新,针对环境保护的复杂性与关联性,在原有的"链长制"职能的基础上,赋予其生态环境保护的责任,不仅是强化环境管理本身的问题,也是进一步拓展"链长制"职责范围,提高自贸试验区与其他开发区等产业联动的内在要求。从"链长制"的国内发展情况看(孙华平、包卿,2020),广西省实施"两长制",即"群长"与"链长"。群长是所负责产业集群的直接责任人,同时负责组织协调所负责集群的相应产业链发展工作;链长是所负责产业链的直接责任人。[1] 浙江省的"链长制"实施"九个一"机制,包括一个产业链发展规划、一套产业链发展支持政策、一个产业链发展空间平台、一批产业链龙头企业培育、一个产业链共性技术支撑平台、一支产业链专业招商队伍、一名产业链发展指导专员、一个产业链发展分工责任机制和一个产业链年度工作计划,坚持"巩固、增强、创新、提升"的产业链发展原则。江西的群链长制与浙江有一定的差别,主要是因为"江西针对产业发展存在链条不完善、龙头企业不强、价值链不高"等问题。对此,江西采取了"四个一"机制[2],即,"一位省领导、一个牵头部门(责任人)、一个工作方案、一套支持政策"的运作机制。其涉及的行政级别明显高于浙江省,表明江西省对产业链发展的紧迫性特征。从江西省"群链制"的工作模式看,重点是梳理供应链关键流程、关键环节,精准打通供应链堵点、断点,畅通产业循环、市场循环,推动大中小企业、内外贸配套协作各环节协同发展,维护产业链、供应链安全稳定,协力推进江西产业链发展。

  自贸试验区产业联动下嵌入环境规则的"链长制",就是将"环境责任"放在"链长制"经济任务的"首位度",同时加速构建本土企业主导的全球产业链。在国内国

---

[1] 2019年11月,《广西重点产业集群及产业链群链长工作机制实施方案》开始实施。在实施方案中,由总群链长负责组织领导推动重点产业集群及产业链发展工作;群链长会议原则上每半年召开一次,研究推进重点产业集群及产业链发展工作。

[2] 江西省群链长的职责是:调研梳理产业链发展现状,全面掌握产业链重点企业、重点项目、重点平台、关键共性技术、制约瓶颈等情况;研究制定产业链图、技术路线图、应用领域图、区域分布图,实施"挂图"作业;制定完善做大做强做优产业链工作计划,统筹推进产业链企业发展、招商引资、项目建设、人才引进、技术创新等重大事项;精准帮扶产业链协同发展,协调解决发展中的重大困难问题等。

际相互协作的双循环格局下,我国本土企业必须充分利用自贸试验区先行先试的制度创新优势,面向国内大市场,主动构建以我为主的产业链,成长为"链长制"的主导企业。即,从服务于国内市场出发,逐步拓展到海外市场,最终成长为全新的全球产业链与价值链。通过自贸试验区的产业联动,围绕生态环境保护政策的贯彻执行,逐步推动产业链向全球价值链中高端攀升。该目标需要在不同任务期间内分阶段实施,在中短期内,我国本土企业应该先从国内条件成熟的区域做起,在地方政府的积极支持下,按照市场规律,积极开展产业并购和投资活动,建立以我为主、面向国内的价值网络体系。这一进程必然伴随着先进制造业集群逐步形成,并成长为世界级先进制造业集群。长期来看,我国的"链长制"需要走出国门,依靠国内强大的市场支撑,通过国内产业链与国外产业链的竞争,力争在市场博弈中占据领先地位。正是据此考虑,必须在自贸试验区框架下,全面实施CPTPP等的环境贸易规则,以高标准和严要求对待产业的发展,提高国内产业链在全球化市场竞争中的影响力。

从区域经济发展角度考察,我国本土企业成长为"链长制"单位,还需要与我国长江经济带、京津冀协同发展等战略协同,并沿着"一带一路"筹划走出去的新路径。自贸试验区要围绕国家优化经济发展的空间格局进行部局,积极促进本土企业在相应空间内成长为"链长制"的组织者。在"内循环"积累到一定程度的经济实力的条件下,主动构筑以我为主的全球产业链,跨国界布局价值链创造环节,完善其主导的产业链环境保护机制。

2. "链长制"的环境价值取向:打造互动融合的生态环境保护圈

"链长制"就是把焦点放在了"产业链"的"链"上,由此拓展了供应链、信息链、采购链、服务链、人才链、资金链等多个链条。链长的产业链管理,围绕产业链形成一个行业公共管理的责任主体与相关协作机制,比原有的协会商会会长的协调能力提升了层次,可以促进跨企业、跨行业、跨区域、跨行政部门进行集体效率的优化。借助于产业链健康长效机制,打造适合产业链发展的整体产业生态。从环境保护视角看,就是要树立共性的环境价值观,从产业链上下游的环境"生态位"企业入手,从促进产业发展的人才和服务上入手,优化提升产业生态。

自贸试验区作为制度创新的高地,不是谋求政策优惠的"洼地"。当前,在全球价值链投资与贸易为主的背景下,世界产业分工体系已经形成一个复杂网络,任何一条产业链上都聚集了成千上万家企业。浙江"链长制"的实践对于自贸试验区产业联动、进一步扩大开放、推进实体经济创新发展探索新途径、积累新经验具有积极的现实意义。比如,以制度对接、平台融通、产业互动为重点,加强自贸试验区与周边经济技术开发区、高新技术产业园区、海关特殊监管区等各类经济功能区联动发展,在开放程度高、体制机制活、带动作用强的区域建设自贸试验区联动创新区,放大辐射带动效应,建成未来自贸试验区扩区的基础区和先行区。并且,在投资管理、贸易监管、金融开放、人才流动、风险管控等方面借鉴自贸试验区制度经验,实施清单管理,带动联动区域共享自贸试验区的改革红利。通过打造互动融合的生态环境保护圈,浙江自贸试验区与"链长制"架构驱动,主动对接上海(含新片区)、江苏自贸试验区,探索与安徽相应区域建设自贸试验区协作发展区,加强长三角区域自贸试验区之间相互借鉴和合作互补,共同打造一体化程度高、具有国际竞争力和影响力的长三角自贸试验区群。换言之,打造互动融合的生态环境保护圈,形成可复制推广的制度经验,是检验自贸试验区建设成效的关键。关注国际产业链上下游的联动,充实了国际产业合作的内核,打破信息链、资金链、人才链和创新链的产业边界、地域边界。自贸试验区必须进行大胆创新、先行先试,通过试错和风险压力测评,形成具有可操作性的成功经验,为接轨国际经贸中的环境等规则和全面深化改革开放发挥"试验田"的作用。

"链长制"是有关产业间和企业间各类要素组合的管理者,涉及研发设计、生产加工及品牌运营和市场售后等诸多链条,各环节的有效合作程度越高,企业生产的总平均成本就越低,行业竞争力也就越强。因此,"链长制"的区域组织优势对于补强补齐产业链,促进区域产业高质量发展,以及实现本地创新链的形成与发展具有重要的实践意义。将"环境价值观"嵌入以"链长制"为主导的产业链条之中,能够推进跨界融合互动,提升人力资本投资水平,改善信息不对称状态,推动产业生态系统建设,促进企业深度融入全球创新网络,这是"链长制"内在的功能定位。同时,"链长制"在自贸试验区的先行先试制度创新环境下,会更加注意尊重市场规律,避免过度的政府干预,最大程度地促进市场功能的发挥。

多链融合是当前的一个价值导向。2020年4月20日,习近平主席在陕西视察时提出新的要求:"要围绕产业链部署创新链,围绕创新链布局产业链。""链长制"要呼应这一发展趋向。要积极推动以人才链引领创新链,以创新链提升产业链,以产业链集聚人才链,实现产业链、创新链、人才链"三链"闭环融合发展。"链长制"的生态环境价值取向在于打造互动融合的产业创新生态圈。当前改革已进入"深水区","链长制"有利于增强区域官产学研协同合作水平,降低各类制度成本,促进市场经济运行的交易成本最小化,促进我国区域新旧动能转换,降低信息不对称水平,提升整条产业链运行效率。链长作为区域一方长官,在地方发展中居于核心驱动者地位,其长处在于区域各类资源的盘活与动态整合。自贸试验区产业联动需要加强生态环境的管理服务创新。要发挥链长在市场经济主体的"董事长"以及社会团体"会长"中的影响力,积极打造互动融合的生态环境保护体系。要正向引导"链长制"的环境价值取向,主动围绕集成电路等光导产业,探索产业链协同创新机制,打造高水平公共研发服务平台,破解集成电路设计等产业"卡脖子"问题。

基于制度型开放的新机遇,自贸试验区进一步扩大对外开放、深度融入全球化、推动投资贸易自由化便利化、建成积极服务多重国家战略的对外开放合作的运作平台。探索建设具有国际先进水平的国际贸易"单一窗口",发展离岸贸易、跨境电商等贸易新方式新业态,提升贸易通关便利化水平。探索实施境外投资管理新模式,加强国际产能合作,深度学习国际经贸中的环境规则等新标准,针对自贸试验区制度建设中存在的短板弱项,开展中国特色的集成式制度创新。

三、自贸试验区环境保护与开放包容的制度创新

2021年12月的中央经济工作会议指出,我国经济发展面临需求收缩、供给冲击、预期转弱三重压力,对此,自贸试验区环境保护政策要坚持开放与包容并存的制度创新精神,在强化生态环境保护的同时持续激发市场主体的活力,激活各类企业或组织的发展动力。

1. 制度型开放推动环境保护制度的国际化

自贸试验区环境规则必须围绕制度创新,主动对标国际高标准、严要求的国际贸易环境规则,通过大胆试、大胆闯、自主改,推进全方位高水平开放。比如,认真对标CPTPP、中美经贸协议、中新自贸协定升级版和RCEP,制定生态环境保护的制度体系。通过培训和讲座形式,指导企业结合对RCEP关税减让安排重新评估并整合现有商业模式,鼓励企业积极履行社会责任。并且,根据自贸试验区环境保护的要求实施适当的布局调整,通过合理的海关估价规划(包括与RCEP成员国之间的转让定价规划)开展关税成本管理,联合海关、商务、税务、行业协会等部门,及时快速回应解决广大进出口企业在通关业务方面的疑难问题,提升出入境通关便利度。并且,从商品和要素流动型开放向规则等制度型开放拓展,聚焦打造国际创新策源地、前瞻性先导性产业集聚区、知识产权保护运用高地、健康服务先行区等自贸试验区产业联动的重点领域,进行环境管理的制度再造和生态系统的集成创新。通过制度型开放推动自贸试验区环境保护形成国际化环境规则的样本,努力降

低制度性交易成本,取得更多可复制推广的制度创新成果,服务全国改革开放大局。

2021年的中央经济工作会议提出"我国经济发展面临需求收缩、供给冲击、预期转弱三重压力"。"需求收缩"的主要原因包括居民消费受局部散发疫情持续扰动,投资稳定增长面临一些要素制约。自贸试验区要在促进民营经济发展方面发挥积极作用。民营企业能够激发企业家精神,有利于经济的稳定与持续发展(Greve,2017)。要关注经济、环境与社会的平衡,改变企业家的生态环境理念和价值观。"供给冲击"对宏观调控政策体系提出了新的要求。制度型开放需要平衡生态环境与经济发展的关系,自贸试验区在打造"一带一路"沿线国家(地区)合作交流平台的过程中,要兼顾各方利益。既不能搞赢者通吃,零和博弈,也不能单打独斗,唱独角戏。要配合地方政府的数字化改革,实施"线下活动经常办,线上交流不间断"。各个方面联动协同,渠道通畅,各展所长,百花齐放。从稳预期视角思考,体现制度型开放的"上海进口博览会",是以"进口"促"投资"、以"进口"带"投资"的重要平台,能够发挥提升我国利用外资规模、利用外资质量的重要作用。

探索自贸试验区环境保护制度的国际化,坚持开放与创新的包容发展,能够促进更高水平的开放与更高层次的创新。自贸试验区坚持开放与创新的深度融合,不仅是实现开放型经济对转型的需求,也是国际贸易规则国际化的客观需要,更是引领贸易高质量发展的客观追求。与以往开放发展模式相比,自贸试验区的产业联动等深度融合具有三个新的特征:一是将生态环境作为开放目标的"首位度"。从注重经济增长的速度转向生态环境优美的"金山银山"式的现代化经济体系构建,着重解决自贸试验区引领一方区域经济高质量发展的重任问题。二是环境规则国际化的转变。即从以往关注生产要素的一般制造业环境保护转向能够吸引和集聚创新要素的先进制造业和现代服务业的环境生态领域发展,借助于自贸试验区环境保护制度的国际化提升经济高质量发展的新动能。三是环境保护制度创新的方式转变,即从生产要素的环境监管转向环境规则等制度型开放,重在解决高质量发展中的环境制度保障问题。

自贸试验区的环境保护制度的国际化,涉及环境信息公开、环境保护的公众参与,以及对信息公开实施司法保障,促进环境保护的协商谈判机构建设等,这些规定对于自贸试验区制度创新具有积极的现实意义。

一是有利于促进自贸试验区产业联动中的绿色发展。"绿色发展"是一种基于"人类命运共同体"理念的科学发展观。首先,绿色发展需要推进绿色生产。自贸试验区的产业联动只有建立在经济绿色化程度之上,才能形成中国特色的环境保护规则,也才能推动形成绿色的生产方式。其次,自贸试验区的环境保护制度的国际化是与绿色发展的总体规划相互契合的一种组织安排,国际贸易规则中的环境保护条款往往致力于改善全球环境恶化的现状,规定了在环境保护中实体和程序上的一系列制度,对于目前较为突出的污染,野生动植物非法交易、非法捕捞等问题做出了回应,特别是对海洋环境保护领域十分关注。中国同样需要强化海洋生态环境的保护,维护海洋自然再生产能力。再次,自贸试验区是我国制度创新的前沿阵地,是贯彻党中央政策理念的先行区,在大力倡导绿色发展的时代背景下,在环境保护法律制度中吸收国际贸易规则中的环境保护条款,有助于贯彻落实绿色发展理念。

二是有利于提高我国在国际贸易规则中的参与权与环境保护的话语权。面对环境破坏的现状,国际社会必须携手合作探索保护全球环境的有效手段。自贸试验区可以通过加强国际合作,在国际环境保护方面发挥至关重要的作用。目前,面临国际政治、经济与社会发展的不平衡,尤其是守成大国与发展中国家之间的经济发展差距,全球环境保护的环境价值观产生严重分歧。国际贸易协定在国际环境保护方面存在一定的合作空间,自贸试验区可以先行先试,为我国加入 CPTPP 等国际贸易规则提供制度创新的范本。我国作为一个负责任的大国,在国际环境领域始终承诺以国际合作的方式解决全球环境问题,并积极履行国际环境义务。自贸试验区主动对接 CPTPP 环境保护条款,对保护臭氧层、避免船舶污染海洋环境、海洋捕捞渔业等相关规定加强先行试点,并作出相应的制度创新,有助于未来我国在 CPTPP 谈判协商机制上降低制度交易成本和摩擦成本,并为我国更好地融入国际环境保护行动之中提供有利条件。

2. 形成以包容促开放的环境保护机制

将环境保护嵌入自贸试验区的发展规划之中,加快形成包容与开放的国内大循环,推动国内大市场的迅速统一,这些行为本身就是一种中国特色。国内统一大市场具有中国特色,主要体现在两方面:一是强有力的纵向治理;二是竞争主导的横向治理(刘志彪,2021)。建立健全国内统一大市场的重大意义在于,主动把握生态环境保护制度下的经济建设主动权,通过畅通经济循环实施战略性布局,围绕产业高水平发展树立自立自强的内在特性,为自贸试验区进一步对外开放奠定坚实的实践基础。以包容促开放的环境保护机制是国内大市场形成与发展的内在要求,在国内国际相互促进的"双循环"新发展格局下,从市场规模、市场结构、市场功能、市场机制和市场环境这五方面发力,是自贸试验区未来发展的战略方向。

自贸试验区的产业联动形成的各种机制与规则,有助于创造一种宽容的创新、创业环境,对于促进我国科技进步,突破产业链关键环节和核心技术的"卡脖子"问题具有重要的推动作用。构建自主可控的现代产业体系,离不开制度型开放条件下的自贸试验区制度创新。以包容促开放的环境保护机制有助于自贸试验区吸引外资与人才,带动所在区域产业融入全球价值链分工体系之中,进而获得长足发展。近年来,在党与政府的英明领导下,我国成功抑制了疫情,广大中小企业的外贸出口形势不输往年,但是也存在"大而不强"的问题。自贸试验区要服务国家大局,必须能够通过产业联动提升产业发展中的自主可控能力,这不仅是地方政府的重要任务和核心目标,也是自贸试验区发展的主攻方向。

我国现有的产业结构,尤其是沿海地区的产业布局往往以外向型为主,虽然在全球价值链中获得了巨大的利益,但无法形成自主可控的能力,生产与技术过多依赖于发达国家或者发达的经济体市场,产业发展在需求层面丧失了自主可控功能。此外,我国虽然有些行业已经处在世界产业链的领跑地位,但更多的企业,尤其是中小企业仅仅是全球价值链分工体系中的低端节点,生产一些通用和一般性的产品,核心零部件等的生产技术掌握在外国人手里,在产业发展的价值链中高端攀升中缺乏科技支撑,不得已放弃控制与监管的能力,更何谈自主可控的能力(Pfeffer & Salancik,1978)。自由贸易试验区形成以包容促开放的环境保护机制,可以从产业链的某一个端点逐步做大做强,然后再兼顾两头,形成"弯道超车"式的自主可控能力。就像当年微软公司在软件开放上逐步做大做强,从开始是IBM的打零工角色,一举成为该行业的领跑者。

自贸试验区形成以包容促开放的环境保护机制,就是要把高质量发展放在实体经济的产业载体之上。并且,坚持创新引领,着力提高经济密度、提升科技创新和产业融合能力,支持集成电路、生物医药、智能制造、金融等领域重大项目和平台优先在自贸试验区布局,对关键产业和急需人才实行具有国际竞争力的税收制度,打造世界级前沿产业集群,加快形成创新发展新动能。从产业布局看,日本在半导体、材料制造、精密仪器以及高端机床等领域处于世界领先的位置,韩国在机械制造、化工和半导体设计与制造等领域也比较发达。而中国在这些领域技术都比较薄弱,所以,自贸试验区形成以包容促开放的环境保护机制有助于推进中国、日本、韩国三国实现战略意义上的合作(Chang et al.,2005)。

自贸试验区通过产业联动引进一些产业链中间环节的中小高新特精的企业,从"次链长"的组织创新入手,实现区域科技应用的一体化,同时借助于全球化的思维,优化价值链治理,主动与全球价值链"链主"加强对接,通过点、线、网的互动组合推进产业现代化与技术的升级(Daniel,2002),进而真正成为产业链的"链长"。

为了促进自贸试验区范围效应的形成,当务之急是完善地方总部经济的促进政策,吸引更多总部企业在自贸试验区周围设立全球和地区总部以及决策中心、研发中心、营销中心、结算中心等功能性机构,打造区域性的总部经济集聚区。同时,支持有条件的产业组织或企业积极推进数字化改革,加快数字技术创新中心、大数据应用中心等关键功能性支撑平台的构建。

强调自贸试验区的环境保护还需要不忘初心,牢记自由贸易试验区的"自由贸易"本质。要从关系维度和制度的维度思考自贸试验区的功能定位。结合投资自由化、金融自由化、贸易自由化、要素自由化的自贸试验区功能定位,以包容促开放加强环境保护制度建设(Boland et al.,2007),就是要以一种"平常心"对待地方经济的增长,要始终秉持"绿水青山就是金山银山"的理念。在自贸试验区范围内率先试行与国际贸易中的环境规则相匹配的政策,实现商品、资本、技术、人才、信息等要素的自由流动,提升外向型经济的内涵。只有这种坚持生态环境至上的自贸试验区发展功能定位,才能坚持战略性与战术性、长期利益与眼前利益的协同发展。换言之,既不能将自由贸易试验区功能过度扩大化,也不能将自由贸易试验区功能缩小化。在此基础上,各地应按照中央部署,主动争取承担国家更多的改革权,进而形成更深层次的改革。

以海南自由贸易港的建设为例,就是要主动吸收借鉴国际先进自由港的建设经验,对标国际高标准经贸规则,结合海南特点,体现中国特色,突出贸易自由和投资自由的各项制度性创新举措,成熟一个落地一个,进而形成反映海南自由贸易港特色和发展需求的政策和制度体系。尤其是全面实施市场准入承诺即入制,完善产权保护制度,坚持金融服务实体经济,实施更加开放便利的人员出入境和停居留政策,建立具有国际竞争力的特殊税收制度,建立与国际接轨的监管标准和规范制度。

第三节 本章小结

面对国际经济环境的复杂与多变,制度型开放需要形成一种相对"不变"的规则情境。从国际经贸活动视角考察,经济的全球化不会因为环境的不确定性与复杂性而停止不前,自贸试验区的制度安排就是一种相对不变的空间范围与规则情境,国际间投资与企业贸易活动在这一个区域相对不变,即不会受到国家之间贸易摩擦的影响。经贸活动主体可以在这一区域实现规则或制度层面的相容与一致，进而满足其统筹全球价值链、整合和利用全球要素"无缝对接"的内在需求。自贸试验区的环境保护主动性，是制度型开放条件下我国自贸试验区功能定位的客观反映，也是制度型开放赋予自贸试验区环境保护的制度新特征。国际贸易规则的高标准对环境保护的严格要求是自贸试验区产业联动的底线。无论是产业层面的开发区或新区，还是基于微观层面的经贸企业，都需要严格遵循生态环境保护的制度要求。构建制度型开放条件下的环境保护驱动机制，促进我国对外开放步伐的进一步推进，一个趋势是服务贸易的量与质均得到了迅速的发展。尤其是数字服务贸易的发展给自贸试验区的产业联动注入了强大动力。注重服务业产业政策、环境保护政策与服务贸易政策的协调配合，扩大自贸试验区的服务业边界，促进自贸港建设与服务贸易创新发展协同，正在成为自贸试验区拓展的中国特色。

以"进口"带动"出口"，构建"贸易高质量发展"的新模式，在产业高新、产业高端与产业高效上体现自贸试验区环境规则的中国特色，更好地满足人们对美好生活的追求。自贸试验区要围绕高端生产要素的吸引、培育、集聚和活力释放，突破产业链关键环节和核心技术，形成构建自主可控现代产业体系的示范。要创新产业发展思路，摆脱传统路径依赖，自贸试验区不能仅仅停留在"窗口"或"杠杆"的功能定位上，必须大力发展总部经济、平台经济、枢纽经济和现代服务经济，为自贸试验区的制度创新提供物质基础。同时，围绕制度型开放进一步优化营商环境。这是一场深刻的体制改革和制度创新，总结并提炼具有中国特色的成功经验。自贸试验区要继续深化生态环境保护的制度改革，要用环境法治的方式固化好经验、好做法，不断稳定市场预期、提振发展信心，激发市场主体的内生动力和创新活力。要以"链长制"与自贸试验区环境保护的协同为基点，寻求先进制造业集群的发展规律。通过发展高新产业获取产业链的自主可控制能力，增强技术与知识自主创新的比重，引领其他相关产业调整升级，产品实现创新。要大力发展更高水平和更高层次的高质量开放型经济，而高质量开放型经济绝非是一种"受制于人"的发展模式，一定是自主可控的发展模式。要提高正向外部性，使产业与环境和谐友好，生产过程产生污染少、符合低碳经济要求，并对就业有明显拉动作用，促进产业链上其他企业共同发展。同时，进一步深化金融领域开放创新，积极构建服务"一带一路"建设的金融体系，深化跨境金融领域的开放创新，打造高层次金融人才集聚发展新高地等，形成金融有效服务实体经济的示范，不仅符合自贸试验区自身建设和发展的目标定位，也符合制度型开放对所在地的区域经济发展的特定情境。

第九章 结论与展望

面对国内外风险挑战增多的复杂局面,中国遵循经贸发展的客观规律,坚持立足新发展阶段、贯彻新发展理念、构建新发展格局,引领自贸试验区精准定位,坚持产业联动与创新,推动贸易高质量发展取得新成效。客观地说,全国21个自贸试验区(港)在挖掘内需潜力、促进消费持续恢复、积极扩大有效投资,以及增强发展内生动力方面,发挥了重要的作用。当前,新一轮国际贸易规则更加关注知识产权保护、政府采购、竞争中立、数字贸易等新议题,这些"后边界贸易规则"迫切需要我们结合自贸试验区的制度创新进行探索试验,并且在做好风险测试和压力测试的同时,主动参与或引领国际贸易规则重塑活动中诸如环境规则等的制定,为我国的制度型开放提供更大的发展空间。

第一节 研究结论

在坚持多边体制和自由贸易的基础上,通过自贸试验区进行过滤、消化,并以人类命运共同体理念为指导主动参与全球环境治理,促进自贸试验区环境保护制度的不断创新与优化,是总结或提炼环境保护路径与机制的重要手段。

1. 以制度型开放优化环境保护规则

改革开放40余年,得益于通过关税减让和各种优惠措施促进商品和资本自由流动,利用国内国外两个市场、两种资源,中国充分发挥比较优势,分享了全球化红利。改革开放初期,以开放促改革、促发展是对外开放最具成效的制度贡献。进入新发展阶段,要解决体制机制中的深层次矛盾,需要以高水平的规则、规制、管理、标准等制度型开放做支撑,深化改革与扩大开放协同推进。党的十九届五中全会提出:"要坚持实施更大范围、更宽领域、更深层次对外开放""要建设更高水平开放型经济新体制,全面提高对外开放水平……积极参与全球经济治理体系改革"。这意味着我国通过高水平开放,主动融入全球环境治理将是一个长期的发展过程。自贸试验区要在制度型开放的政策环境下,构建一个围绕着产业链、供应链现代化水平提升的绿色生态,通过科技创新,加快产业链、供应链、价值链向创新链的方向延伸,形成一个符合生态环境保护要求的绿色产业体系。亦即,通过产业联动推动经济高质量发展和生态环境高水平保护形成共生效应。

以国内大循环为主体、国内国际双循环相互促进的新发展格局,要求通过制度型开放抓住国内国际双循环相互促进这一"牛鼻子"。自贸试验区在进一步推动改革开放的过程中,必须注重强化环境保护,其核心是要实现国内环境法律规章与国际贸易规则中的环境标准或条款有效衔接,既要为拆除开放的"玻璃门"、优化营商环境、对冲外部风险找到精准的靶位,也要为对外经济贸易持续稳定发展提供环境保护的制度基础(扶涛、王方方,2015),从而使制度型开放更加市场化、法治化、规范化、国际化,更具前瞻性和引领性。针对"双循环"的新发展格局,自贸试验区要在改善营商环境的同时,注重服务业开放这一发展领域,积极推动数字贸易,积极拓展经贸活动新领域。制度型开放带来的负面清单管理等制度创新,必须与自贸试验区的对外开放水平相适应,尤其是在环境保护规则方面。换言之,对于国内一些产业支柱依靠高耗能制造业的自贸试验区,必须在环境管制方面实施正面清单的环境管理规则体系,以促进制度型开放发挥更积极的作用。

2.加快自贸试验区的环境制度创新

自贸试验区承担着高质量引进来和高水平走出去的历史使命,要紧密结合"十四五"生态环境保护工作的要求,将自贸试验区打造成高质量发展引领区、低碳试点先行区、生态环境安全区、制度创新示范区、国际环境合作样板区等。自贸试验区环境制度创新要坚持生态优先、推动绿色低碳发展,创新引领、深入推进改革与开放合作,主动对接国际环境规则。自贸试验区核心竞争力形成离不开绿色产业的支撑,必须通过技术进步与产业联动实现现有产业的转型升级。同时,鼓励自贸试验区立足区位条件,挖掘自身优势,依托区域特色加强生态环境保护,自贸试区通过生态环境制度创新和试点示范,助力构建新发展格局,形成各具特色的高质量发展模式,以生态环境高水平保护促进自由贸易试验区的健康发展,以及经济社会发展全面绿色转型。亦即,在充分借鉴国际贸易规则中的环境条款,提炼其成功经验,科学规划的过程中,要将自贸试验区发展成为中国扩大进口带动消费升级的新窗口,尽快形成中国开放的新示范。

自贸试验区的环境制度创新必须强化新技术的应用,并借助于金融的支持促进绿色产业的发展。事实表明,每一次工业革命的发生都是因为新技术引发了产业的变化,而每一次工业革命也都是由金融革命来支持的,包括信息产业革命、互联网的出现和普及。自贸试验区要助力金融创新,实现环境保护手段的技术进步与技术创新,这既是实体经济增长、创新的需要,更是为了防范系统性风险。自贸试验区的环境制度创新要为"双碳"目标起到示范引领作用,要主动承担"碳中和"的分解目标,引导产业创新树立绿色转型的对标靶向,深入落实新发展理念,保持与世界各国的良好协调沟通,不断深化绿色低碳领域的技术、资本、人员之间的交流,推动环境制度的国际合作项目的设立和开展。自贸试验区要协助地方政府做好环境制度设计,分步骤安排区域内国内产业和企业减排路线及其阶段性进展的对外宣介,提高自贸试验区"碳中和"政策措施的透明度以及实践效果的可视性。同时,自贸试验区要探索建设绿色"一带一路",促进环境制度的创新成果为国际共享,为沿线国家探索确立"碳中和"方案提供技术和经验等的帮助。

3. 以数字贸易为契机,提升生态环境保护的质量

发展数字经济已经成为国家战略,自贸试验区强化数字化改革,引领数字贸易规则制定将成为一项重要的工作内容。借助于数字贸易来提升生态环境保护的质量是本文的重要观点之一,也是环境保护路径的一项重要选择。开放、包容、透明的环境是全球数字经济可持续发展的必然要求,中国具有雄厚的数字经济基础,树立中国数字大国地位和号召力,有利于提升中国对全球数字治理的影响,对于各国保护生态环境也是重要的支持。数字贸易已经成为数字经济时代国际贸易规则的"主基调",以自贸试验区为平台,通过中国的销售互联网与工业互联网、产业互联网的协同,积极构建基于网络生态的数字贸易规则,将是树立中国经济形象,主动发出中国声音的重大契机。强调自贸试验区的生态环境保护,就是要在塑造公平、合理、有序的数字贸易规则体系中贡献中国的智慧。高质量的数字贸易活动及其规则离不开生态环境的保护,提升中国主导的数字议题多边谈判能力,嵌入

生态环境保护内容体现了中国坚持高质量发展,展现负责任大国的规则主导国形象,进而有助于我国由数字大国迈向数字强国,并且更好地争取友好、包容的国际环境。

各级地方政府的生态环境保护部门要协助自贸试验区研究探索适合自身实践的生态环境保护制度或措施,面对新形势、新需要和新问题,在体制机制、资金项目、人员培训等方面给予自贸试验区生态环境保护工作积极的支持。新一轮科技革命需要改造的对象是以知识为载体的绿色产业体系,由此带来的技术范式变迁成本和难度相应增大,路径锁定会使自贸试验区产业联动过程中转型升级受限,而嵌入生态环境保护的生产要素和消费需求主体的共同转型,则成为更加严峻的挑战。同时,当数据成为新型资产和要素,新的"数字鸿沟"会加剧发展状况不同,处于不同区域自贸试验区经济的结构性矛盾,这既是经贸活动不平衡的结果,又是不同地区数字治理的难题。在数字经济发展及其国际规则确立过程中,自贸试验区通过宽容、兼顾的数字贸易政策,形成各区域具有自身特色的数字化转型路径与对策是本文需要进一步深入研究的内容。全球数字化转型的潜力和路径选择的不确定性为中国实现"弯道超车"带来了机遇。自贸试验区要积极探索数字经济发展和环境保护的新模式,促进国内经济与全球经济的深度融合,引领中国经济驶入绿色、智慧、高质量、可持续的发展道路,为人类文明转型发展做出符合历史和时代要求的贡献。

4. 加强与国际组织或机构的环境保护合作

面对"百年变局、世纪疫情"的动荡变革,积极有效地实施国际组织或机构的环境保护合作,乃是大势所趋,不可阻挡。当今世界存在两种取向的激烈斗争。一种是搞孤立封闭、优势垄断、保护主义的集团对抗;另一种则是从全人类的福祉出发,推动团结合作、倡导开放融通、实现互利共赢(黄大慧、沈传新,2022)。要主动对标国际一流贸易规则中的环境实践,积极探索贸易与环境相互协调发展的新模式(George et al.,1999),搭建并运行好生态环境合作平台,为推动自贸试验区生态环境国际合作提供组织与技术保障。自贸试验区借鉴国际贸易规则中的环境规则或条款,必须以高标准、严要求为目标。以CPTPP中的环境规则为例,在单独的"环境"一章中,对于环境保护的路径选择,采取了"2+6"的专项条款规范形式,即第5、第6条率先突出生态环境的要求,规范了"臭氧层保护与海洋环境免受船舶污染保护"的内容,在第13条至第18条中规范了贸易与环境的关系,以及环境保护的重要性内容。加强与国际组织或机构的环境保护合作,可以增强我们对环境管理内涵与外延的认识,注重自贸试验区经贸活动中的环境保护,尤其是对于身处高耗能产业区域的自贸试验区,更要主动对接国际贸易规则中的环境条款。此外,对于CPTPP中"环境"这一章中的环境保护机制主要有程序与合作机制和磋商及争端解决机制。其中的争端解决机制,我国目前在双边或多边的FTA中尚未明确规范,但在不久之后的有关加入CPTPP谈判中可能需要考虑这一问题。同时,对于投资章节中的负面清单管理,也需要与环境章节中的内容进行协调,尤其是在环境保护内容方面必须综合加以考虑。这也是为什么生态环境部等7部委在涉及自贸试验区环境监管时仍然要强调正面清单管理。

自贸试验区要抓住RCEP生效实施的有利时机,积极打造国际一流营商环境,在不断吸引外资的同时,增强货物贸易、服务贸易、投资以及人员流动方面的市场开发,主动对接国际贸易规则中的环境条款。当前,我国正面临需求收缩、供给冲击和预期减弱三重压力,自贸试验区要进一步扩大改革开放,正确处理好效率与公平、发展与安全、法治与改革、"先行先试"与法治、容错与纠错、放开与管好这六对关系,持续打造市场化、法治化、国际化的一流营商环境(韩剑,2021)。不同区域自贸试验区要加强沟通与交流,寻求有效的合作机制,要大胆创新贸易的国际合作联盟,在面临外部环境压力和自身变革动力的双重作用下,数字贸易已成为越来越多国家或企业首选的方式。然而,现实中数字贸易及数字化改革进程并不顺利,制约企业数字化转型的主要原因有技术和人才不足、数据洞察力与集成能力薄弱、缺少适用的行业平台,以及数字技术对各国经济长期增长贡献的份额大小等(Bharadwaj et al.,2013)。自贸试验区应加强与国际组织与机构的合作,以"人类命运共同体"理念为引导,顺应全球价值链重构趋势,调整数字贸易的发展策略,发挥中国在数字贸易中的主导地位与作用。亦即,自贸试验区要主动实施创新,发挥绿色产业体系和超大规模市场的优势,通过生态环境的保护来为畅通国内国际双循环提供新载体,加快引领中国从全球数字经济"同行者"向"领跑者"的角色转变。

5. 拓展自贸试验区绿色、安全的环境保护路径与应用机制

自贸试验区生态环境保护要坚持战略与战术相结合、理性与感性相统一,主动思考环境管理的情境特征,选择适合自身发展的环境保护路径及其应用机制。长期以来,"由于缺乏国家层面的自贸试验区生态环境的指导性政策文件,有关部门

和地方在开展自贸试验区生态环境保护工作中存在认识不够、思路不清、缺乏'抓手'等问题,推动高质量发展的绿色动力不足"。2021年5月,生态环境部等7部委发布《关于加强自由贸易试验区生态环境保护推动高质量发展的指导意见》,对自贸试验区生态环境保护做出了总体的制度安排,目的是推进产业绿色转型升级、强化环境污染治理、建立健全生态环境保护监管体系和构建现代环境治理体系。自贸试验区要在《关于加强自由贸易试验区生态环境保护推动高质量发展的指导意见》的基础上,以高质量发展为准绳,主动对标国际贸易规则中环境标准或条款,在制度型开放的背景下创新发展绿色制造业、绿色服务业、绿色贸易和绿色供应链管理,全面落实减污降碳总要求,加快发展方式的绿色转型,推动能源清洁低碳利用,发展绿色低碳交通运输,开展基础设施低碳改造,鼓励基础较好的自贸试验区或片区建设近零碳/零碳排放示范工程,为我国全面实现碳达峰碳中和目标提供自贸试验区的环境保护样本。

  自贸试验区的环境保护与安全发展核心是要提升绿色产业的核心竞争力,且在拓展环境保护的创新机制、合作机制和治理机制的同时,以大生态观的视角加强环境管理工作。当前,从经济安全角度思考,要探索服务"六稳""六保"的新机制新模式,自贸试验区要主动深化生态环境领域的"放管服"改革,推进排污许可"一证式"管理,加快"互联网+非现场监管"等技术手段应用,促进自贸试验区环境保护的主动性与积极性,发挥制度型开放背景下"试验田"的先行先试制度优势,孕育出生态环境保护制度创新的"良种"。国家《十四五规划和2035年远景目标纲要》明确提出将"坚持系统观念"作为"必须遵循的原则"之一,强调注重防范化解重大风险挑战。除了传统安全因素之外,大国竞争升级以及突发事件高发使得产业链、供应链安全问题显化。应对这一安全风险,要进一步完善贸易救济、外资国家安全审查、反垄断调查和执法以及国家技术安全清单管理、不可靠实体清单等制度体系,不断创新安全保障的政策工具。同时,加强绿色产业体系的构建,自贸试验区要在产业联动的基础上引导企业立足国内国际双循环向产业链、供应链的"链主"位置攀升,建立供应链安全评估与风险防范机制,通过数字贸易等技术手段推动中国企业"走出去",塑造体现中国特色的生态文明建设的环境保护体系。世界经济论坛发布的《2020年全球风险报告》提出,大规模数据泄露、网络攻击、数据诈骗等数字风险已成为未来发生可能性最高和影响最大的风险之一。加强网络安全管理,需要自贸试验区的协同机制发挥积极作用。它表明,生态环境保护与数字经济发展具有协同共生的内在关联性。

第二节 未来研究展望

自贸试验区的改革开放将沿着世界经济发展的脉络逐步升级,并配合国内产业链升级与企业环境经营从落后到不断赶超,接下来要成为引领国际经贸活动或规则制定的"领头羊"。

1. 自贸试验区围绕新能源等产业发展主动深化区域环境保护

根据世界经济发展趋势以及中国经济近些年的产业升级特征,结合中国的"碳达峰"和"碳中和"政策目标判断,我国新一轮周期可能会围绕新能源展开,包括风能、太阳能以及储能等,主要行业包括发电设备、能量转换、新材料、新型电池和有色金属等,细分行业较多。自贸试验区产业联动应围绕这些方向实施制度创新,这也是区域环境保护的重要内容。目前,随着我国对新能源产业的高度重视,诸如风能和太阳能等新能源的发电成本下降明显,已经较传统的化石能源有优势。中国的碳减排政策会大大推进中国的新能源产业发展。新能源的产业链很长,与电子、通信、物联网等新技术联系更紧密,市场空间非常广阔。这些行业能较快地承担并引领自贸试验区经济发展的重任。2021年12月,中央经济工作会议提出"新增可再生能源和原料用能不纳入能源消费总量控制,创造条件尽早实现能耗'双控'向碳排放总量和强度'双控'转变",这表明中央对新能源的发展继续给予高度关切与支持。可以预见,有了政策的支持,中国的新能源产业必然会得到更快发展,在新周期的主导产业地位会更加确定。世界经济格局将会发生深刻的变化,自贸试验区需要紧紧抓住这一机遇,在产业布局和投资策略上做出相应的应对。

习总书记在第七十五届联合国大会宣布我国力争于2030年前二氧化碳排放达到峰值,努力争取于2060年前实现"碳中和"。2021年国务院政府工作报告将"碳达峰""碳中和"作为重要的工作任务。"碳达峰"是指在某一个时点,二氧化碳的排放不再增长达到峰值,之后逐步回落。碳达峰是二氧化碳排放量由增转降的历史拐点,标志着碳排放与经济发展实现脱钩,达峰目标包括达峰年份和峰值。"碳中和"是应对全球气候变暖、保卫地球家园的重要举措。"碳中和"的内涵是指在一定时期内,温室气体排放总量通过植树造林、节能减排等形式进行抵消,实现二氧化碳的"零排放"。按期实现"碳中和"愿景,这就需要全社会共同努力携手共建,坚定不移地走绿色低碳、可持续发展之路。即通过技术创新,降低碳排放量和加大碳吸收力度,从而实现碳的零排放,如煤炭洁净技术的利用,通过森林吸收剩余碳排放而实现中和。负排放是指森林和绿色植物能够吸收的二氧化碳量超过碳排放量。当前,负排放具有重要的价值意义。我国碳排放总量大、减排的时间紧,还面临经济发展和提升人民美好生活需要的压力,低碳绿色转型任务非常艰巨。在此背景下,自贸试验区应围绕新能源等产业发展主动深化区域环境保护,探索零排放、负排放的路径与实现机制。自贸试验区围绕新能源等产业发展主动深化区域环境保护,对于促进我国经济高质量发展,加速区域经济转型和绿色产业的形成与发展,加快实现"碳中和"目标等具有积极的实践价值和现实意义。

2.自贸试验区的环境保护规则要与区域经济政策等形成集成效应

做好自贸试验区环境保护制度创新,以及对区域经济发展可能带来的影响评估,并且及时出台有利于稳定经济运行的政策,是激活区域增长力的重要举措。自贸试验区慎重出台产业联动等的产业发展政策,注重生态环境保护与环境经营的协调共生,是关乎自贸试验区环境保护路径选择的重要战略。自贸试验区要在制度型开放背景下进一步推进高水平开放,利用自身的制度优势连接更多的资源和市场,提高资源配置效率。要从重点扶持产业联动等方式向提升新经济时代的全球竞争力转型,比如,积极扩大消费品进口,推动中国由"世界工厂"向"世界市场"转变,不断满足国内产业转型和消费升级的需要。自贸试验区要通过环境保护规则的构建,促进区域经济政策的有效实施,尽快形成开放包容、创新增长、互联互通、合作共赢的区域经济集成效应。近年来,数字全球化发展强劲,数字技术链接海量数据和巨量用户,数字贸易与数字服务跨境无额外成本,新一轮全球产业链重组势在必行。制度型开放正在为自贸试验区绿色产业体系构建,以及为世界创造数字时代的良好国际环境提供政策创新保障。自贸试验区要深化改革力度,发挥制度创新的集成效应。要敢于并善于运用国际贸易规则和环境保护规则提升自贸试验区的管理效率与效益,提高引领或主导国际贸易规则的能力和水平。比如,以中国的体量和位势,可以成为数字时代国际经贸环境的重要塑造者,产生日益突出的国际影响力。在环境保护规则方面,我国有很大的提升空间。首先,要深入研究现有国际贸易规则中的环境条款,以便更好地运用规则。其次,在运用国际贸易规则中领会环境规则,逐渐学会设计环境保护规则。

目前,数字贸易正在成为国际经贸活动的主要方向或关键领域,各种形式的数字商务在全球呈现爆发性增长。然而,与数字贸易相关的制度政策却远远落后于贸易主体经济发展的实践,自贸试验区应在数字贸易领域的制度建设中发挥积极作用,以"人类命运共同体"理念引领全球的数字经济发展,通过先行先试所形成的制度范本为各国在数字贸易领域的应用提供借鉴,逐步形成具有全球治理性质的制度体系。

自贸试验区要加强与当地相关部门的协同,做出灵活的制度安排。要加强RCEP突破口的路径选择,不断夯实亚太区域价值链的制度基础,引领亚太区域一体化进入发展新阶段。RCEP采用负面清单模式对非服务业投资作出了相关承诺,并加大了投资保护的力度,有利于推动地区投资不断取得丰硕成果。自贸试验区要加强生态环境信息化与智慧环保建设,推进建立全领域、全要素智慧环保和决策支撑平台。自贸试验区要吸引鼓励跨国公司在区域内设立环境技术研发中心,促进绿色技术创新转移转化,使区域经济发展形成集成效应。自贸试验区要高质量推动区域经济发展,积极搭建生态环境合作平台,开展环境技术交流与合作,支持共建绿色"一带一路",以中国绿色产业支持沿线国家的经济发展和工业化进程,为产能合作长期化、机制化创造有利条件。

自贸试验区要注重并防范跨境水生态环境污染风险,加强对引进种质资源的隔离与监管,强化野生动植物进口管理,加强对外来入侵物种和生物遗传资源等的调查、监测和编目,构建自贸试验区生物安全防控体系。并且,在深化"一带一路"沿线国家环境保护合作的过程中,把握各领域合作的主动权,进一步扩大"一带一路"倡议的影响力和辐射带动作用。积极探索经济发展和对外开放新模式,促进中国经济与世界经济深度融合,引领中国经济驶入绿色、智慧、高质量、可持续的发展道路,为人类文明转型发展做出符合历史和时代要求的贡献。

3. 自贸试验区借助于新科技力量提升环境保护水平

自贸试验区要发挥自主创新的制度优势,打好关键核心技术攻坚战,创造有利于新技术应用和迭代升级的独特优势。加快构建开放协同的数字技术创新体系,构建安全高效的数字技术基础设施体系,前瞻布局数字经济领域中的重大科技项目,培育高端高效的数字经济。数字经济时代"跨境链接""跨界链接"的成本已极大降低,收益显著提升,利用数字技术在全球范围内配置资源,以及促进产业分工的进一步细化成为可能。它预示着新一轮红利的出现,而且这个红利会较为持久和广泛,推动力量也很强大。有条件的自贸试验区要尽快形成网络生态体系,在继续发挥传统消费互联网功能作用的同时,积极推进嵌入智能技术的产业互联网,以及深入制造业企业实践的工业互联网,为人机共融的智能制造模式创造条件,推动工业生产向分布式、定制化、大规模定制的制造模式转型。

当前,人机协同、增强智能和基于网络的群体智能相互融合,正在推动绿色产业发展的网络生态共赢模式发生集成效应,工业互联网、产业互联网正在以一种新的生产方式参与环境保护和生态体系建设。自贸试验区发展必须适应这种新形势,要为产业联动发展情境下的科技自立自强做好服务,增强原始创新能力。自贸试验区要大力引进高科技产业,尤其是研发机构。目前,关键的零部件、元器件、基础材料等这类中间产品,我们的能力还是很弱。中间品的技术是我们的短板,而中间品对基础研究、底层技术有很高的依赖度。比如说芯片,大型设备都需要用到芯片、基础软件和一些关键原材料。这些中间品有赖于基础科学能力的上升,有赖于底层技术的突破。

自贸试验区要发挥制度创新的优势,实施科技人员的职务科技成果的产权制度改革。即,引导产业或企业实施三个转变:一是从过去技术的追赶,从引进、消化、吸收转向建构局部的优势;二是建构局部的优势从终端产品的创新转向中间品的创新;三是从集成创新转向原始创新,一定要加强基础研究。亦即,要选择有比较优势的领域,建构局部优势,形成局部非对称的反制能力。形成自主创新与引进、消化、吸收、再创新双轮驱动的技术进步格局。自贸试验区要通过产业联动,发挥龙头企业作用,带领中小企业产业链形成整合效率,通过长期积累突破中间品的关键技术。同时,努力提高应用基础研究的比例,鼓励企业开展基础研究,激励人才在绿色环保产业的创新上贡献青春和力量。

参 考 文 献

[1] Andersson, Anna. Export Performance and Access to Intermediate Inputs: The Case of Rules of Origin Liberalization[J]. World Economy. 2016,39(8): 1048-1079.

[2] Acemoglu, D., Akcigit, U., Alp, H., Bloom, N., Kerr, W. Innovation, reallocation, and growth[J]. American Economic Review,2018,108(11),50-91.

[3] Ax C,Greve J. Adoption of Management Accounting Innovations: Organizational Culture Compatibility and Perceived Outcomes[J]. Management Accounting Research,2017,(34): 59-74.

[4] Acemoglu, D., & Restrepo, P. The Race between Man and Machine: Implications of Technology for Growth,Factor Shares,and Employment[J]. American Economic Review, 2018,108(6): 1488-152.

[5] Bebbington,J.,and C. Larrinaga. Accounting and Sustainable Development: An Exploration [J]. Accounting,Organizations and Society,2014,39(6): 395-413.

[6] Baker S R, Bloom N, Davis S J. Measuring economic policy uncertainty[J]. Quarterly Journal of Economics,2016,131(4): 1593-1636.

[7] Boland R J,Lyytinen K,Yoo Y,et al. Wakes of innovation in project networks: the case of digital 3-D representations in architecture, engineering, and construction[J]. Organization Science,2007,18(4): 631-647.

[8] Briel F V, Recker J, Davidsson P. Not all digital venture ideas are created equal: implications for venture creation processes[J]. Journal of Strategic Information Systems, 2018,27(4): 278-295.

[9] Bharadwaj A,Sawy O A E,Pavlou P A,et al. Digital Business Strategy: Toward a Next Generation of Insights[J].MIS Quarterly,2013,37(2): 471-482.

[10] Blahova, M, & Zelený. Effective strategic action: Exploring synergy sources of European and Asian management systems[J]. Human Systems Management,2013. 32(3): 155-170.

[11] Burns J. The Dynamics of Accounting Change: Inter-play between New Practices, Routines Institutions, Power, and Politics[J]. Accounting Auditing and Accountability Journal,2000.13(5): 566-596.

[12] Chang Jae Lee et al. Rationale for a China-Japan-Korea FTA and Its Impact on the Korean Economy[R].Korea: Korea Institute for International Economic Policy,2005.

[13] Chiwamit P, Modell S, Scapens R W. Regulation and Adaptation of Management Accounting Innovations: the Case of Economic Value Added in Thai State-owned Enterprises[J]. Management Accounting Research,2017,(37): 30-48.

[14] Daft,R. L. A dual-core model of organizational innovation[J]. Academy of Management Journal,1978,21(2): 193-210.

[15] Damanpour,F. Organizational innovation: A meta-analysis of effects of determinants and moderators[J]. The Academy of Management Journal,1991,34(3): 23-32.

[16] Das,T. K. Teng,B. S. A Resource-Based Theory of Strategic Alliances[J]. Journal of Management,2000,26(1): 31-61.

[17] Detert,J. R., R. G. Schroeder, J. J. Mauriel. A Framework for Linking Culture and Improvement Initiatives in Organizations[J]. Academy of Management Review,2000,25(4): 850-863.

[18] Djankov S., McLiesh C., Ramalho R.M. Regulation and Growth[J]. Economics Letters, 2006,92(3): 395-401.

[19] Dovev, L., R. H. Pamela, and K. Poonam. Organizational Differences, Relational Mechanisms,and Alliance Performance[J]. Strategic Managment Journal,2012,33(13): 1453-1479.

[20] Duncan, O. D, A. O. Haller and A. Portes. Peer Influences on Aspirations: A Reinterpretation[J]. American Journal of Sociology,1968,74: 123-145.

[21] Dyer J.H., Singh H., The Relational View: Cooperative Strategy and Sources of Inter-Organizational Competitive Advantage[J]. Academy of Management Review,1998,23: 660-679.

[22] Daniel T. Griswold.The Blessings and Challenges of Globalization[EB OL]. http: www. freetrade.org pubs articles dg-9-1-00.html,2000-09-01,2002-05-22.

[23] Ferraris,A., A. Mazzoleni, A. Devalle and J.Couturier. Big data analytics capabilities and knowledge management: impact on firm performance[J]. Management Decision,2019,57(8): 1923-1936.

[24] Fitzgerald M., Kruschwitz N., Bonnet D, et al. Embracing Digital Technology: A New Strategic imperative[J].MIT Sloan Management Review,2014,55(2): 1-12.

[25] George William Mugwanya. Global free trade Vis-a-vis environmental regulation and sustainable development: reinvigorating efforts towards a more integrated approach[J]. Journal of Environmental Law and Litigation,1999(14): 403-405.

[26] Grossman G. M., E. Helpman.Innovation and growth in the Global Economy[M]. MIT Press,1995.

[27] Gary, M. S., and R. E. Wood, Mental Models, Decision Rules, and Performance Heterogeneity[J]. Strategic Management Journal,2011,32(6): 569-5948.

[28] Ge Z., Hu Q., Collaboration in R&D Activities: Firm-Specific Decisions[J]. European Journal of Operational Research, 2008, 185: 864-883.

[29] Galvo A. F., Kato K. Smoothed Quantile Regression for Panel Dat[J]. Journal of Econometrics, 2016, 193(1): 92-112.

[30] Hammer M R, Bennett M J. Wiseman R. Measuring intercultural sensitivity: The Intercultural Development Inventory[J]. International Journal of Intercultural Relations, 2003, 27(4): 421-443.

[31] Hess T, Matt C, Benlian A, et al. Options for Formulating a Digital Trans formation Strategy[J]. MIS Quarterly Executive, 2016, 15(2): 123-139.

[32] Jo-Ann Crawford, Roberto V. Fiorentino. The Changing Landscape of Regional Trade Agreements. World Trade Organization, Geneva, Switzerland, 2007.

[33] Janeza Trdine Rijeka. Nicolas Korves. Is free Trade Good or Bad for the Environment? New Empirical Evidence, Climate Change-Socioeconomic Effects[M]. Croatia, 2011.

[34] Jones, M. A., Mothersbaugh, D. L., & Beatty, S. E. Why customers stay: measuring the underlying dimensions of services switching costs and managing their differential strategic outcomes[J]. Journal of Business Research, 2002, 55(6): 441-450.

[35] Jones, M. A., Reynolds, K.E., & Mothersbaugh, D.L. The Positive and Negative Effects of Switching Costs on Relational Outcomes[J]. Journal of Service Research, 2007, 9(4): 335-355.

[36] Joshi, A. M., and A. Nerkar, When do Strategic Alliances Inhibit Innovation by Firms? Evidence from Patent Pools in the Global Optical Disc Industry[J]. Strategic Management Journal, 2011, 32(11): 1139-1160.

[37] Jack I. Garvey, a new evolution for fast-tracking trade agreements: managing environmental and labor standards through extraterritorial regulation[J]. UCLA J. International Law and Foreign Affairs, 2000(5): 1-7.

[38] James Salzman. Seattle's legal legacy and environmental reviews of trade agreements[J]. Environmental Law, 2001(31): 501-519.

[39] Halpem, L., Koren, M., Szeidl, A. Imported inputs and productivity[J]. American Economic Review, 2015, 105(12): 3660-3703.

[40] Kumarasiri J, Gunasekarage A. Risk Regulation, Community Pressure and the Use of Management Accounting in Managing Climate Change Risk: Australian Evidence[J]. British Accounting Review, 2017(49): 25-38.

[41] Liu D, Chen S, Chou T, et al. Resource fit in digital transformation[J]. Management Decision, 2011, 49(10): 1728-1742.

[42] Maas, K., S. Schaltegger, N. Crutzen. Integrating corporate sustainability assessment, management accounting, control, and reporting[J]. Journal of Cleaner Production, 2016

(136):237-248.

[43] Mikalef P,Pateli A. Information technology-enabled dynamic capabilities and their indirect effect on competitive performance: findings from PLS-SEM and fsQCA[J]. Journal of Business Research,2017,70(1):1-16.

[44] Machado J.,Santos J.Quantiles via Moments[J]. Journal of Econometrics,2019,213(1):145-173.

[45] M. Holmlund,J. A. Tomroos. What are relationships in business net work?[J]. Management Decision.1997,35(4):304-309.

[46] Nambisan S., Lyytinen K., Majchrzak A., et al. Digital Innovation Management: Reinventing Innovation Management Research in a Digital World[J].MIS Quarterly,2017, 41(1):223-238.

[47] Pfeffer,J. and Salancik,G. R., The External Control of Organizations[M]. Harper & Row,New York,1978.

[48] Peter A. Petri and Michael G. Plummer, "China Should Join the New Transpacific Partnership", Peterson Institute for International Economics Policy Brief 19-1, January 2019,available at: https://piie.com/system/files/documents/pb19-1.pdf[2019-06-09].

[49] Rechard B. Stewart. International trade and environment: lessons from the federal experience[J]. Wash.& Lee L.Rev. 1992.(49):1329-1330.

[50] Robert F.Housman.A kantian approach to trade and the environment[J]. Wash. &Lee L. Rev,1992.(49):1373,1374.

[51] Runge,C. F. Free Trade, Protected Environment: Balancing Trade Liberalization and Environmental Interests[M]. New York: Council On Foreign Relations Pres,1995.

[52] Relich M. The Impact of ICT on Labor Productivity in the EU[J].Information Technology for Development,2017,23(4):706-722.

[53] Ryan,R. M., & Deci, E. L. Self-determination theory and the facilitation of intrinsic motivation,social development,and well-be-ing[J]. American Psychologist,2000,55(1):68-78.

[54] Sorgho, Zakaria. RTAs' Proliferation and Trade-diversion Effects: Evidence of the "Spaghetti Bowl" Phenomenon[J].World Economy,2016,39(2):285-300.

[55] Susan Tiefenbrun. Free trade and protectionism: the semiotics of Seattle[J]. Ariz. Journal of International and Comparative Law,2000,(17):257-273.

[56] Spector Y. Theory of Constraint 2. Methodogy Where the Constraint is The Business Model[J]. International Journal of Production Research,2011,49(6):3387-3395.

[57] Schminke A. Using export performance to evaluate regional preferential policies in China [J]. Review of World Economics,2013,149(2):343-367.

[58] Tsai,W. Social Capital,Strategic Relatedness and the Formation of Intra-organizational

Linkages[J]. Strategic Management Journal,2000,pp.925-939.

[59] Teece D J. Business models:Business strategy and innovation[J]. Long Range Planning,2010(43):172-194.

[60] Taegi Kim,Jun-Heng Zhan. Industrial structure,regional trade bias,and China's FTA with Korea and Japan[J]. Seoul Journal of Economies,2006(19):381-402.

[61] Theodore H. Moran,International Political Risk Management:Exploring New Frontiers[M]. Switzerland:World Bank Publications. 2011.

[62] Tversky. and Kahneman, D. Prospect Theory:An analysis of decision under risk[J]. Econometrica,1979(47):263-291.

[63] Woermann N,Rokka J. Timeflow:How Consumption Practices Shape Consumers' Temporal Experience[J]. Journal of Consumer Research,2015,41(6):1486-1508.

[64] Zott C,Amit R,Massa L. The Business model:recent developments,and future research[J] Journal of Management,2011,5(7):1019-1042.

[65] 安同良,魏婕,舒欣. 中国制造业企业创新测度[J]. 中国社会科学,2020(3):67-82.

[66] [美]奥尔森. 集体行动的逻辑[M]. 陈郁,郭宇峰,李崇新,译. 上海:上海三联书店、上海人民出版社,1995.

[67] [美]阿兰·斯密德. 制度与行为经济学[M]. 刘璨,吴水荣,译. 北京:中国人民大学出版社,2009.

[68] 陈剑,黄朔,刘运辉. 从赋能到使能——数字化环境下的企业运营管理[J]. 管理世界,2020(2):123-134.

[69] 陈冬梅,王俐珍,陈安霓. 数字化与战略管理理论——回顾、挑战与展望[J]. 管理世界,2020(5):220-236.

[70] 陈建国. 贸易与环境[M]. 天津:天津人民出版社,2001.

[71] 陈继勇,雷欣. 外商在华直接投资与中国对外贸易相互关系的实证分析[J]. 世界经济研究,2008(9):3-10.

[72] 陈林,周立宏. 从自由贸易试验区到自由贸易港——自由贸易试验区营商环境升级路径研究[J]. 浙江社会科学,2020(7):12-20.

[73] 崔丽丽. 全球视角下贸易与环境的协调发展研究[D]. 沈阳:东北财经大学,2012.

[74] 东艳. 全球价值链视角下中国贸易结构转型分析[J]. 亚太经济,2016(4):48-53.

[75] 丁晓强,张少军,李善同. 中国经济双循环的内外导向选择——贸易比较偏好视角[J]. 经济管理,2021(2):1-13.

[76] [美]丹尼·罗德里克.把全球治理放对地方[J/OL].比较.http://bijiao.caixin.com/2019-03-01/101386061.html.https://bijiao.caixin.com/2021-03-02/101669472.

[77] [美]福山. 政治秩序与政治衰败:从工业革命到民主全球化[M]. 毛俊杰,译. 桂林:广西师范大学出版社,2015.

[78] 国务院发展研究中心课题组. 未来15年国际经济格局变化和中国战略选择[J]. 管理世

界,2018(12):1-12.

[79] 桂海滨,方晨.浙江自贸试验区建设成品油贸易交易集聚区的政策建议[J].特区经济,2019(7):146-148.

[80] 葛扬,尹紫翔.我国构建"双循环"新发展格局的理论分析[J].经济问题,2021(4):1-6.

[81] 黄蕙萍.环境要素禀赋和可持续性贸易[J].武汉大学学报(社会科学版),2001(6):668-674.

[82] 黄大慧,沈传新.RCEP对地区及世界经济的积极意义[EB/OL].光明网-《光明日报》,2022-01-16.https://news.gmw.cn/2022/01/16/content_35450531.htm.

[83] 黄群慧,陈创练.新发展格局下需求侧管理与供给侧结构性改革的动态协同[J].改革,2021(3):1-13.

[84] 扶涛,王方方.我国自贸区建设与对外经济开放三元边际扩展战略[J].经济问题探索,2015(12):121-127.

[85] 洪丽明,吕小锋.贸易自由化、南北异质性与战略性环境政策[J].世界经济,2017(7):78-101.

[86] 洪银兴.参与全球经济治理:攀升全球价值链中高端[J].南京大学学报(哲学·人文科学·社会科学),2017(4):13-23.

[87] 洪银兴.改革发展的伟大实践推动中国经济学的创新与发展[N].光明日报,2021-04-14.

[88] 洪银兴.中国特色社会主义政治经济学财富理论的探讨——基于马克思的财富理论的延展性思考[J].经济研究,2020(5):25-34.

[89] 何晓清.世界经济自由贸易区构建的国际经验与中国实践[J].求索,2013(11):19-21.

[90] 黄少安.现实需要如何推动经济学在中国的发展[J].经济学动态,2021(5):41-47.

[91] 韩剑.立足实体经济自贸试验区引领推进新时期江苏高水平对外开放[EB/OL].东方财富网.2021-07-20.https://baijiahao.baidu.com/s?id=17057964614489959990&wfr=spider&for=pc.

[92] 韩剑.深化长三角自贸试验区联动发展[J].群众,2021(16):2.

[93] 林毅夫."一带一路"与自贸区:中国新的对外开放倡议与举措[J].北京大学学报(哲学社会科学版),2017(1):11-13.

[94] 李雪松,衣保中,郭晓立.区域贸易与环境合作的博弈分析——以东北亚区域为例[J].东北大学学报(社会科学版),2014,16(1):38-44.

[95] 李雨薇,魏彦杰.国际贸易与环境保护的关系研究[J].青岛大学学报(自然科学版),2018(3):129-133.

[96] 李旭红."双循环"发展格局下,财税政策应相机抉择[EB/OL].2020-08-03.http://3g.k.sohu.com/t/n473004888.

[97] 刘志彪,吴福象."一带一路"倡议下全球价值链的双重嵌入[J].中国社会科学,2018(8):17-32.

[98] 刘志彪.重塑中国经济内外循环的新逻辑[J].探索与争鸣,2020(7):42-49.

[99] 刘秉镰,边杨.自贸区设立与区域协同开放[J].河北经贸大学学报,2019(1):90-101.

[100] 刘向东,李浩东.中国提出加入CPTPP的可行性与实施策略分析[J].全球化,2019(5):57-69.

[101] 厉以宁.改革开放的经验是积累而成的——四十年来的改革实践和理论的发展[J].经济研究,2019(10):4-6.

[102] 陆军.以高水平生态环境保护助推自由贸易试验区高质量发展[EB/OL].光明网《光明日报》.2021-06-01,https://www.gmw.cn/xueshu/2021-06/01/content_34891665.htm.

[103] 柳天恩,田学斌.京津冀协同发展:进展、成效与展望[J].中国流通经济,2019(11):116-128.

[104] 兰天.贸易与环境政策协调研究——中国贸易与环境政策实证分析[M].北京:经济管理出版社,2017.

[105] 江小涓,孟丽君.内循环为主、外循环赋能与更高水平双循环——国际经验与中国实践[J].管理世界,2021(1):1-18.

[106] 江小涓.适应数字全球化趋势,中国应推进更高水平开放[EB/OL].澎湃新闻.2022-01-15,https://baijiahao.baidu.com/s?id=1722008536531346258&wfr=spider&for=pc.

[107] 毛艳华.自贸试验区是新一轮改革开放的试验田[J].经济学家,2018(12):47-56.

[108] 马飒,张二震.RCEP框架下东亚区域产业链重构与中国对策[J].华南师范大学学报,2021(4):19-30.

[109] 孟强.米歇尔·塞尔论自然契约[J].世界哲学,2011(5):133-139.

[110] 孟广文,等.中国海南:从经济特区到综合复合型自由贸易港的嬗变[J].地理研究,2018(12):2363-2382.

[111] 吕越,陆毅,吴嵩博等."一带一路"倡议的对外投资促进效应——基于2005—2016年中国企业绿地投资的双重差分检验[J].经济研究,2019(9):187-202.

[112] 吕诚伦,王学凯.中国与"一带一路"沿线国家出口贸易研究——基于汇率变动、外贸依存度的视角[J].财经理论与实践,2019(3):113-118.

[113] 李志青.环境保护视角下的自贸区建设与发展模式选择[J].上海城市管理,2014(1):18-33.

[114] 李志青.TPP环境条款对中国的自贸区建设有何借鉴意义[EB/OL].http://www.thepaper.cn/newsDetail-forward-1396271.

[115] 李世杰,赵婷茹.自贸试验区促进产业结构升级了吗?——基于中国(上海)自贸试验区的实证分析[J].中央财经大学学报,2019(8):118-128.

[116] 李荣林,鲁晓东.中日韩自由贸易区的贸易流量和福利效应分析:一个局部均衡的校准方法[J].数量经济技术经济研究,2006(11):69-77.

[117] 钱学峰,毛海涛,徐小聪.中国贸易利益评估的新框架——基于双重偏向型政策引致的资源误置视角[J].中国社会科学,2016(12):83-108.

[118] 生态环境部等7部委.关于加强自由贸易试验区生态环境保护推动高质量发展的指导

意见[N]. 2021-05-28.

[119] 斯蒂格利茨. 让全球化造福全球[M]. 北京：中国人民大学出版社, 2011.

[120] 世界贸易组织秘书处. 贸易走向未来——世界贸易组织概要[M]. 张江波, 索必成, 译. 北京：法律出版社, 1999.

[121] 施志源, 曾俊芳, 陈梦茜. 应对TPP环境保护条款的自贸试验区制度创新[J]. 福建师范大学学报, 2016(3)：9-19.

[122] 苏振东, 尚瑜. 京津冀经济一体化背景下的天津"出海口"效应研究——兼论天津自贸区对京津冀协同发展的推动作用[J]. 国际贸易问题, 2016(10)：108-118.

[123] 宋丽颖, 郭敏. 自贸区政策对地方财力的影响研究——基于双重差分法和合成控制法的分析[J]. 经济问题探索, 2019(11)：14-24.

[124] 沈开艳, 徐琳. 中国上海自由贸易试验区：制度创新与经验研究[J]. 广东社会科学, 2015(3)：14-20.

[125] 沈玉良, 冯湘. NAFTA类型及中国（上海）自由贸易试验区制度设计导向[J]. 世界经济研究, 2014(7)：35-40.

[126] 沈春苗, 郑江淮. 内需型经济全球化与开放视角的包容性增长[J]. 世界经济, 2020(5)：170-192.

[127] 孙林, 胡玲菲, 方巧云. 中国自由贸易区战略提升中国进口食品质量了吗——基于双重差分模型[J]. 国际贸易问题, 2019(5)：54-68.

[128] 孙华平, 包卿. 产业链链长制的来龙去脉与功能角色[J]. 中国工业和信息化, 2020(7)：28-34.

[129] 孙元欣, 徐晨, 李津津. 上海自贸试验区负面清单（2014版）的评估与思考[J]. 上海经济研究, 2019(10)：81-88.

[130] 谭娜, 周先波, 林建浩. 上海自由贸易试验区的经济增长效应研究——基于面板数据下的反事实分析方法[J]. 国际贸易问题, 2015(10)：14-24.

[131] 佟家栋. 让对外开放"试验田"变成"新高地"[N]. 人民日报海外版, 2021-12-28, 第06版.

[132] 王义桅, 崔白露. 日本对"一带一路"的认知变化及其参与的可行性[J]. 东北亚论坛, 2018(4)95-111.

[133] 谢东明, 王平. 生态经济发展模式下我国企业环境成本的战略控制研究[J]. 会计研究, 2013, (3)：88-94.

[134] 薛福根, 蔡濛萌. 贸易开放差异下环境规制的"创新补偿"研究——基于省级面板数据的经验分析[J]. 当代经济管理, 2016(2)：35-39.

[135] 徐慧. 国际环境合作与贸易关联的博弈分析[J]. 贵州财经学院学报, 2009(4)：41-45.

[136] 项后军, 何康. 自贸区的影响与资本流动——以上海为例的自然实验研究[J]. 国际贸易问题, 2016(8)：3-15.

[137] 许正中. 全球产业链深刻变化的中国战略[EB/OL]. [2019-10-18] http://www.ccps.gov.cn/dxsy/20191018.

[138] 王进明,胡欣.贸易与环境关联问题的博弈分析[J].财经问题研究,2005(12):91-95.

[139] 易露霞,吴非,徐斯旸.企业数字化转型的业绩驱动效应研究[J].证券市场导报,2021(8):15-25.

[140] 易行健,左雅莉.外贸依存度的国际比较与决定因素分析——基于跨国面板数据的实证检验[J].国际经贸探索,2016(9):25-39.

[141] 尹晨,周思力,王祎馨.论制度型开放视野下的上海自贸区制度创新[J].复旦学报(社会科学版),2019(5):175-180.

[142] 殷华,高维和.自由贸易试验区产生了"制度红利"效应吗?——来自上海自由贸易试验区的证据[J].财经研究,2017,43(2):48-59.

[143] 叶辅靖,李大伟,杨长湧.促进经济高质量发展的高水平对外开放战略研究[J].开放导报,2019(2):7-15.

[144] 张幼文.自贸区试验的战略内涵与理论意义[J].世界经济研究,2016(7):3-12.

[145] 张威.创新发展的中国自由贸易试验区[J].国际经济合作,2021(11):4-11.

[146] 张军,闫东升,冯宗宪,李诚.自由贸易区的经济增长效应研究——基于双重差分空间自回归模型的动态分析[J].经济经纬,2019(4):71-77.

[147] 张辉.人类命运共同体:国际法社会基础理论的当代发展[J].中国社会科学,2018(5):48-65.

[148] 张彬,李丽平,赵嘉,张莉.自贸区生态环境管理现状及趋势[EB/OL].中国环境报,[2021-07-15] https://theory.gmw.cn/2021/07/15/content_34995514.htm.

[149] 张二震.坚定不移推进高水平对外开放[EB/OL].中国社会科学网-中国社会科学报.2022-01-13.http://news.cssn.cn/zx/bwyc/202201/t20220113_5388179.shtml.

[150] 祝树金,尹似雪.污染产品贸易会诱使环境规制"向底线赛跑"——基于跨国面板数据的实证分析.产业经济研究,2014(4):41-50.

[151] 智库.打造各具特色的江苏自贸区联动创新机制[EB/OL].交汇点新闻.2021-01-18. https://cbgc.scol.com.cn/city/697603?from-related-news.

[152] 中国社会科学院世界经济与政治研究所国际贸易研究室.跨太平洋伙伴关系协定文本解读[M].北京:中国社会科学出版社,2016.